DIREITO DE RESPOSTA

G373d Germano, Luiz Paulo Rosek
    Direito de resposta / Luiz Paulo Rosek Germano . – Porto Alegre: Livraria do Advogado Editora, 2011.
    208 p.; 23 cm.
    ISBN 978-85-7348-725-1

    1. Liberdade de palavra. 2. Liberdade de expressão. 3. Direitos e garantias individuais. 4. Direito de resposta. I. Título.

                CDU – 342.727

    Índice para catálogo sistemático:
    Liberdade de palavra   342.727

(Bibliotecária responsável: Marta Roberto, CRB-10/652)

Luiz Paulo Rosek Germano

DIREITO DE RESPOSTA

Porto Alegre, 2011

© Luiz Paulo Rosek Germano, 2011

Capa, projeto gráfico e diagramação
Livraria do Advogado Editora

Revisão
Rosane Marques Borba

Direitos desta edição reservados por
Livraria do Advogado Editora Ltda.
Rua Riachuelo, 1338
90010-273 Porto Alegre RS
Fone/fax: 0800-51-7522
editora@livrariadoadvogado.com.br
www.doadvogado.com.br

Impresso no Brasil / Printed in Brazil

À *Roberta*, esposa e companheira, pela compreensão, amor e carinho.

À *Maria Clara*, querida filha, responsável pelas nossas mais importantes alegrias. Hoje e sempre.

Há muitos a quem agradecer.

Inicialmente, aos Professores Juarez Freitas e Ingo Wolfgang Sarlet, pela acolhida, pelo incentivo e pela oportunidade de frequentar o curso de Doutorado em Direito da PUCRS.

Ao Professor Carlos Alberto Molinaro, meu orientador, não apenas pela inestimável ajuda, estímulo e confiança, mas também pelas preciosas aulas, havidas nas salas, gabinetes ou bares da faculdade.

À Professora Regina Linden Ruaro, pela amizade e apoio, além das valiosas orientações acadêmicas.

Aos meus colegas Alexandre Curvelo, Marcos Alexandre Másera, Alexandre Pasqualini, Eduardo Mariotti, Felipe Dreyer de Ávila Pozzebon, Julio César Mahfus, Pedro Henrique Poli de Figueiredo, Marcelo Peruchin, Mauro Fiterman, Luiz Fernando Gay Baptista da Silva, Marta Baptista da Silva Jung, Sueli Chies e Ricardo Lupion, pela amizade, estímulo e permanente apoio.

Agradeço sensibilizadamente aos demais professores e funcionários da Faculdade de Direito da PUCRS, na pessoa de seu Diretor, Professor Fabrício Dreyer de Ávila Pozzebon.

Prefácio

A liberdade de expressão, tomada aqui em sentido amplo, ou seja, incluindo a livre manifestação do pensamento (de cada indivíduo) e a liberdade de comunicação, constitui esteio do Estado Constitucional e Democrático de Direito contemporâneo, o que também se verifica no caso brasileiro. A liberdade de expressão, todavia, o que também é exigência deste mesmo Estado Democrático de Direito, implica equilíbrio entre o exercício pessoal (individual) da livre manifestação do pensamento, a liberdade de comunicação por parte dos órgãos (públicos e privados) que integram a rede da comunicação social, e os demais direitos fundamentais, seja na sua perspectiva objetiva, seja no que diz com a sua condição de posições subjetivas atribuídas às pessoas físicas ou morais. É neste contexto, precisamente, que se insere o assim designado direito de resposta proporcional, consagrado pela Constituição Federal de 1988, como instrumento a garantir, dadas as circunstâncias, justamente a efetividade do conteúdo democrático da liberdade de expressão, no sentido da possibilidade de contraposição de versões e argumentos (não é à toa que na sua matriz germânica se fala em um *Gegendarstellungsrecht* e não propriamente de um direito de resposta), sem, contudo, recair na censura prévia, tão nefasta para esta mesma liberdade de expressão e a Democracia. No caso brasileiro, o tema ganhou ainda maior atualidade e relevância em face da relativamente recente decisão do Supremo Tribunal Federal no sentido de ter por não recepcionada a polêmica (mas amplamente aplicada, especialmente quanto à regulamentação do direito constitucional de resposta) "Lei de Imprensa", notadamente, entre outros aspectos polêmicos, no que diz com a aplicabilidade direta, por parte dos órgãos judicantes, da norma constitucional consagradora do direito de resposta. Por outro lado, surpreende a falta de literatura, ainda mais em se tratando de monografias, especialmente dedicada ao tema, tudo a contribuir para a oportunidade e conveniência da publicação da obra ora prefaciada, da lavra do Professor, Mestre e Doutor Luiz Paulo Germano.

O texto ora submetido ao crivo do público, corresponde, com alguns ajustes, à tese de doutorado defendida pelo autor no âmbito do Programa de Pós-Graduação em Direito da PUCRS, sob a orientação segura e competente do Professor Doutor Carlos Alberto Molinaro, presidente da banca examinadora integrada pelos Professores Doutores Jónatas Machado (Coimbra), autor da obra mais importante sobre a liberdade de expressão em língua portuguesa, Gustavo Ferreira Santos (Universidade Católica do Recife e Universidade Federal de Pernambuco), Regina Linden Ruaro (PUCRS) e Ingo Wolfgang Sarlet (PUCRS). Dentre os pontos altos do trabalho, para além de sua atualidade e relevância, bem como do toque de ineditismo e originalidade, especialmente à míngua de produção monográfica nacional (e mesmo estrangeira) sobre o tema, merecem especial destaque a construção da narrativa e o enfrentamento dos aspectos polêmicos sem receio de uma tomada de posição pessoal, característica, aliás, das boas teses doutorais. Soma-se a isto a efetiva contribuição do autor para com a retomada qualificada do debate a respeito do conteúdo e alcance (portanto, também dos limites) do direito de resposta na ordem jurídico-constitucional brasileira, isto sem falar na repercussão prática do trabalho, considerando o seu alto potencial de utilização pelos assim designados operadores do Direito.

Em face do exposto e sem que se pretenda aqui discorrer sobre o tema propriamente dito, almejamos que autor e obra alcancem o desejado e merecido sucesso, parabenizando a Livraria do Advogado Editora pela inclusão de mais este título na sua seleta lista de publicações.

Porto Alegre, setembro de 2010.

Prof. Dr. Carlos Alberto Molinaro
Professor Adjunto do PPGD da PUCRS

Prof. Dr. Ingo Wolfgang Sarlet
Professor Titular e Coordenador do PPGD da PUCRS

Sumário

Introdução	15
1. O Estado e seus paradigmas	19
1.1. Considerações preliminares	19
1.2. O Estado liberal	20
1.3. O Estado do Bem-Estar Social	23
1.4. O Estado Democrático de Direito	30
2. O sistema jurídico: conceito e compreensão axiológica; hermenêutica e solução dos conflitos	35
2.1. Conceituação	35
2.2. Compreensão axiológica	37
2.3. Hermenêutica jurídica	40
2.4. Antinomias jurídicas e solução dos conflitos	44
2.5 A proporcionalidade e a razoabilidade como hipóteses de solução dos conflitos principiológicos e das regras jurídicas	46
3. Direitos fundamentais e direitos humanos: características e peculiaridades	49
3.1. Características e reflexos no estado democrático de direito	49
3.2. Semelhanças e diferenças entre os direitos humanos e os direitos fundamentais	51
3.3. Os direitos fundamentais e suas estritas dimensões. A necessária cautela para que mantenham o *status* jurídico e sua fundamentalidade constitucional	54
3.4. Critérios de ponderação na hipótese de colisão de direitos fundamentais. A proteção dos direitos de personalidade *versus* divulgação e publicização de acontecimentos. A eficácia do direito de resposta proporcional ao agravo não obstante o conflito	56
4. O direito à liberdade de expressão e à imprensa livre	69
4.1. Considerações preliminares	69
4.2. Um breve olhar sobre a história: Galileu Galilei, Immanuel Kant e Baruch Espinoza	70
4.2.1. O direito à liberdade de expressão	72
4.2.2. A resposta enquanto direito à informação	76
4.3. Liberdade de imprensa: conceito e principais características	79
4.4. A liberdade de imprensa e o direito à informação	84

4.5. A informação e a busca da verdade 89
5. O direito fundamental de resposta: perspectiva comparada 93
5.1. Considerações preliminares 93
5.2. O direito de resposta na perspectiva comparada 95
    5.2.1. Nos Estados Unidos 96
    5.2.2. Na França 104
    5.2.3. Na Espanha 106
    5.2.4. Na Alemanha 107
    5.2.5. Na Itália 109
    5.2.6. Em Portugal 110
5.3. A convenção americana sobre direitos humanos e a garantia do direito de resposta 112

6. O direito de resposta nas Constituições brasileiras 117
6.1. A Constituição de 1824 118
6.2. A Constituição de 1891 119
6.3. A Constituição de 1934 120
6.4. A Constituição de 1937 121
6.5. A Constituição de 1946 124
6.6. A Constituição de 1967 125
6.7. A Constituição de 1988 126

7. O direito fundamental de resposta proporcional ao agravo 129
7.1. O direito de resposta como direito fundamental de defesa 132
7.2. O direito de resposta como limite e restrição ao direito de liberdade de expressão 134
7.3. A resposta e a retificação 136
7.4. Os fundamentos do direito de resposta 138
7.5. O alcance do direito de resposta 141
7.6. Os pressupostos para o exercício do direito de resposta 144
7.7. O conteúdo e os elementos que compõem o direito de resposta 147
7.8. Da possibilidade de recusa do direito de resposta 148
7.9. Da impossibilidade constitucional do comentário à resposta. O desvirtuamento a partir da réplica ou contrarresposta 152
7.10. As impertinências da superada Lei de Imprensa frente às disposições da Constituição Federal 153
    7.10.1. O prazo decadencial que constava no artigo 56 da Lei de Imprensa ... 154
    7.10.2. A indenização tarifária 154
    7.10.3. O arbitramento da indenização 155
7.11. A Constituição Federal de 1988 e a garantia da livre circulação de ideias 157
7.12. O primeiro elemento fundamental do direito de resposta: a proporcionalidade 160
7.13. O ajuste da proporcionalidade 161

7.14. O segundo elemento fundamental do direito de resposta: o agravo 167
7.15. O direito de resposta na legislação eleitoral 172
7.16. O direito de resposta após a revogação da Lei n° 5.250/67 176
7.17. O direito de resposta em juízo e a eficácia imediata da decisão 179
7.18. O direito de resposta do agente político 182
7.19. O direito de resposta e sua independência em relação à responsabilidade
civil e penal 186

Conclusão 189

Bibliografia 199

Introdução

Tão fundamental quanto os direitos de falar, opinar, noticiar, informar, dentre outros, é o de se assegurar a quem legitimamente possa e queira exercê-lo, o direito de resposta, de ripostar, de contrapor e de democraticamente discordar, no âmbito de um contingente de ideias e pensamentos livres que, distantes da homogeneidade, estão a contemplar as diversas formas de se expressar. Todas as ações acima elencadas integram um direito maior intitulado "liberdade de expressão", assegurado pela Carta Política e pelos mais diferentes tratados multilaterais, firmados por países que não adotaram necessariamente os mesmos sistemas jurídicos, mas que valorizam nos dias de hoje esses direitos humanos, que nem sempre assim foram reconhecidos, em diferentes épocas e lugares, e que por vezes exigiram dos povos não apenas o suor e as lágrimas, mas um intenso sofrimento para serem proclamados.

No Brasil, a exemplo de outros países, lutou-se por décadas, talvez por uma vida toda, para que se reconhecesse e assegurasse a liberdade de expressão, tão livre quanto à moral, os bons costumes e a proteção de outros direitos assim a possibilitasse, permitindo-se que vozes se multiplicassem através dos mais diferentes meios de comunicação e que o silêncio se transformasse apenas em opção daquele que não quer se expressar, mas jamais como uma imposição ditatorial, vislumbrada, outrora, nos tempos em que o assentimento era obrigatório, sob pena de severas punições, inclusive de natureza corporal.

Não se deseja, em hipótese qualquer, que "os anos de chumbo" remanesçam sequer como herança de um período onde o expressar-se era "via de mão única", notadamente advinda daqueles que autoritariamente exerciam o poder. Por outro lado, não se pode admitir, nos dias de hoje, que se restrinja a interpretação do que venha a ser a liberdade de expressão, reconhecendo-se que no núcleo duro deste direito fundamental reside uma "via de mão dupla", onde tão importante quanto permitir-se a acusação, seja assegurada a defesa; que seja garantida a livre opinião, porém sem desmerecer a réplica; que a expressão da palavra dita ou escrita possa ser questionada pelos mesmos meios através dos quais ela foi transmitida, com igual intensidade; que a mentira possa ser superada pela verdade e que a ofensa jamais possa merecer da resposta uma agressão, mas sim uma reposição da integridade, sem prejuízo de indenização pelos danos materiais, morais e à imagem.

O direito de resposta é parte integrante da liberdade de expressão. Assegurá-lo proporcionalmente ao agravo é garantir a mais estrita observância de direito fundamental, o qual deve ser cultuado, não apenas pelos juristas, mas por todos os cidadãos e profissionais, especialmente aqueles que diuturnamente lidam com os meios de comunicação e que deles se valem para democraticamente exercerem os seus misteres.

O direito de resposta proporcional ao agravo, previsto no inciso V do art. 5° da Constituição Federal, é uma das mais importantes e sagradas garantias dos cidadãos. Pouquíssimo estudado no âmbito do direito brasileiro, permaneceu por mais de quatro décadas vinculado à Lei n° 5.250/67, conhecida como Lei de Imprensa, a qual foi revogada integralmente pelo Supremo Tribunal Federal – STF – em 30 de abril de 2009, nos autos da Arguição de Descumprimento de Preceito Fundamental – ADPF – n° 130, proposta pelo Partido Democrático Trabalhista – PDT. O referido diploma legal foi considerado incompatível com o atual ordenamento constitucional brasileiro, pois tinha o propósito de regular, dentre outros, a liberdade de expressão, a qual havia sido consagrada pelo Pretório Excelso como insuscetível de qualquer prévia regulamentação.

A partir de tal entendimento, o direito de resposta adentrou em um vácuo, no âmbito do sistema jurídico nacional, pois, além de jamais ter sido estudado enquanto direito fundamental, não obstante a previsão da Carta Política, os juristas brasileiros passaram a visualizá-lo, livre de regulamentações, a partir do referido julgamento proferido pelo STF.

Diante de tais importantes acontecimentos jurídicos, o estudo da matéria tornou-se imprescindível, conduzindo o pesquisador a uma série de enfrentamentos, cujas respostas podem ser encontradas no âmbito do próprio sistema jurídico brasileiro, partindo-se dos pressupostos de construção e valorização do Estado democrático. Para tanto, antes de tudo, torna-se imperioso o estudo do Estado enquanto instituição política, bem como de seus paradigmas, havidos em diversos momentos da história, em diferentes continentes.

O inciso V do art. 5° da Carta Magna é pródigo em elementos que devem permear a pesquisa, especialmente quando se propõe o estudo da plena eficácia do direito de resposta, bem como de sua indispensável observância em relação a realização da liberdade de expressão.

O Estado Democrático, ao mesmo tempo em que tutela o interesse público, não permitindo que condutas ilícitas sejam praticadas contra os interesses estatais, também consagra uma série de direitos, dentre os quais se destacam os denominados "fundamentais" e os "humanos", previstos em tratados, convenções e constituições, hoje estudados por diferentes doutrinadores pátrios e estrangeiros, tais como Ingo Wolfgang Sarlet, Paulo Bonavides, Luis Roberto Barroso, Flávia Piovesan, Robert Alexy e Jónatas Machado. Diante do estudo, uma nova problemática se constata: o possível conflito de normas jurídicas, especialmente das regras e dos princípios, o qual exige do sistema uma solução adequada. Nesse sentido, torna-se importante a análise dos direitos contrapostos, exigindo do intérprete a indispensável ponderação, na busca da decisão mais adequada à solução das hipóteses em discussão. Nessa esteira, a presente pesquisa se propõe ao enfrentamento das antinomias verificadas no âmbito do sistema jurídico, em especial na discussão havida na preponderância de direitos fundamentais em face dos conflitos havidos e às suas inadiáveis soluções. Indispensável destacar que a liberdade de expressão, assim como os demais direitos que com ela se associam, tais como o da liberdade de pensamento e de imprensa, embora valorizados no Estado Democrático, não são absolutos, encontrando resistências e oposições que precisam ser cautelosamente estudadas, até para que não se corra o risco de um cerceamento indevido, portanto inconstitucional.

 A liberdade de expressão, enquanto direito fundamental, o qual se relaciona diretamente com o direito de resposta, exige um capítulo à parte. Primeiro, pela sua própria valorização, procedente de tratados e acordos internacionais, bem como do *status* privilegiado que alcança na Lei Fundamental. Segundo, porque com tal premissa constitucional interagem outros direitos fundamentais, significando o seu eventual cerceamento uma conduta ilícita. Terceiro, pelo entendimento já consolidado de que deve prevalecer a liberdade de expressão em relação a eventuais prejuízos que dela possam se originar, não se afastando a possibilidade de se assegurar ao ofendido ou prejudicado a devida reparação por danos materiais, morais ou à honra. Entretanto, deve ser privilegiada a manifestação e a informação, sendo, modo geral, inconstitucional a prévia censura.

 O estudo do direito de resposta não pode desprezar as experiências comparadas, advindas de diferentes sistemas jurídicos. Aliás, justamente através delas é que se podem buscar parâmetros para bem se pontuar o estudo no âmbito do direito constitucional brasileiro. Há pouquíssimo material doutrinário e jurisprudencial pátrio. Mesmo assim, o que pode ser encontrado se refere em sua totalidade à sepultada Lei de Imprensa ou ao Código Eleitoral brasileiro, cuja especial característica exige as peculiaridades devidamente regulamentadas por um estatuto próprio. Nesse sentido, os ensinamentos do argentino Julio Cesar Rivera e do português Vital Moreira tornam-se importantes, pois o amplo apanhado por eles trazido permite que a análise científica, além de abarcar diferentes hipóteses do estudo, possa oferecer uma conclusão segura acerca dos temas pesquisados, em especial sobre o direito de resposta e sobre sua plena abrangência e eficácia no direito constitucional brasileiro.

1. O Estado e seus paradigmas

1.1. Considerações preliminares

A Constituição Federal brasileira, já em seu preâmbulo, consagra o Estado Democrático como aquele que tem por propósito "[...] assegurar o exercício dos direitos sociais e individuais, a liberdade, a segurança, o bem-estar, o desenvolvimento, a igualdade e a justiça como valores supremos de uma sociedade fraterna, pluralista e sem preconceitos, fundada na harmonia social e comprometida, na ordem interna e internacional, com a solução pacífica das controvérsias [...]".[1] Em seu primeiro artigo, ao contemplar os princípios fundamentais, estabelece que a "[...] República Federativa do Brasil, formada pela união indissolúvel dos Estados e Municípios e do Distrito Federal, constitui-se em Estado Democrático de Direito: [...]".[2]

A compreensão do Estado Democrático de Direito enseja uma breve digressão acerca do Estado Liberal e o do Bem-Estar Social, partindo-se da análise de pré-compreensões, as quais Thomas Kuhn[3] denominou de paradigmas. De acordo com J.J Gomes Canotilho,[4] paradigma é o "consenso científico enraizado quanto às teorias, modelos e métodos de compreensão do mundo". No entendimento de Jürgen Habermas,[5] "um paradigma de direito delineia um modelo de sociedade contemporânea para explicar como direitos e princípios constitucionais devem ser concebidos e implementados, para que cumpram naquele dado contexto as funções normati-

---

[1] Preâmbulo da Constituição Federal brasileira de 1988.
[2] Art. 1º, *caput* da Constituição Federal brasileira de 1988.
[3] KUHN, Thomas s. *A estrutura das revoluções científicas*. São Paulo: Perspectiva, 2000, p. 43.
[4] CANOTILHO, J. J. Gomes. *Direito Constitucional e teoria da Constituição*. Coimbra: Almedina, 2000, p. 15.
[5] HABERMAS, Jürgen. *Between facts and norms: contributions to discourse theory of law and democracy*. Cambridge: The MIT, 1996, p. 194-195. *Apud*, CATTONI, Marcelo. *direito constitucional*. Belo Horizonte: Mandamentos, 2002, p. 54.

vamente a eles atribuídas". Para que se compreenda tal alcance, é preciso que se aceite que a linguagem, independente de sua natureza, contempla uma diversidade de ideias, porém todas elas partindo de um mesmo pressuposto, de uma mesma base, a qual se denominou "pano de fundo". O entendimento, a partir da pluralidade de ideias e pensamentos, deve pressupor a existência de ideais imperecíveis, dos quais os operadores do Direito não devem se afastar, sob pena de comprometimento dos princípios que informam a organização estatal. No âmbito do estudo do constitucionalismo, há três paradigmas de Estado: o Liberal, o do Bem-Estar Social e o Democrático de Direito. Em qualquer dessas formas exsurgente uma característica especial vinculativa de relações socioambientais, pois conformado a partir de uma cidadania assentada sobre espaços constitucionalmente protegidos: direitos fundamentais atribuidos a um sujeito de direito na sua dimensão singular e plural, onde o objetivo fundante esteja ancorado na produção da igualdade material fluente do imperativo da dignidade humana emprestado a este sujeito.

1.2. O Estado liberal

Precedido pelo Absolutismo,[6] o Estado Liberal, consagrado a partir da Revolução Francesa e do Iluminismo, cultuava os ideais da igualdade, liberdade e propriedade. Primava pela valorização dos direitos fundamentais, pela separação dos Poderes e pelo império da lei, destacando-se, dentre outros, como os seus principais idealizadores, Jonh Locke[7] e Charles de Monstequieu.[8]

John Locke[9] foi um dos mais destacados filósofos políticos do Liberalismo, desenvolvendo uma teoria em que defendia os direitos inalie-

---

[6] O poder político, advindo das monarquias imperiais, era ilimitado, tendo como força econômica o mercantilismo, decorrente do colonialismo que propiciou às coroas europeias grandes riquezas. O Absolutismo Monárquico impôs o fim da descentralização política e jurídica, características do feudalismo, o qual desagradava a burguesia, esta já estatuída como classe social. Para a imposição do regime Absolutista, a burguesia, com suas riquezas, financiou a concentração de Poder na mão do soberano, ocasionando o surgimento de uma primeira versão de Estado Nacional. Todavia, manteve-se um regime de privilégios estendidos à nobreza e ao clero, mordomias estas custeadas pelos altos impostos pagos pelas demais camadas da sociedade. Os direitos dos cidadãos, fundamentais e sociais, não eram alcançados, estabelecendo-se um regime de castas ou estamentos, que eram verdadeiros privilégios concedidos de acordo com a vontade do soberano. Ver NOVAIS, J. Reis. *O estado de direito*. Coimbra: Coimbra, 1987. FORSTHOFF, Ernest. *stato di diritto in transformazione*. Milano: Giuffrè, 1973. BONAVIDES, Paulo. *Do estado liberal ao estado social*. 6. ed. São Paulo: Malheiros, 1996.

[7] LOCKE, John. *Dois tratados sobre o governo civil*. São Paulo: Martins Fontes, 1998.

[8] MONTESQUIEU, Charles de Secondat, Baron de. *O espírito das leis*. São Paulo: Martins Fontes, 1996.

[9] BOBBIO, Norberto. *A era dos direitos*. Rio de Janeiro: Campus, 1992, p. 90.

náveis e insubstituíveis do homem, consagrando os direitos individuais como aqueles que deveriam ser salvaguardados acima de qualquer coisa, em contraposição à expropriação de poderes (notadamente os privados), situação esta que caracterizava a monarquia absolutista do período anterior. Cultuando a legalidade suprema, Locke subordinava todos os poderes ao Legislativo, e, consequentemente, ao que a lei expressava. Trata-se do que contemporaneamente se denomina Princípio da Legalidade. Os poderes estatais ficavam delimitados pelos estritos limites da lei. No âmbito das atividades administrativas, o Princípio da Legalidade conduz o administrador a só praticar aquilo que a lei expressamente autorize, diferentemente da dimensão alcançada na iniciativa privada, onde tudo é permitido que se faça, desde que a lei não o proíba.

De acordo com o constitucionalista Manoel Gonçalves Ferreira Filho,[10] a doutrina de Locke pode ser resumida na ideia "de que o Direito preexiste ao Estado, como a de que a liberdade natural do indivíduo somente pode ser restringida pela lei, que deve ser igual para todos e há de ter sua aplicação sob o crivo de juízes independentes".

A dicotomia entre o público e o privado era dimensionada pela estrita observância do princípio da legalidade. Através do paradigma do Estado Liberal, verificavam-se os direitos de natureza pública, tais como os da cidadania, da segurança jurídica e do devido processo legal, assim como se identificavam aqueles de interesse privado, a exemplo da liberdade, da propriedade e do livre mercado. A não intervenção estatal passou a ser uma máxima da valorização dos direitos individuais e coletivos, competindo ao Estado o dever de "garantir a certeza nas relações sociais, através da compatibilização dos interesses privados de cada um com o interesse de todos, mas deixando a felicidade ou a busca da felicidade nas mãos de cada indivíduo".[11]

O Estado de Direito decorre da concepção do Estado Liberal, partindo-se do pressuposto de que era necessário controlar, legalmente, o uso arbitrário do poder por parte do Estado. Nesse sentido, a formação dos direitos fundamentais relacionava-se à filosofia política que vigorou durante o século XVIII e início do XIX: Liberalismo.[12]

O Estado de Direito, no qual a ação do Poder Público se encontra limitada pelo sistema jurídico, conforme já se disse, é simbolizado por

---

[10] FERREIRA FILHO, Manoel Gonçalves. *Estado de direito e Constituição*. 4. ed. São Paulo: Saraiva, 1997, p. 11.

[11] CATTONI, Marcelo. *Direito constitucional*. Belo Horizonte: Mandamentos, 2002, p. 55.

[12] Para Norberto Bobbio, o liberalismo "era o direito de liberdade num dos dois sentidos principais do termo, ou seja, como autodeterminação, como autonomia, como capacidade de legislar para si mesmo, como antítese de toda forma de poder paterno ou patriarcal, que caracterizara os governos despóticos tradicionais". BOBBIO, Norberto. *A era dos direitos*. Rio de Janeiro: Campus, 1992, p. 86.

grandes acontecimentos mundiais. A independência das colônias americanas do Reino Unido da Grã-Bretanha, a partir da Declaração de Virgínia de 12 de abril e da Declaração da Independência dos Estados Unidos da América, ambas ocorridas em 1776, são fatos que caracterizam o processo histórico, somados à já referida Revolução Francesa e à Declaração dos Direitos do Homem e do Cidadão, havidos em 1789.[13]

Com o Estado de Direito, surgia um novo constitucionalismo, o qual propugnava pela legitimação do poder político e pela valorização das liberdades individuais. O regramento legal passava a disciplinar as condutas sem que, no entanto, houvesse uma interferência indevida do Estado no exercício de atividades reservadas à iniciativa privada. A valorização da burguesia e do exercício de seu poder político demonstrava a ascensão do Liberalismo em contrapartida ao Absolutismo, até então vigorante.

A partir de tais ideais e dos impulsos liberais proporcionados pelos movimentos políticos e sociais, consolidou-se uma nova classe, principalmente em virtude das Revoluções Industriais desencadeadas na sequência do século: a classe operária, que atuava em indústrias e empresas. A burguesia liberal, até aí, classe dominante, passou a sofrer pressões de natureza sindical, em que se questionava, dentre outros aspectos, uma absurda jornada de trabalho de 16 horas diárias. A partir de tais acontecimentos, começaram a ser organizados movimentos socialistas, destacando-se, como marco teórico, os pensamentos de Marx e Engels, bem como o manifesto comunista de 1848.[14] Igualmente, importantes foram o cartismo inglês e, na França, a Revolução de 1848 e a Comuna de 1871. Surge, na concepção filosófica, um novo homem: "o homem com direito à vida".

Aliadas a tais circunstâncias, registram-se as encíclicas papais, destacando-se a *Rerum Novarum*, promovida em 1891, pelo Papa Leão XIII, que divulgou o pensamento social-democrata cristão.

A Primeira Guerra Mundial (1914 e 1918) exigiu que as nações se preparassem para o esforço bélico, o que fomentou sentimento nacionalista e o fortalecimento da estruturas administrativas do Estado. O jurista italiano Vigorita[15] descreve, com precisão, que a Primeira Guerra Mun-

---

[13] DOS ANJOS, Luís Henrique; DOS ANJOS, Walter Jone. *Manual de direito administrativo*. Porto Alegre: Livraria do Advogado, 2001, p. 34-35.

[14] MANDEL, Ernest. *Introdução ao marxismo*. Tradução de Mariano Soares. Porto Alegre: Movimento, 1982.

[15] Ainda, segundo Vigorita, tal guerra: a) dilata desmesuradamente as exigências de armamento e aprovisionamento, demonstrando a necessidade do controle integral e coativo da vida econômica; b) em virtude disso, constitui uma experiência concreta de total disciplina pública, assumindo como modelo de futuros objetivos autoritários de política econômica; e ao mesmo tempo cria hábitos e métodos dirigistas dificilmente anuláveis; c) provoca excessos dimensionais e distribuições erradas

dial rompe a tradição do liberalismo econômico, acelerando violentamente a ação dos fatores desagregadores na conjuntura político-econômica das diferentes nações.

Em termos políticos e ideológicos, a Revolução Russa, ocorrida em 1917, e que teve como fundamento as teorias de Marx, Engels e Lênin, consagrou a Declaração dos Direitos do Povo Trabalhador e Explorado, em 1918, proporcionando uma nova dimensão e concepção de sociedade e de Estado, pregando a libertação da classe operária, a qual propôs o enfrentamento do regime político e administrativo até então vigente. Surge o Estado Social, com suas características e com os seus expoentes políticos.

1.3. O Estado do Bem-Estar Social

Tendo em vista que os interesses políticos e econômicos dos burgueses não condiziam com as necessidades coletivas, representada pelas vontades do proletariado, o Estado Liberal cedeu espaço à formação do denominado Estado Social. O apelo por uma maior participação ensejava que, além dos direitos individuais, também fossem alcançados e satisfeitos os direitos sociais. Nesse sentido, conforme leciona José Afonso da Silva,[16] *o individualismo e o abstencionismo ou neutralismo do Estado liberal provocaram imensas injustiças*, o que ocasionou a necessidade de uma justiça social.[17]

Norberto Bobbio,[18] referindo-se ao crescimento do Estado do Bem-Estar Social, afirma que o Estado foi "pouco a pouco se reapropriando do

---

na industrialização, com predisposição à ruína por falta de capital e de demanda, e consequente "absorção" estatal para evitar a crise; d) fraciona o mercado internacional pelo surgimento de novos Estados e de um novo nacionalismo econômico, determinando ademais o definitivo deslocamento do equilíbrio econômico em favor dos Estados Unidos e em prejuízo da Europa; e) provoca o desenvolvimento numérico e o despertar classista das massas operárias, de quem acresce o peso político e a força organizatória, colocando em posição de condicionar a tradicional supremacia das antigas classes dirigentes e de exigir a revisão em sentido social do intervencionismo. VIGORITA, Vincenso Spagnuolo. *L'iniziativa económica privata nel diritto publico*. Napoli: Jovene, 1959, p. 170-172.

[16] SILVA, José Afonso da. *Direito constitucional positivo*. São Paulo: Malheiros, 2008, p. 115.

[17] Lucas Verdú complementa que o "Estado de Direito, que já não poderia mais justificar-se como liberal, necessitou, para enfrentar a maré social, despojar-se de sua neutralidade, integrar, em seu seio, a sociedade, sem renunciar ao primado do Direito. O Estado de Direito, na atualidade, deixou de ser formal, neutro e individualista, para transformar-se em Estado material de Direito, enquanto adota uma dogmática e pretende realizar a justiça social". VERDÚ, Pablo Lucas. *La lucha por el estado de derecho*. Bolonia: Publicaciones del Real Colegio de España, 1975, p. 94.

[18] BOBBIO, Norberto. *Estado, Governo e Sociedade*. Rio de Janeiro: Paz e Terra. 1987, p. 20-25.

espaço conquistado pela sociedade civil burguesa, até absorvê-lo completamente na experiência do Estado total".

Entretanto, o grande idealizador do Estado do Bem-Estar Social foi John Maynard Keynes, economista britânico, o qual passou a questionar as teorias econômicas clássicas, propondo uma reformulação na política que disciplinava a liberdade dos mercados. Em meio à crise mundial de 1929, com a quebra da Bolsa de Valores de Nova Iorque, Keynes buscou alternativas à falta de empregos, consolidando a tese de que o Estado deveria ser o provedor das necessidades sociais, diante da falência dos órgãos e entidades privadas, notadamente as vinculadas ao mercado de capitais.

Dois livros de Keynes fundamentaram sua teoria econômica: *Tratado sobre a moeda*, obra em que anteciparia os principais pontos de discussão e, posteriormente, a sua mais importante contribuição literária, intitulada *Teoria geral do emprego*, na qual, diferentemente do que cultuava a escola clássica, sustentava a tese de que o Estado deveria ser o garantidor de todos os direitos sociais. Segundo Keynes,[19] o governo não poderia ficar inerte, sob a desculpa de que não tinha o direito de intervir na economia de um país. O Estado deveria retomar para si a responsabilidade social, fazendo com que a economia pudesse voltar a gerar emprego e renda, sendo estes os principais baluartes para a retomada do crescimento. A proposição de Keynes incluía o poder da construção de obras públicas, patrocinadas pelo Estado, o que redundaria em empregos, geração de riquezas, possibilidade de ganhos e custos.

Os críticos da teoria de Keynes afirmavam categoricamente que o custo do Estado do Bem-Estar Social seria muito alto e insustentável aos cofres públicos, pois as despesas aumentariam o endividamento público. Em resposta aos seus opositores, Keynes sustentava que o investimento governamental retornaria aos cofres públicos por meio do recolhimento de impostos, assim como pela movimentação financeira ocasionada pelo maior poder de compra dos cidadãos, o que permitiria ao Estado cumprir suas obrigações de custeio, notadamente dívidas contraídas, proporcionando uma vida economicamente sustentável para os cidadãos.

Surgem as ideias socialistas, agregadas às comunistas e a todas as outras que colocavam em discussão os ideais liberais. Nas palavras de Carvalho Netto, tais eventos "animam os movimentos coletivos de massa cada vez mais significativos e neles reforça com a luta pelos direitos coletivos e sociais".[20]

---

[19] KEYNES, John Maynard. *Teoria geral do emprego, do juro e da moeda*. Trad: CRUZ, Mário Ribeiro da. São Paulo: Editora Atlas, 1992.

[20] NETTO, Menelick de Carvalho. Requisitos paradigmáticos da interpretação jurídica sob o paradigma do Estado democrático de direito. *Revista de Direito Comparado*, Belo Horizonte, nº 3, p. 478. maio, 1999.

A partir de tal conjuntura, nasce o Estado do Bem-Estar Social (*Welfare State*), também conhecido como *"Estado Providência"*, a partir do qual o Poder Público passa a ser um agente de promoção e proteção da vida social e econômica. Nesse sentido, o Estado provedor responsabiliza-se pelos mais diferentes setores que interagem com a sociedade, em especial a saúde, a educação e a ordem econômica, estabelecendo parcerias com entidades sindicais e com organizações civis.

O Estado Social assumia responsabilidades antes atinentes à iniciativa privada, regulando as mais diferentes atividades econômicas, concentrando em suas mãos o poder em relação ao mercantilismo, as relações de consumo e as produções de mercado. A globalização, embora distinta de hoje, também já podia ser percebida, à época, nas medidas administrativas e políticas assumidas por diferentes países, em datas desiguais, mas em momento histórico semelhante. Assim, a Alemanha, através da Constituição de Weimar, de 1919, estimulou a maior participação das entidades estatais, componentes da chamada estrutura administrativa pública, a participarem de forma decisiva das atividades econômicas, monopolizando os mercados e ditando as regras de intervenção. De igual forma, verificaram-se tais efeitos nos demais países europeus, destacando-se a Itália, a Espanha e a França. Em relação à formação de um chamado Estado Social e sua relação com o princípio democrático, sábia é a lição de Jean-Jacques Chevalier:[21] "o princípio democrático, longe de contribuir para frear a expansão estatal, vai, ele mesmo, servir de poder propulsor; é a favor do exercício das liberdades políticas e sob a pressão dos eleitores que vão ser consagrados os direitos novos, no campo social e econômico".

A Constituição de Weimar consagrou, sob o ponto de vista jurídico, os direitos fundamentais de segunda geração, assim entendidos aqueles de natureza social e econômica, vinculados ao princípio da igualdade. A partir de então, a doutrina[22] qualifica esta fase como *Estado Social de Direito.*[23] [24]

---

[21] CHEVALIER, Jean-Jacques. L'état de droit. In: *Revue du droit public et de la science politique em France et à l'etranger*, mar./abr. 1988, v. 2, p. 313-380.

[22] CANOTILHO, J. J. Gomes. *Direito Constitucional*. Coimbra: Almedina, 1993, p. 390-395.

[23] Registre-se, por oportuno, a precedência da Constituição francesa de 1848, a qual já assegurava o direito ao trabalho e, em período posterior, o avanço protagonizado pela Constituição mexicana de 1917, que estatuiu os direitos sociais e econômicos. ANJOS, Luís Henrique dos; ANJOS, Walter Jone dos. *Manual de direito administrativo*. Porto Alegre: Livraria do Advogado, 2001, p. 36.

[24] No âmbito do estudo dos serviços públicos, a lição do Professor Diogo de Figueiredo Moreira Neto, citando Gaston Jèze e Léon Duguit, inclina-se à característica do Estado Social de Direito, assim reproduzindo: "Em sentido muito lato, todas as atividades que o Estado desempenha constituem serviços públicos; é neste sentido que alguns administrativistas entendem ser esta a única (Gaston Jèze) ou a primordial (Léon Duguit) atividade do Estado"."É com esse enfoque classificatório restritivo

Importante a consideração pertinente às aspirações administrativas, vinculadas à coletividade. Não se cogita apenas de um determinado interesse público, vinculado a uma classe econômica específica, mas sim a vários interesses públicos, manifestações volitivas de diferentes classes políticas. O Estado, de imprescindível participação nas atividades econômicas e na prestação de serviços públicos, conforme já referido, precisava necessariamente expandir-se, alcançando todos os setores sociais. Na União Soviética, por exemplo, implantou-se o Estado Socialista, centralizando e concentrando os aspectos relacionados à economia. Surgiram as democracias populares, hoje enfraquecidas no contexto mundial.

O crescimento dos chamados direitos sociais e econômicos obrigou o Poder Público, representado pela Entidade Estatal, a ampliar suas próprias estruturas e obrigações. De qualquer sorte, como se verá, as exigências coletivas não puderam ser plenamente atendidas, constatando-se ineficiência, lentidão, aumento da burocracia, corrupção e incompetência pública.

Os reflexos das diferentes formas de participação do Estado na economia, verificadas em épocas distintas na Europa e na própria América do Norte, alcançaram a América do Sul e, especificamente, o Brasil, em momento histórico quase sempre posterior. Os acontecimentos que determinaram a maior ou menor participação do Poder Público na realização de atividades de repercussão econômica não eclodiram simultaneamente nos considerados países coloniais, cuja estruturação político-administrativa remanesceu indefinida por um longo período, ocasionando incertezas políticas e administrativas cujos reflexos permanecem ainda hoje.

A política econômica idealizada por Keynes em favor de um Estado provedor significou, no que diz respeito aos direitos trabalhistas e sociais, um avanço significativo, muito embora as consequências da Segunda Guerra Mundial não tenham satisfeito um equilíbrio econômico, tampouco proporcionado uma estabilidade política. De toda sorte, os avanços sociais também ocasionaram o surgimento de líderes e regimes políticos que se apossaram de liberdades individuais em favor de um suposto nacionalismo, travestidos de regimes totalitários. Por certo, a doutrina *Keynesiana* foi pervertida por Mussollini e Hitler, respectivamente na Itália e na Alemanha, os quais não se dispuseram a proporcionar uma política de crescimento econômico, e sim consolidar um Estado que controlasse os cidadãos e avançasse rumo a conquistas militares.

---

que conceituamos os Serviços Públicos como uma atividade da Administração que tem por fim assegurar, de modo permanente, contínuo e geral, a satisfação de necessidades essenciais ou secundárias da sociedade, assim por lei consideradas, e sob as condições impostas unilateralmente pela própria Administração". MOREIRA NETO, Diogo de Figueiredo. *Curso de Direito Administrativo*. 11. ed. Rio de Janeiro: Forense, 1996, p. 323.

Se marco histórico do surgimento do Estado do Bem-Estar Social foi a Grande Depressão, a quebra da Bolsa de Nova Iorque, em 1929, e que perdurou até a Segunda Grande Guerra, a mola propulsora para o seu desenvolvimento se deu, principalmente, nos países escandinavos, com as experiências havidas na Suécia, na Noruega e na Dinamarca. O sociólogo e economista sueco Karl Gunnar Myrdal foi um dos maiores orientadores do Estado Providência, tendo recebido, inclusive, em 1974, o Prêmio Nobel de Ciências Econômicas.[25]

Os princípios informadores do Estado do Bem-Estar Social incluem a subvenção do Poder Público em relação a uma série de direitos dos cidadãos, tais como saúde, educação, seguro-desemprego e assistência a filhos menores. A concepção do Estado Providência não é a de suportar custos, mas sim a de proporcionar investimentos sociais.

As principais características do Estado do Bem-Estar Social são:[26]

Intervenção do Estado nos mecanismos de mercado para proteger determinados grupos de um mercado deixado a suas próprias regras.

Política de pleno emprego, imprescindível porque os salários dos cidadãos se percebem por meio do trabalho produtivo ou da aportação de capital.

Institucionalização de sistemas de proteção, para cobrir necessidades que dificilmente os salários normais podem satisfazer.

Institucionalização de ajuda para os que não podem estar no mercado de trabalho.

Embora questionado, enquanto provedor, o Estado do Bem-Estar Social se fez presente nas mais diferentes economias, inclusive naquelas em que se proporcionou, com maior flexibilidade, a livre competição do mercado e a valorização do capital. Acontece que os direitos individuais e sociais alcançaram *status* de direitos fundamentais, dentre os quais se destacam muitos que devem ser providos pelo Poder Público, tais como saúde, educação, assistência social e busca de pleno emprego, todos eles dependendo de políticas públicas capazes de desenvolver os mais diversos setores.

Para o sociólogo francês Robert Castel,[27] o Estado do Bem-Estar ou Estado Providência "é um sistema de regulamentação montado, em torno

---

[25] O curioso é que Myrdal dividiu o Prêmio Nobel de Ciências Econômicas justamente com um de seus maiores opositores ideológicos, o austríaco Von Hayek, um dos maiores defensores do livre mercado e da economia de capitais.

[26] "El Estado del Bienestar" de la Generalitat de Catalunya. (Informe), 1996, p. 19.

[27] Robert Castel complementa: "É bem verdade que o capitalismo sempre atravessou fronteiras, porque sempre teve uma dimensão internacional. As trocas, no entanto, em maior ou menor medida, nunca fugiram ao controle dos Estados-nações. Agora, corremos os riscos de ver instituições do capitalismo internacional, como o Banco Mundial ou o Fundo Monetário Internacional, por exemplo, substituírem as instituições jurídico-políticas dos Estados-nações". CASTEL, Robert. *O mundo e o trabalho*. (Entrevista.). Rio de Janeiro: ABDE, n. 148, p. 5-6, maio 1998.

do fim do século XIX, no âmbito dos Estados-nações europeus. O fato de haver sido construído sobre bases nacionais torna problemática sua manutenção, hoje, diante de uma dinâmica de mercado que atravessa fronteiras nacionais".

O *New Deal*, desencadeado pelo presidente norte-americano Franklin Delano Roosevelt, constituiu-se em uma série de programas patrocinados pelo governo, com o intuito de proporcionar a recuperação da economia americana, seriamente abalada devido à quebra da Bolsa de Nova Iorque. Criticado pelos altos gastos despendidos, o projeto implementado por Roosevelt teve vários propósitos, dentre os quais se destacam o estabelecimento de um rigoroso controle sobre as instituições bancárias, a concessão de subsídios agrícolas a pequenos agricultores, a criação da previdência social e o estímulo ao surgimento de sindicatos de trabalhadores.

Consolidado pelo *New Deal*, o *Welfare State* expande-se a partir do fim da Segunda Guerra Mundial, trazendo algumas consequências insuportáveis para muitos países, sob o ponto de vista econômico, uma vez que as obrigações assistenciais públicas (não apenas as sociais), inclusive sob o regime de monopólio, obrigaram o Estado a aumentar suas estruturas administrativas, consumindo não apenas as próprias reservas financeiras, mas quase que a totalidade dos orçamentos públicos. Dentre tantas consequências, registre-se o aumento do endividamento público, notadamente das nações menos desenvolvidas, a inflação e o crescimento do desemprego, uma vez que as políticas públicas tornaram-se ineficientes diante da especialização das necessidades coletivas, bem como do próprio crescimento demográfico.

Tal situação, que levou o Estado *Providência* a ser visualizado como Estado *Imprevidência*, tem suas causas no crescimento populacional, na especialização das demandas sociais e no aumento da expectativa de vida dos cidadãos. Agregavam-se a tais fatores a evolução industrial e o progressivo aumento do desemprego. Sistemas previdenciários passaram a não suportar as necessidades sociais, destacando-se a falibilidade da *sécurité sociale* francesa.[28]

No Brasil, é impossível dissociar o Estado do Bem-Estar Social da chamada *Era Vargas*,[29] havida entre 1930 e 1945. Aconteceu que o então Presidente da República, no rastro das grandes conquistas sociais mundiais, implementou uma série de direitos, proclamados com a Constituição Federal de 1934, dentre os quais se destacam o direito universal ao

---

[28] ROSANVALLON, Pierre. *La crise de l'étatprovidence*. Paris: Seuil, 1981 e 1992. Publicado em português pela Editora UnB/UFG, Brasília, 1997.

[29] HENRIQUES, Afonso. *Ascensão e queda de Getúlio Vargas*. São Paulo: Record. 3 vols., 1964.

voto, estendido às mulheres, a liberdade sindical e o direito à livre expressão. Como o processo de democratização não havia sido amadurecido pelo tempo, surgiram forças dissidentes, as quais pressionavam e questionavam o poder do Presidente, notadamente no que tange à necessidade de uma reforma agrária. Nesse cenário, Getúlio Vargas sufocou o surgimento de expressões políticas, havidas como comunistas, a exemplo de Luís Carlos Prestes e Olga Benário, impondo ao país, em 1937, o *Estado Novo*, um golpe de natureza política e militar, o qual fechou o Congresso Nacional e as Assembleias Legislativas e suspendeu os direitos políticos de cidadãos, consagrando a censura e outorgando ao país uma nova Carta Política. O autoritarismo político, ainda assim, encontrava respaldo popular, graças ao discurso populista do Presidente da República, o qual tratou de aparelhar a estrutura administrativa, com a criação do Departamento Administrativo do Serviço Público (DASP), o Conselho Nacional do Petróleo e a Companhia Siderúrgica Nacional.

Fortalecendo os direitos sociais, Getúlio Vargas criou, em 1942, a Legião Brasileira de Assistência (LBA) e editou, em 1943, a Consolidação das Leis do Trabalho (CLT), uma das principais conquistas dos trabalhadores em todas as épocas. No entanto, Vargas foi deposto em 1945, procedendo-se à redemocratização, com a eleição do General Eurico Gaspar Dutra, em 1946.

Um segundo momento, digno de registro do Estado do Bem-Estar Social no Brasil, advém do período do regime militar,[30] iniciado em 1964 e vigente até 1985. Houve, especialmente nos meados dos anos 70, uma modernização conservadora, a qual ampliou a oferta de bens e serviços, porém sem atingir satisfatoriamente as classes menos favorecidas. Já então, a partir da redemocratização de 1985 e especialmente com a Constituição de 1988, consagram-se definitivamente os direitos sociais, porém sua efetividade não se concretiza. Ao lado dessa *Constituição Cidadã*, surge um Estado (neo)liberal, que preconiza um mínimo de intervenção estatal, consagrando políticas mais focalizadas e mercados mais flexíveis.

Nos dias de hoje, no Brasil, o *Welfare State* tem caráter essencialmente assistencialista. Exemplos típicos são o programa bolsa-família e a política de cotas para o preenchimento de vagas em universidades públicas, a exemplo de outros, contemplados em décadas passadas, tais como o Instituto Nacional de Alimentação e Nutrição (INAN), o Fundo de Assistência ao Trabalhador Rural (FUNRURAL) e, posteriormente, as Ações Integradas de Saúde (AIS) do Sistema Unificado e Descentralizado de Saúde (SUDS), o Sistema Único de Saúde (SUS) e os mecanismos de segu-

---

[30] FERREIRA, Jorge; DELGADO, Lucília; (orgs.). *O Brasil Republicano*: o tempo da ditadura – regime militar e movimentos sociais em fins do século XX. Rio de Janeiro: Civilização Brasileira, 2003.

ro-desemprego. Não há perspectiva de inclusão social ou de distribuição de renda; há somente assistencialismo desprovido de desenvolvimento.

1.4. O Estado Democrático de Direito

Alcança-se o conceito de Estado Democrático de Direito quando se identifica, no âmbito de uma ordem jurídica, notadamente de natureza constitucional, a previsão e proteção de todos os direitos fundamentais, no âmbito de um sistema composto por valores, princípios e regras. Nesse sentido, é preciso agregar-se, ainda, as questões relativas à democracia representativa, participativa e pluralista, na qual o princípio da separação dos Poderes alcança uma dimensão positiva, uma vez que determina e delimita a extensão das competências funcionais de cada uma das funções constitucionais, além de propiciar, pela própria Carta Política, a participação direta dos cidadãos nos mais diferentes processos de escolha e decisão, tais como o voto (direto, universal e secreto), o plebiscito, o referendo e a consulta popular. A democracia também se caracteriza pelo pluralismo, em que a Constituição enaltece a multiplicidade de ideias, culturas e etnias, respeitando as opiniões e pensamentos divergentes.

Valorizam-se, no âmbito do Estado Democrático de Direito, os princípios da proporcionalidade e da razoabilidade, cuja análise é indispensável à realização do presente estudo que tem como objetivo afirmar a plena eficácia do direito de resposta, proporcional ao agravo sofrido, nos termos do que dispõe o inciso V do art. 5º[31] da *Lex Fundamentalis*.

A democracia no Estado brasileiro dissemina-se nos valores preconizados por sua Constituição Federal. Nesse sentido, a lição de José Afonso da Silva,[32] confrontando a nossa Carta Magna à Constituição portuguesa. Afirma que esta *instaura o Estado de Direito Democrático, com o "democrático" qualificando o Direito e não o Estado,* concluindo que essa é uma diferença fundamental entre as Cartas Políticas. Entretanto, o constitucionalista brasileiro afirma que *a nossa emprega a expressão mais adequada, cunhada pela doutrina, em que o "democrático" qualifica o Estado, o que irradia valores da democracia sobre a ordem jurídica.*

---

[31] Art. 5º Todos são iguais perante a lei, sem distinção de qualquer natureza, garantindo-se aos brasileiros e aos estrangeiros residentes no País a inviolabilidade do direito à vida, à liberdade, à igualdade, à segurança e à propriedade, nos termos seguintes: [...] V – é assegurado o direito de resposta, proporcional ao agravo, além da indenização por dano material, moral ou à imagem;

[32] SILVA, José Afonso da. *Curso de direito constitucional positivo.* 25. ed. São Paulo: Malheiros. 2008, p. 81.

Importante frisar três características havidas com a consolidação de um regime democrático constitucional, a exemplo do que é concebido no Estado brasileiro: a plena eficácia das normas constitucionais; a instituição do Direito Constitucional como disciplina autônoma; e a inafastabilidade do Poder Judiciário, no que tange à apreciação de lesão ou ameaça a Direito.[33]

Os elementos e requisitos de um Estado de Direito exigem uma conformidade do sistema jurídico, aliado a políticas capazes de consagrá-lo e caracterizá-lo como democrático. Nesse sentido, postula o jurista mexicano Umberto Cerroni:[34]

> 1. Regla del consenso. Todo puede hacerse si se obtiene el consenso del pueblo; nada puede hacerse si no existe este consenso. 2. Regla de la competencia. Para construir el consenso, pueden y deben confrontarse libremente, entre sí, todas las opiniones. 3. Regla de la mayoría. Para calcular el consenso, se cuentan las cabezas, sin romperlas, y la mayoría hará la ley. 4. Regla de la minoría. Si no se obtiene la mayoría y se está en minoría, no por eso queda uno fuera de la ciudad, sino que, por el contrario, puede llegar a ser, como decía el liberal inglés, la cabeza de la oposición, y tener una función fundamental, que es la de criticar a la mayoría y prepararse a combatirla en la próxima confrontación. 5. Regra del control. La democracia, que se rige por esta constante confrontación entre mayoría y minoría, es un poder controlado o, al menos, controlable. 6. Regla de la legalidad. Es el equivalente de la exclusión de la violencia.

O Estado democrático de Direito não se constitui na soma do liberal com o social, havidos com maior ou menor predominância, em determinadas épocas do mundo. Entretanto, não há como desconhecer que as características liberais e sociais nele se encontram presentes, pois há uma valorização da atividade privada, sem que haja uma desobrigação das incumbências públicas. As peculiaridades do Estado democrático, no entendimento de Elias Diaz,[35] são as seguintes:

---

[33] Para Luís Roberto Barroso, a doutrina da efetividade "se desenvolveu e foi sistematizada no período que antecedeu a convocação da Assembléia Constituinte que viria a elaborar a Constituição de 1988. Partindo da constatação ideológica de que o constituinte é, como regra geral, mais progressista do que o legislador ordinário, forneceu substrato teórico para a consolidação e aprofundamento do processo de democratização do Estado e da sociedade no Brasil. Para realizar esse objetivo, o momento pela efetividade promoveu, com sucesso, três mudanças de paradigma na teoria e na prática do direito constitucional no país. No plano jurídico, atribuiu normatividade plena à Constituição, que passou a ter aplicabilidade direta e imediata, tornando-se fonte de direitos e obrigações. Do ponto de vista científico ou dogmático, reconheceu ao direito constitucional um objeto próprio e autônomo, estremando-o do discurso puramente político ou sociológico. E, por fim, sob o aspecto institucional, contribuiu para a ascensão do Poder Judiciário no Brasil, dando-lhe um papel mais destacado na concretização dos valores e dos direitos constitucionais". BARROSO, Luís Roberto. *Temas de direito constitucional*, Tomo III, Rio de Janeiro: Renovar, 2005, p. 76.

[34] CERRONI, Umberto. *Reglas y valores en la democracia*. México: Alianza Editorial, 1991, p. 191.

[35] DIAZ, Elias. *Estado de derecho y sociedad democratica*. Madrid: Editorial Cuadernos para el Dialogo, 1975, p. 29.

a) império da lei: lei como expressão da vontade geral; b) divisão dos Poderes: legislativo, executivo e judiciário; c) legalidade da Administração, atuação segundo a lei e suficiente controle judicial; d) direitos e liberdades fundamentais: garantia jurídico-formal e efetiva realização material.

A legalidade, inclusive como princípio constitucional expresso, disciplina as atividades públicas e privadas, vinculando as autoridades e agentes políticos ao comando dos atos legislativos vigentes. A Constituição é a lei maior e, em relação a ela, articula-se e contrói-se um sistema jurídico, cujas características primam pela hierarquia legal e formal, na qual a interpretação ganha relevo, principalmente diante da indispensável conformação axiológica do sistema.

A divisão de Poderes é substrato funcional às atividades e funções constitucionais. Embora com repercussões políticas e administrativas diferentes, a harmonia entre os Poderes é preceito indispensável às suas conformações, o que pressupõe o respeito à competência de cada um dos Poderes constituídos, estabelecendo a Carta Magna as atribuições políticas, administrativas, legislativas e jurisdicionais.

Entretanto, o principal marco do Estado Democrático é a consagração dos direitos fundamentais e sociais, a parte mais nobre da ciência jurídica. Trata-se, pois, como asseverou Elias Diaz, de garantia jurídico-formal e de realização material, portanto invocável de pleno direito e de imediata eficácia.

O Estado de Direito é uma situação jurídica, ou um sistema institucional, no qual cada um é submetido ao respeito do direito, do simples indivíduo até a potência pública. O Estado de direito é assim ligado ao respeito da hierarquia das normas, da separação dos poderes e dos direitos fundamentais.

Ademais, ao lado dos direitos individuais e coletivos, há que se consagrar, no âmbito de um Estado Democrático, os interesses ou direitos difusos, os quais estão a exigir do Poder Público um comportamento de natureza autorizadora e fiscalizatória, conforme a lição de Carvalho Netto,[36] para quem

---

[36] Menelick de Carvalho Netto complementa: "São direitos cujos titulares, na hipótese de dano, não podem ser clara e nitidamente determinados. O Estado, quando não diretamente responsável pelo dano verificado foi, no mínimo, negligente no seu dever de fiscalização ou de atuação, criando uma situação difusa de risco para a sociedade. A relação entre o público e o privado é novamente colocada em xeque. Associações da sociedade civil passam a representar o interesse público contra o Estado privatizado e omisso. Os direitos de 1ª e 2ª geração ganham novo significado. Os de 1ª. são retomados como direitos (agora revestidos de uma conotação sobretudo processual) de participação no debate público que informa e conforma a soberania democrática de um novo paradigma, o paradigma constitucional do Estado Democrático de Direito e seu Direito participativo, pluralista e aberto". NETTO, Menelick de Carvalho. Requisitos pragmáticos da interpretação jurídica sob o paradigma do Estado Democrático de Direito. In: *Revista de Direito Comparado*, v. 3, maio 1999, semestral, Belo Horizonte: Mandamentos, 1998, p. 481.

os os direitos fundamentais da 3ª geração compreendem os interesses ou direitos difusos, dentre os quais se destacam os dos consumidores, os ambientais e os da criança e do adolescente, preceitos esses dos quais o Estado jamais deverá se distanciar, em hipótese qualquer.

Desse modo, os direitos fundamentais, no âmbito do Estado Democrático e de Direito, constituem-se em preceitos irrenunciáveis, os quais devem ser consagrados e respeitados por todas as esferas de Poder, inclusive pelo Judiciário, cujos princípios da inafastabilidade e da jurisdição una está a exigir das autoridades jurisdicionais a reposição do *status quo*, se este, ao consagrar um direito, restar corrompido por terceiros.[37]

Habermas[38] categoricamente contempla o princípio da democracia, valorizando os institutos de participação popular como real expressão de poder, "partindo do pressuposto de que uma formação política racional da opinião e da vontade é possível, o princípio da democracia simplesmente afirma como esta pode ser institucionalizada – através de um sistema de direitos que garante a cada um igual participação num processo de normatização jurídica, já garantido em seus pressupostos comunicativos".

Por último, sendo o Estado Democrático valoriza a estrita observância de direitos, destacando-se os de natureza fundamental, indispensável destacar a importância da hermenêutica na compreensão de seus propósitos, como bem assinalou Peter Häberle,[39] para quem "todo aquele que vive no contexto regulado por uma norma e que vive com este contexto é, indireta ou, até mesmo diretamente, um intérprete dessa norma. O destinatário da norma é participante ativo, muito mais ativo do que se pode supor tradicionalmente, o processo hermenêutico. Como não são apenas os intérpretes jurídicos da Constituição que vivem a norma, não detêm eles o monopólio da interpretação da Constituição".

---

[37] Nesse sentido, as palavras de Rosemiro Pereira Leal: "Assim, na teoria da democracia os direitos fundamentais são inafastáveis não porque já estejam impregnados na consciência dos indivíduos, mas porque são pressupostos jurídicos na instalação processual da movimentação do sistema democrático, sem os quais o conceito de Estado democrático de direito não se enuncia". LEAL, Rosemiro Pereira. *Teoria processual da decisão jurídica*. São Paulo: Landy. 2002, p. 31.

[38] HABERMAS, Jürgen. *Direito e democracia*: entre a faticidade e validade. Tradução: Flávio Beno Siebeneichler. Volume I. Rio de Janeiro: Tempo Brasileiro, 1997, p. 145-146.

[39] HÄBERLE, Peter. *Hermenêutica constitucional* – A Sociedade Aberta dos Intérpretes da Constituição: contribuição para a interpretação pluralista e "procedimental" da constituição. Porto Alegre: Sergio Antonio Fabris Editor, 1997, p. 15.

2. O sistema jurídico: conceito e compreensão axiológica; hermenêutica e solução dos conflitos

2.1. Conceituação

O sistema jurídico não pode mais ser conceituado no estrito enfoque positivista, quando o Direito era definido "como uma rede hierarquizada e formal de normas, cuja estrutura autônoma e fechada o imunizaria de qualquer contato axiológico espúrio".[40] A positivação não pode ensejar a organização e compreensão de um sistema jurídico fechado, intangível e impenetrável, desprovido de relativização axiológica. Hans Kelsen[41] refutava a sujeição do Direito a quaisquer critérios metodológicos, sob pena de que preponderasse a arbitrariedade. A interpretação jurídica, em seu entendimento, proclamava uma neutralidade a ser exercida pelo operador, a fim de que o sistema não pudesse sofrer contaminações.[42] Kelsen, na verdade, potencializou a separação prolatada por Immanuel Kant, no sentido da existência de uma razão teórica e de uma razão prática, privilegiando a primeira em relação à segunda. Contemplava-se, a partir de tal concepção, aquilo que fora denominado, nas palavras de Raffaele De Giorgi,[43] de "cegueira axiológica", concebendo-se no Direito um processo de neutralização e despolitização, como necessário "apenas a sua contingência, ou seja, a referência a si mesmo, o seu fechamento operacional [e] a sua cegueira no plano das operações como condição de sua visão".

---

[40] KELSEN, Hans. *Teoria pura do direito*. São Paulo: Martins Fontes, 1997, p. 57.

[41] Idem, p. 62

[42] Na conhecida *Lei de Hume*, Kelsen diferencia o "ser" do "dever-ser", promovendo um corte epistêmico.

[43] DE GIORGI, Raffaele. *Direito, democracia e risco*. Porto Alegre: Sergio Antonio Fabris Editor. 1998. Apud PASQUALINI, Alexandre. *Hermenêutica e sistema jurídico*. Porto Alegre: Livraria do Advogado. 1999, p. 65.

Os positivistas conceberam inicialmente o Direito como um sistema que preservasse o caráter jurídico da norma, que deveria, no entendimento de Carl Schmitt,[44] ser interpretada em sua acepção "mais pura".

Entretanto, buscando conceitos contemporâneos do sistema jurídico que estejam mais próximos da realidade, registre-se o entendimento de Juarez Freitas,[45] para quem o sistema jurídico é "uma rede axiológica e hierarquizada topicamente de princípios fundamentais, de normas estritas ou regras e de valores jurídicos cuja função é a de, evitando ou superando antinomias em sentido lato, dar cumprimento aos objetivos justificadores do Estado Democrático, assim como se encontram consubstanciados, expressa ou implicitamente, na Constituição".

Para J. J. Gomes Canotilho,[46] o sistema jurídico deve ser de natureza normativa e aberta, de regras e princípios:

1) é um sistema jurídico porque é um sistema dinâmico de normas;

2) é um sistema aberto porque tem uma estrutura dialógica (Caliess) traduzida na disponibilidade e "capacidade de aprendizagem" das normas constitucionais para captarem a mudança da realidade e estarem abertas às concepções cambiantes da "verdade" e da "justiça";

3) é um sistema normativo, porque a estruturação das expectativas referentes a valores, programas, funções e pessoas, é feita através de normas;

4) é um sistema de regras e de princípios, pois as normas do sistema tanto podem revelar-se sob a forma de princípios como sob a sua forma de regras.

Não é pretensão da presente investigação adentrar na discussão científica acerca das semelhanças ou distinções que podem ser feitas entre valores, princípios e regras. De qualquer sorte, em apertada síntese, pode-se dizer que os princípios, embora enunciados genéricos, previstos constitucionalmente ou através de leis infraconstitucionais, podem ser entendidos como espécie de regras, mas ainda assim com caráter abstrato, porém não tão absolutos quanto os valores; as regras devem ser compreendidas como elementos efetivos de concretização, sendo que sua vigência aplica-se aos casos em concreto; e os valores são ideias completamente abstratas e supraconstitucionais, informantes do ordenamento jurídico, tais como os valores da justiça, da segurança e da paz.[47]

---

[44] SCHMITT, Carl. *L'epoca delle neutralizzazioni e delle spoliticizzazioni*. Bologna. Società Editrice il Mulino. 1972, p. 167-183. *Apud* PASQUALINI, Alexandre. *Hermenêutica e sistema jurídico*. Porto Alegre: Livraria do Advogado, 1999, p. 65.

[45] FREITAS, Juarez. *A interpretação sistemática do direito*. 4. ed. São Paulo: Malheiros, 2004, p. 37.

[46] CANOTILHO, J. J. Gomes. *Direito constitucional e teoria da Constituição*. 4. ed. Coimbra: Almedina, 2000, p. 1123.

[47] TORRES, Ricardo Lobo. *Curso de direito financeiro e tributário*. 7. ed. Rio de Janeiro: Forense, 2000, p. 79.

No âmbito do estudo do direito de resposta proporcional ao agravo, é preciso se afirmar que se trata de uma regra constitucional que bem pode (e deve) conviver com os princípios constitucionalmente estabelecidos. O direito de resposta, previsto no art. 5°, V, da Carta Política, expressa um comando normativo que vai ao encontro dos princípios constitucionais, notadamente no que tange à ampla defesa e ao contraditório, caracterizando-se como legítimo direito fundamental de defesa. Nesse sentido, essa regra constitucional não é sucumbida por quaisquer princípios, constitucionais ou não, mas, em sentido contrário, com eles interage. Não deve o direito de resposta ser avaliado sob o ponto de vista da subsunção normativa, mas da integração e da ponderação. A regra constitucional, portanto, harmoniza-se no âmbito do sistema jurídico, buscando, dentro dele, a sua plena eficácia.

2.2. Compreensão axiológica

Muitos são os estudiosos[48] que se preocuparam, ao longo dos anos, a compreender o sistema jurídico, proporcionando-lhe uma conformação axiológica. Se for verdade que se encontram princípios e regras na composição de um sistema jurídico, tão importante quanto concebê-los é compreendê-los por meio de uma interpretação sistemática que parta de uma pressuposição de hierarquização das normas e sua efetiva repercussão no sistema.

Robert Alexy é um dos que desponta daquela que é chamada "escola do neo-positivismo", superando os ranços e intangibilidades até então havidas, cujos expoentes foram Kelsen, Weber, Kant e De Giorgi, dentre outros. Pertinente que se faça uma pequena digressão acerca das conclusões oferecidas por Alexy, para a compreensão do sistema jurídico e da necessária hierarquização decorrente a partir da interpretação. Nesse sentido, assim entende Alexy:[49]

> a) atribui aos princípios valores normativos, elevando-os a uma posição de destaque e principal no sistema. Ressalta que regras e princípios são normas, pois expressam preceitos deodônticos, de natureza mandamental;
>
> b) a razão teórica definitivamente cede espaço à razão prática, sendo suscitados procedimentos que busquem e alcancem respostas para os denominados *hard cases*, notadamente nas hipóteses relativas a colisão de princípios;

---

[48] Dentre os pesquisadores, cita-se Alexy, Perelman, Dworkin, Habermas e, na doutrina pátria, Juarez Freitas, Alexandre Pasqualini, Paulo Bonavides e Humberto Ávila, dentre outros.
[49] ALEXY, Robert. *Derecho e razón prática*. México: Fontamara, 1993.

c) a positivação dos Direitos Fundamentais viabiliza uma abertura do sistema jurídico, constituindo uma definitiva aproximação da moral ao Direito, ensejando a resolução de conflitos por meios racionais. A partir de tal concepção, a dimensão argumentativa possibilita a compreensão do funcionamento dos direitos.

Outro doutrinador, que passa a considerar o caráter normativo dos princípios, é o italiano Vezio Crisafulli,[50] para quem princípio é "toda norma jurídica considerada como determinante de outra ou outras que lhe são subordinadas, que a pressupõem, desenvolvendo e especificando ulteriormente o preceito em direções particulares".

Outra possibilidade cuja análise torna-se obrigatória é a apresentada por Ronald Dworkin[51] e Herbert Hart.[52] Como se sabe, há divergência em relação ao que cada qual pensa. Dworkin postula que o Direito deve ser visto em sua integralidade; compreende a atividade judicial nos estritos limites do arcabouço jurídico, considerando o Direito como um conjunto de regras identificadas por um critério relativo à origem destas. Para ele, a solução tem de estar nesse "material jurídico", só havendo obrigação a partir de regras válidas. Para Hart, um dos expoentes do modelo positivista, não havendo resposta no âmbito jurídico, a solução poderia advir do senso de discricionariedade do juiz, especialmente naquelas causas identificadas como *hard cases*. Em contraposição, no julgamento dos casos difíceis, no entendimento de Dworkin, contrariamente à lição de Hart, os juízes não utilizam regras, mas sim princípios que são aplicados de forma variável. Dois precedentes judiciais norte-americanos merecem destaque: Os casos *Riggs versus Palmer* e *Henningsen versus Bloomfield*. Analisando-se as circunstâncias do primeiro, constatou-se uma lacuna na legislação testamentária, sendo que o beneficiário havia assassinado o próprio avô com o intuito de herdar. No segundo, havia restrição contratual, impedindo a parte de postular qualquer tipo de indenização relativamente a bens adquiridos. Se fossem aplicadas apenas as regras propostas por Hart, provavelmente o sistema não ofereceria solução para as hipóteses em comento. Na verdade, de acordo com a inteligência de Dworkin, os juízes utilizaram-se de princípios, impedindo, no primeiro caso, o neto de herdar (pois ninguém pode auferir vantagem a partir de sua própria torpeza) e no segundo firmando a ideia de responsabilidade do fabrican-

---

[50] CRISAFULLI, Vezio. *La constitucione e le sue disposizioni di principi*. Milão: Giufré Editores, 1952, p. 65. *Apud* BONAVIDES, Paulo. *Curso de direito constitucional*. São Paulo. 16. ed. São Paulo: Malheiros, 2005, p. 273.

[51] DWORKIN, Ronald. *O império do direito*: o que é o Direito. São Paulo: Martins Fontes, 1999.

[52] HART, Herbert L. A. *Positivism and the separation of law and morals*. Harvard Law Review, v. 71, 1958. Tradução livre.

te.[53] A crítica que se faz, entretanto, é a de que a solução patrocinada por Hart ensejaria uma atuação por parte do juiz fora dos limites do exercício da atividade jurisdicional, exercendo o magistrado funções a ele não atribuídas constitucionalmente. É preciso que se possa advertir que a teoria de Hart mostra-se como alternativa às denominadas "normas em branco", não ensejando, todavia, por parte do juiz, uma atuação puramente discricionária, a seu livre arbítrio. A condição para novação seria uma situação específica, de difícil solução, para a qual não há previsão legal. E, nesse ponto, entende-se que as teorias convergem, na medida em que a interpretação sistemática permite a integração dos princípios, sendo que a resposta exigida pelo jurisdicionado possa ser encontrada no próprio sistema jurídico. Lembramos a advertência de Claus-Wilhelm Canaris,[54] para o qual "o Direito não é um somatório de problemas, mas um somatório de soluções de problemas".

Para Dworkin, os princípios são normas com caráter deontológico, valorizando os elementos de vinculação do Direito à Moral. Todavia, em seu entendimento, não é essa a característica que diferencia os princípios das regras, pois o autor conduz tal discussão para a esfera das diretrizes políticas. A exemplo de Alexy, para Dworkin[55] a diferença entre princípios e regras é lógica, já que "as regras são aplicáveis à maneira do tudo-ou-nada" e os princípios "inclinam a decisão em uma direção, embora de maneira não conclusiva". Não prevalecendo um princípio em relação a outro (ou mesmo diante de uma regra), não há que se cogitar em seu desaparecimento, mas sim em sua integridade e validade diante do sistema jurídico.

Adentrando na doutrina pátria, a distinção entre regras e princípios também por aqui foi valorizada, especialmente através de Juarez Freitas e Humberto Ávila, dentre outros expoentes, os quais, sem desconsiderar os ensinamentos de Dworkin e Alexy, propuseram outros critérios de diferenciação.

Na compreensão de Humberto Ávila,[56] a distinção entre regras e princípios tem por propósito permitir que o intérprete possa exercer o seu mister com menor dificuldade, principalmente diante da maior ou menor

---

[53] Disponível em <http://www.danitoste.com/wp-content/uploads/2007/08/fjur_2_trimestre.pdf>. Acesso em: 04 jul. 2008.
[54] CANARIS, Claus-Wilhelm. *Pensamento sistemático e conceito de sistema na ciência do direito*. 2. ed. Lisboa: Fundação Calouste Gulbenkian, 1996, p. 46.
[55] DWORKIN, Ronald. *Levando os Direitos a Sério*. São Paulo: Martins Fontes, 2002, p. 39 e 57. *Apud* SCHREIBER, Simone. *A publicidade opressiva de julgamentos criminais*. Rio de Janeiro: Renovar. 2008, p. 17.
[56] ÁVILA, Humberto. *Teoria dos princípios*. Da definição à aplicação dos princípios jurídicos. São Paulo: Malheiros. 2003, p. 38-57.

fundamentação que determinada vigência venha a ensejar. Para o jurista, uma das distinções que se pode fazer entre as regras e os princípios é de que as primeiras descrevem comportamentos destinados à realização de determinados fins, ao passo que os princípios descrevem fins cujas realizações dependem do acontecimento de determinados comportamentos.

Seja como for, o certo é que os fatos e os acontecimentos contemporâneos estão a exigir do sistema jurídico senão a plena resolução dos conflitos, ao menos um forte indicativo para que o intérprete possa emitir opiniões e decisões que estejam mais próximas do justo, resolvendo tensões que permanentemente se fazem presentes à sociedade.

2.3. Hermenêutica jurídica

O conceito e os propósitos da hermenêutica transcendem a ciência jurídica, e a sua análise implica a determinação de alguns alcances gerais, tais como a cultura, a filosofia, a religião, o valor, a linguagem e a correspondente relação destes com o Direito.[57]

A cultura é inerente à história humana, alcançando diversos significados, na medida em que se expressa através da arte, da música, da história e de outros valores que subjazem a qualquer sociedade. Nas palavras do jurista Miguel Reale,[58] trata-se de um "sistema orgânico de bens de diversa natureza, nos quais se concretizam, através da história, os valores em razão dos quais a vida humana adquire sentido e significado".

Os valores são elementos pré-constituídos ou pós-constituídos, inerentes ao ser, os quais poderão merecer, por parte do Direito e de acordo com o maior ou menor apelo da sociedade, a devida recepção jurídica.

---

[57] Para a Professora Maria Luiza Quaresma Tonelli, *hermenêutica* é um vocábulo derivado do grego *hermeneuein*, comumente tido como filosofia da interpretação. Muitos autores associam o termo a Hermes, o deus grego mensageiro, que trazia notícias. Hermes seria o deus, na mitologia grega, capaz de transformar tudo o que a mente humana não compreendesse a fim de que o significado das coisas pudesse ser alcançado. Hermes seria um "deus intérprete", na medida em que era a entidade sobrenatural dotada de capacidade de traduzir, decifrar o incompreensível. O termo hermenêutica ingressou na teologia protestante substituindo a expressão latina *ars interpretandi* (= a arte da interpretação). Como doutrina da arte da interpretação, a hermenêutica se relacionava, na Antiguidade grega, à gramática, à retórica e à dialética e sobretudo com o método alegórico, para permitir a conciliação da tradição (os mitos) com a consciência filosoficamente esclarecida. Mais tarde, a arte da interpretação foi assumida por teólogos judeus, cristãos e islâmicos, além de ser aplicada a interpretação do *Corpus iuris canonici* na tradição da jurisprudência. Isso mostra que a hermenêutica, já entendida como a arte da interpretação, se tornava presente cada vez que a tradição entrava em crise, sobretudo na época da Reforma Protestante. *Hermenêutica*. Disponível em <http://www.jusnavigandi,com.br> Acesso em: 8 ago. 2008.

[58] REALE, Miguel. *Direito e cultura, horizontes do Direito e da história*. 3. ed. São Paulo: Saraiva, 2000, p. 293.

Miguel Reale[59] aduz que "o Direito é a ciência que, dentre todos os produtos históricos e os bens socialmente acumulados, é aquele que se destina, por excelência, à salvaguarda e à garantia dos valores realizados, assim como à realização ordenada de novos valores".

Os valores, enquanto elementos abstratos do sistema e cultuados pela sociedade, ensejam que suas disposições sejam transformadas pelo legislador em normas, de maior ou menor concretude, com maior ou menor conteúdo abstrato.[60]

Quando se estuda hermenêutica, não apenas a jurídica, mas especialmente esta, o famoso chavão popular "na vida nada se cria, mas tudo se copia" passa a vigorar com a seguinte redação: "na vida, nada se cria, mas (quase) tudo se transforma". Para Hans Georg Gadamer,[61] em sua mais difundida obra, *Verdade e método,* a hermenêutica não é um método para se chegar à verdade, e o problema interpretativo não é um problema de método. Segundo Gadamer, a hermenêutica não seria uma metodologia das ciências humanas, mas uma tentativa de compreender essas ciências. Gadamer afirma que a compreensão das coisas e a correta interpretação não se restringe à ciência, mas à experiência humana, principalmente no que se refere ao fenômeno da linguagem. Assim, no que diz respeito à hermenêutica jurídica, Gadamer se ocupou em descobrir a diferença entre o comportamento do pesquisador jurídico (história) e o de um jurista, a partir de um texto. Seu interesse estava em saber se a diferença entre o interesse dogmático e o interesse histórico se constituía numa relação que vinculava o primeiro ao segundo. Concluiu que havia uma diferen-

---

[59] REALE, Miguel. *Direito e cultura, horizontes do Direito e da história.* 3. ed. São Paulo: Saraiva, 2000, p. 293, p. 294.

[60] Nesse sentido, importante a lição de Karl Larenz, para quem "o legislador que estatui uma norma, ou, mais precisamente, que intenta regular um determinado sector da vida por meio de normas, deixa-se nesse plano guiar por certas intenções de regulação e por considerações de justiça ou de oportunidade, às quais subjazem em última instância determinadas valorações. Estas valorações manifestam-se no facto de que a lei confere protecção absoluta a certos bens, deixa outros sem protecção ou protege-os em menor escala [...]". LARENZ, Karl. *Metodologia da ciência do Direito.* 6. ed. (reformulada). Lisboa: Calouste Gulbenkian, 1997, p. 297-298.

[61] Ainda, segundo Gadamer, "compreender e interpretar significam conhecer e reconhecer um sentido vigente. O juiz procura corresponder à "idéia jurídica" da lei, intermediando-a com o presente. É evidente, ali, uma mediação jurídica. O que tenta reconhecer é o significado jurídico da lei, não o significado histórico de sua promulgação ou certos casos quaisquer de sua aplicação. Assim, não se comporta como historiador, mas se ocupa de sua própria história, que é seu próprio presente. Por consequência, pode, a cada momento, assumir a posição do historiador, em face das questões que implicitamente já o ocuparam como juiz [...] o juiz tem a tarefa prática de decretar a sentença e nisso podem entrar em jogo também muitas e diversas considerações político-jurídicas, as quais o historiador jurídico, que tem diante de si mesma lei, não faz. Mas, com isso, o seu entendimento da lei é diverso? A decisão do juiz, que "intervém praticamente na vida", pretende ser uma aplicação justa e de nenhum modo arbitrária da lei; deve pautar-se, portanto, em uma interpretação justa e isso inclui necessariamente a mediação de história e atualidade na compreensão". GADAMER, Hans Georg. *Verdade e método. I – traços fundamentais de uma hermenêutica filosófica.* Petrópolis: Vozes, 1997, p. 483.

ça, já que "o jurista toma o sentido da lei a partir de e em virtude de um determinado caso dado. O historiador jurídico, pelo contrário, não tem nenhum caso de que partir, mas procura determinar o sentido da lei na medida em que coloca construtivamente a totalidade do âmbito de aplicação da lei diante dos olhos".

Para o filósofo alemão, a ligação que vincula o intérprete ao texto é composta pela linguagem e pela *cadeia da tradição*. Esta *cadeia de tradição* nada mais é do que as experiências interpretativas do passado, as quais são estudadas pelos juristas e, ocasionalmente, adaptadas à atualidade. Os fatores sociais constituem-se nos principais mecanismos de modernização e aplicação do Direito, reconhecendo este como ciência jurídica de natureza dinâmica. Todavia, a segurança do sistema também está na preservação daquelas normas que constituem o Estado, tais quais as instituídas pela Constituição.[62]

Dentre outros expoentes, o estudo da hermenêutica contemplou um dos mais importantes debates havidos na filosofia e no Direito: o "confronto" existente entre Hans Georg Gadamer e Emílio Betti.

Para Gadamer, conforme já se asseverou, tudo no mundo é passível de interpretação, sendo esta, em sentido lato, a tradução que um sujeito faz de todos os fenômenos, quer naturais, quer culturais. Mas, em termos mais restritos, interpretar significa determinar o sentido e o alcance das expressões. Enquanto isso, a hermenêutica ocupa-se não só da compreensão, mas de todo o patrimônio cultural da humanidade. "A pedra no seu estado de natureza não sugere interesse hermenêutico, mas no momento em que o homem a toca, faz dela alguma utilidade ou nela manifesta algo, dá-lhe valor cultural. Por isso, Gadamer diz que o homem é hermenêutico".[63]

Betti,[64] por sua vez, sustenta que a pretensão de Heidegger e Gadamer (o primeiro precedeu o segundo, tendo sido seu orientador) é destrutiva da objetividade, relativiza conceitos, tornando a hermenêutica um fenômeno da relatividade. Discute-se, na verdade, a interpretação da linguagem, elemento fundamental para a cognição dos preceitos jurídicos. Nesse sentido e em oposição ao pensamento de Gadamer, Betti lança cânones de hermenêutica:

> a) cânone da autonomia hermenêutica do objeto e imanência da norma hermenêutica – o objeto a interpretar é uma objetivação do espírito humano expressa de uma forma sensível;

---

[62] GADAMER, Hans Georg. *Verdade e método. I* – traços fundamentais de uma hermenêutica filosófica. Petrópolis: Vozes, 1997, p. 20.

[63] LIMA, Francisco Meton Marques de. *Hermenêutica ou interpretação?* Disponível em <http://www.pi.trf1.gov.br/Revista/revistajf2_cap3.htm>. Acesso: em 13 jul. 2008.

[64] BETTI, Emílio. *Teoria generalle della interpretazione*. Milano: Giuffrè. 1995.

b) cânone da totalidade e coerência da avaliação hermenêutica, do contexto do sentido, ou seja, a totalidade no interior da qual as partes individuais são interpretadas;

c) cânone da compreensão efetiva, caráter tópico do significado, ou seja, a relação com a própria posição e com os atuais interesses do intérprete que toda a compreensão envolve;

d) cânone da harmonização da compreensão – correspondência e concordância hermenêuticas.

Na verdade, constatam-se enfoques diferentes relativos à mesma matéria: a teoria de Betti diz respeito à metodologia da compreensão, contemplando uma relação procedimental, enquanto a de Gadamer vincula-se à compreensão ontológica, de natureza material. A doutrina de Betti orienta no sentido da aplicação correta da norma; a de Gadamer propugna a identificação da norma correta. Betti, na linha positivo-normativista, parte do pressuposto de que a norma é inquestionável; Gadamer questiona a aplicabilidade da norma, em busca do correto.

Na tentativa de uma pretensa conclusão no que tange à hermenêutica, seus significados e alcances (se isso efetivamente for possível), registra-se a posição de Alexandre Pasqualini:[65] a hermenêutica rejeita os extremos do subjetivismo e do objetivismo, em busca da ponderação necessária que equilibre o sistema jurídico.

De fato, assim é a "arte" de interpretar: um fenômeno interdisciplinar que contempla uma série de hipóteses, todas a permear o Direito, que não é somente um sistema de princípios (entendidos estes como normas), regras e valores, mas também um arcabouço que não se dissocia da hermenêutica, assim como de todas as suas variáveis.

Nos dias de hoje, os conceitos exatos cedem espaço à ponderação, cabendo ao intérprete encontrar a melhor solução à resolução dos conflitos sociais, assim como melhor compreender os fatos que possuam repercussão jurídica. Se está correta a afirmação de que no centro das hipóteses interpretativas, na qualidade de destinatários, encontram-se os cidadãos, e que tais atividades hermenêuticas são desencadeadas, no âmbito jurídico, pelos operadores do Direito, também é verdade que se pode reconhecer que a vida precede toda e qualquer valoração, tratando-se do bem maior a ser resguardado. A vida é anterior ao jusnaturalismo e à positivação do Direito, devendo, em nome dela, serem realizadas as diferentes atividades cujos propósitos são objetos de preocupação diuturna. Se interpretar é hierarquizar, como bem afirmou Juarez Freitas,[66] o ponto mais alto de um sistema axiológico não deve ser um método, nem qualquer elemento que necessariamente deva ser estudado por todos aqueles

---

[65] PASQUALINI, Alexandre. *Hermenêutica e sistema jurídico*. Porto Alegre: Livraria do Advogado, 1999, p. 54-56.

[66] FREITAS, Juarez. *A interpretação sistemática do direito*. 4. ed. São Paulo: Malheiros, 2004, p. 24.

que se propõem à pesquisa jurídica, mas sim a vida, que deve importar a todos, pois, sem ela, razão qualquer haveria para que fosse estudada a civilização, as leis e o sistema jurídico.[67]

A regência operacional da democracia está a exigir da hermenêutica, em especial a que se procede perante os dizeres da Constituição, soluções aos conflitos normativos, de natureza principiológica ou regramental, rumo à realização dos direitos fundamentais.[68]

No que tange à interpretação do juiz, dentro de um processo de criação jurisprudencial, lembra-se a lição de Juarez Freitas,[69] para quem "o juiz [...] exerce poder criativo, devendo lutar, dialética e transdogmaticamente, para superar, no campo da hermenêutica, toda e qualquer subserviência ao Executivo e ao Legislativo". Para o mesmo jurista,[70] "interpretar é uma tarefa que só se realiza bem quando se conexiona e se relaciona bem".

2.4. Antinomias jurídicas e solução dos conflitos

Sabe-se que colisões normativas podem ocorrer, o que exige, por parte do sistema jurídico, uma solução ponderada e a mais adequada possível. Juarez Freitas[71] as denomina de "antinomias jurídicas", conceituando-as "como incompatibilidades possíveis ou instauradas entre regras, valores ou princípios jurídicos, pertencentes validamente ao mesmo sistema jurídico, tendo de ser vencidas para a preservação da unidade e da coerência do sistema positivo e para que se alcance a máxima efetividade da pluralista teleologia constitucional".

---

[67] Nas palavras de Alexandre Pasqualini, "Em síntese, doravante, toda exegese, bem como todo sistema jurídico, só poderão ser compreendidos no seu momento integrativo-hierarquizador e, em razão disso, mais próximos da senda do Direito visto como manifestação e concretização da dignidade do ser humano, na sua perene, desafiadora e verticalizante meta de perfectibilização no seio deste sistema maior chamado vida (zoe)". PASQUALINI, Alexandre. *Hermenêutica e sistema jurídico*. Porto Alegre: Livraria do Advogado, 1999, p. 155.

[68] Nesse sentido, pronuncia-se Rosemiro Pereira Leal "ao se falar numa hermenêutica constitucional no Estado democrático de direito, não há de ser por balizamentos metodológicos da tradição ou autoridade formados na filosofia do sujeito, porque a regência operacional da democracia não ocorre no plano solipsista do intérprete iluminado por uma inteligência genial, mas pela auto-ilustração teórica do princípio do discurso juridicamente (processualmente) institucionalizado e direcionado à concreção dos direitos à fundamentalidade constitucional democrática". LEAL, Rosemiro Pereira. *Teoria processual da decisão jurídica*. São Paulo: Landy, 2002, p. 32.

[69] FREITAS, Juarez. *A substancial inconstitucionalidade da lei injusta*. Porto Alegre: EDIPUCRS, 1989, p. 105.

[70] Idem, p. 23

[71] Idem, p. 91.

Riccardo Guastini,[72] reproduzindo Bobbio, elenca três critérios para a solução de conflitos entre normas, o quais, entretanto, no seu entendimento, não são suficientes ou idôneos para tal mister:

a) *lex superior derogat inferiori*: la norma superior prevalece sobre la inferior, em el sentido de que esta última es invalida;

b) *lex posterior derrogat priori*: la norma más reciente prevalece sobre la más antigua, em el sentido de que esta última es (no inválida, sino) derogada;

c) *lex specialis derogat generali*: la norma general no se aplica donde es aplicable la particular.

A primeira hipótese, relativa ao fato de que a norma superior prevalece sobre a norma inferior não encontra pertinência, uma vez que, em tese, e na hipótese que aqui se discorre, a discussão cinge-se a normas que se encontram no mesmo nível hierárquico (constitucional). De igual sorte, a crítica que se faz em relação à segunda hipótese é que no âmbito constitucional os princípios se nivelam no tempo e no espaço, não importando aqueles que vieram por primeiro, no que tange a sua maior ou menor relevância, se comparados aos mais recentes. O único critério que aqui se poderia aferir seria no sentido da retirada (revogação) de um princípio do rol daqueles constitucionais, o que importaria na análise de uma reforma constitucional, o que, no presente estudo, não é objeto de abordagem. E, por último, a terceira solução também não se apresenta como adequada, uma vez que não há como se fazer distinção entre princípios constitucionalmente estabelecidos, considerando-se o critério da especialidade.

Parece efetivamente não haver hierarquia jurídica entre os princípios, embora possa haver entre eles aquilo que a doutrina chama de "tensão". Se for apanhado o ordenamento constitucional brasileiro, verifica-se que há normas que, em um primeiro momento, podem ser antagônicas, tal como o princípio da livre iniciativa, previsto no artigo 170 da Constituição Federal,[73] sendo um dos parâmetros que informam a ordem econômica, e o monopólio estatal, protegido nas hipóteses estabelecidas pelo artigo 177 da mesma *Lex Fundamentalis*.[74] A existência de tais preceitos, os

---

[72] GUASTINI, Riccardo. *Distinguiendo*. Barcelona: Gedisa Editorial, 1999, p. 168.

[73] Art. 170. A ordem econômica, fundada na valorização do trabalho humano e na livre iniciativa, tem por fim assegurar a todos existência digna, conforme os ditames da justiça social, observados os seguintes princípios: [...] IV – livre concorrência;

[74] Art. 177. Constituem monopólio da União: I – a pesquisa e a lavra das jazidas de petróleo e gás natural e outros hidrocarbonetos fluidos; II – a refinação do petróleo nacional ou estrangeiro; III – a importação e exportação dos produtos e derivados básicos resultantes das atividades previstas nos incisos anteriores; IV – o transporte marítimo do petróleo bruto de origem nacional ou de derivados básicos de petróleo produzidos no País, bem assim o transporte, por meio de conduto, de petróleo bruto, seus derivados e gás natural de qualquer origem; V – a pesquisa, a lavra, o enriquecimento, o reprocessamento, a industrialização e o comércio de minérios e minerais nucleares e seus derivados, com exceção dos radioisótopos cuja produção, comercialização e utilização poderão ser autorizadas

quais poderiam caracterizar uma antinomia (que na verdade não existe), possibilitam que o intérprete possa ponderá-los, adequando às suas aplicabilidades aos casos em concreto.

2.5. A proporcionalidade e a razoabilidade como hipóteses de solução dos conflitos principiológicos e das regras jurídicas

No caso de as soluções convencionais apresentadas absolutamente não disporem à solução de colisões normativas, a busca de critérios que possam solucionar os conflitos eventualmente havidos é de suma importância. Nesse sentido, a doutrina estrangeira informa duas soluções que vêm sendo utilizadas pelos Tribunais: a da concordância prática, encabeçada por Konrad Hesse, e a da dimensão de peso ou importância, capitaneada por Dworkin. Em ambas, o princípio da proporcionalidade deve ser simultaneamente aplicado, como mecanismo de ponderação,[75] cujo propósito é o da preservação dos princípios constitucionais que estão em rota de colisão.[76]

---

sob regime de permissão, conforme as alíneas *b* e *c* do inciso XXIII do caput do art. 21 desta Constituição Federal. (Redação dada pela Emenda Constitucional nº 49, de 2006) [...].

[75] Nesse sentido, recorda-se parte de parecer lavrado por Juarez Freitas, contemplando a ponderação dos princípios, para que se defina aquele que efetivamente é o mais pertinente ao caso em concreto: "em nenhuma circunstância, um direito ou princípio de estatura constitucional deve suprimir, por inteiro, direito ou princípio de idêntica estatura. Recorde-se que Peter Badura, reconhecendo a vertente administrativista do princípio da proporcionalidade (não mero dever nem postulado formal), originalmente ligado ao exercício do poder de polícia, deu-se conta de sua transformação em limite geral à intervenção do Poder. Naturalmente, não se almeja absolutizar o princípio. Contudo, em sua tríplice dimensão (adequação, necessidade e em sentido estrito), o teste da proporcionalidade, bem efetuado, implica resposta quanto à razoabilidade das consequências interpretativas. Convém cuidar, pois, para não sucumbir à tentação de soluções imediatistas, lineares ou reducionistas, colidentes com a idéia mesma de proporção, dado que não há amparo fundamentável para reformas imoderadas. Destacadamente, o princípio da proporcionalidade, vinculativo em relação a todos os atos judiciais ou administrativos (não apenas os discricionários) e perante as leis (princípio da reserva da lei proporcional), deve ser hierarquizado com o escopo de coibir abusos, não raro cometidos em nome de uma ordem supostamente mais justa. Prescreve finalística e essencialmente isto: devem concordar os princípios e, quando um tiver que preponderar, cumpre salvaguardar, justificadamente, aquele que restou relativizado, mantendo intactos, no íntimo, os princípios em colisão". FREITAS, Juarez. In: *Revista Interesse Público* nº 23. Porto Alegre: Notadez, 2004, p. 71.

[76] O juiz federal cearense George Marmelstein Lima ilustra, com precisão, a hipótese em que se faria presente a aplicação do referido princípio: "[...] na Alemanha, em um caso famoso, um sujeito foi preso, por estar sendo acusado de inúmeros crimes de grande repercussão social. Logicamente, a imprensa local pretendia divulgar amplamente a matéria, tendo, inclusive, uma emissora editado um documentário, o qual seria transmitido em horário nobre. Diante desses fatos, o sujeito que havia sido preso aforou uma ação pretendendo impedir os intentos da imprensa com a alegação de que a divulgação da matéria feriria o seu direito à intimidade e à privacidade, sendo certo que, após a divulgação, seria impossível ao sujeito tornar a ter uma vida normal [...]. O fato foi posto a julgamento, e a Justiça Alemã, utilizando o princípio da concordância prática, assim decidiu: a imprensa poderá, em nome da liberdade de expressão, exibir a matéria. No entanto, visando preservar o direito à in-

Acerca da razoabilidade e da proporcionalidade, enquanto princípios vigentes no sistema jurídico, cumprem-se destacar alguns entendimentos, os quais são de suma importância, em face de que tais princípios são utilizados como critérios de ponderação, para que o julgador possa relativizar a aplicação de direitos, adequando-os ao bem comum.

Celso Antônio Bandeira de Mello[77] afirma que em relação ao princípio da razoabilidade a "Administração, ao atuar no exercício de discrição, terá de obedecer a critérios aceitáveis do ponto de vista racional, em sintonia com o senso normal de pessoas equilibradas e respeitosas das finalidades que presidiram a outorga da competência exercida".

Ao lado ou mesmo junto ao princípio da razoabilidade, coexiste o princípio da proporcionalidade. Juarez Freitas[78] reproduz três subprincípios que, uma vez ajustados, aprovam ou desaprovam determinada conduta sob o aspecto da proporcionalidade: o subprincípio da adequação entre os meios e fins (*Geeignetheit*), o subprincípio da necessidade (*Erforderlichkeit*) e o subprincípio da proporcionalidade em sentido estrito.

O primeiro busca adequar os meios escolhidos pelo legislador ou pelo administrador aos fins objetivados pela lei ou ato administrativo. Não basta a realização jurídica, sendo necessário que os fins objetivados sejam alcançados, na real intensidade de como perseguidos. Aqui, mais uma vez, excessos ou omissões são antijurídicas, passíveis de nulidade, a serem apurados caso a caso.

O segundo subprincípio, o da necessidade, refere-se mais intensamente aos meios do que aos fins objetivados. Diante de uma diversidade de alternativas, deve o Estado adotar a medida que menos afete interesses e liberdades adjacentes.

O terceiro e último subprincípio, o da proporcionalidade em sentido estrito, tem por objeto ajustar a utilização dos meios aos fins almejados. Por esse prisma, não basta que os meios escolhidos sejam lícitos e os fins objetivamente alcançados. É preciso aferir se os meios utilizados foram os efetivamente adequados para o alcance do objeto que se pretendia realizar, pois a desproporcionalidade enseja o questionamento e até mesmo a ilicitude.

---

timidade do indivíduo, não poderá citar seu nome completo (mas somente as iniciais), nem mostrar seu rosto (deverá utilizar mecanismos eletrônicos para desfigurá-lo)". LIMA, George Marmelstein. *Proteção judicial dos direitos fundamentais*: diálogo constitucional entre o Brasil e a Alemanha. Fortaleza, 2007. Disponível em <http://georgemlima.blogspot.com/2007/08/doutrinando_02.html>. Acesso em: 9 nov. 2008.

[77] MELLO, Celso Antônio Bandeira. *Curso de direito administrativo*. São Paulo: Malheiros, 2004, p. 54.

[78] FREITAS, Juarez. Princípio da Precaução: Vedação de Excesso e de Inoperância. In: *Interesse Público*. v. 35. Nota Dez. 2006. p 38.

Para o constitucionalista lusitano J. J. Gomes Canotilho,[79] o Princípio da Proporcionalidade está dentre aqueles fundamentais, caracterizando-se como "princípios historicamente objetivados e progressivamente introduzidos na consciência jurídica e que encontram uma recepção expressa ou implícita no texto constitucional".

Nesse mister, o Princípio da Proporcionalidade aplica-se não apenas no âmbito da atividade administrativa, mas, como de resto, nas demais atividades, dentre as quais destacam-se a do exercício dos direitos fundamentais e a da realização da função jurisdicional. Ao juiz é lícito adequar as hipóteses e os fatos que estão sob sua cognição aos direitos constituídos. Percebe-se que o ato de "adequar" enseja uma aferição, qual seja, a proporcionalidade, com o intuito de que não haja excessos nem omissões no desenvolvimento de suas atividades. Aliás, dessa maneira, melhor se apresenta o Princípio da Proporcionalidade, uma vez que a simples adequação do binômio meio-fim é insuficiente para caracterizá-lo, sendo necessária a real avaliação da conduta, no que tange ao mérito de sua execução, tal como se o juiz, diante de valores juridicamente válidos, possa praticar condutas que contemplem proporcionalmente cada qual dos valores postos em jogo, não privilegiando injustificadamente alguns em detrimento de outros. Importante que jamais se possa desconsiderar o Direito enquanto sistema jurídico, com regras devidamente escalonadas.

No que tange ao exercício dos direitos fundamentais, esta proporcionalidade não é menos evidente. No estudo da liberdade de expressão e de imprensa, é preciso que se reconheçam os limites a elas impostos, assim como a necessária adequação ao fim que objetivam. Em especial, quando se propõe a análise do direito constitucional de resposta, proporcional ao agravo, nos termos do art. 5º, V, da Carta Magna, o próprio comando da regra constitucional é explícito ao condicionar a dimensão que a reação do ofendido deverá ter em relação à ação protagonizada pelo agressor, sendo ilegítima e inconstitucional a desproporcionalidade da resposta que excede a extensão do abalo por alguém sofrido.

A partir dos conceitos acima reproduzidos, verifica-se o caráter subjetivo atribuído ao operador do Direito, embora não lhe concedendo absoluta discricionariedade (a qual não existe), quando dele se exige a ponderação de suas decisões, adequando-as ao momento e à situação posta em exame. Particularmente, tem-se ensinado que o princípio da razoabilidade equipara-se ao conceito de "homem médio", assim como a proporcionalidade equivale ao entendimento de "legítima defesa", ambos institutos estudados e aplicados no âmbito do Direito Penal.

---

[79] CANOTILHO, José Joaquim Gomes. *Direito constitucional*. 5. ed. Coimbra: Editora Almedina, 1992, p. 1038.

3. Direitos fundamentais e direitos humanos: conceitos, características e peculiaridades

3.1. Características e reflexos no estado democrático de direito

Não há conceito unânime acerca do que venham a ser os direitos fundamentais. Tanto no que diz respeito aos aspectos doutrinários, quanto no que tange à legislação e à jurisprudência, é comum que se atribua ao tema múltiplos significados. Nesse sentido, a própria Constituição Federal não oferece uma única conceituação, embora nela possam ser encontradas, notadamente em seu artigo 5º, as devidas previsões e garantias quanto à existência e à vigência dos direitos fundamentais.

De maneira muito frequente, confundem-se os direitos humanos com os direitos fundamentais. Não que não haja identidade entre eles, mas há diferenças cujos registros são importantes e indispensáveis.

Para José Afonso da Silva,[80] direitos humanos são aqueles direitos reconhecidos internacionalmente, com seu marco jurídico inicial na Declaração Universal de Direitos Humanos, cujo bojo é composto pelo pacto internacional de direitos civis e políticos, bem como pelo pacto de direitos sociais, culturais e econômicos.

Perez Luño,[81] por sua vez, assim define os direitos humanos como "un conjunto de facultades e instituciones que, en cada momento histórico, concretan las exigencias de la dignidad, la libertad y la igualdad humana, las cuales deben ser reconocidas positivamente por los ordenamientos jurídicos a nivel nacional e internacional".

---

[80] SILVA, José Afonso da. *Curso de direito constitucional positivo*. 25. ed. São Paulo: Malheiros, 2005, p. 175.

[81] LUÑO, Antonio Enrique. *Derechos humanos, estado de derecho y constitucion*. 6. ed. Madrid: Tecnos. 1999, p. 48.

Importante registrar que os direitos humanos integram um rol de conquistas que não para no tempo ou no espaço. A cada época, diante de acontecimentos inéditos, é imprescindível que novas concepções dos direitos humanos venham a ser alcançadas, o que valeu, no entendimento de Allan Rosas,[82] a ideia de que "o conceito de direitos humanos é sempre progressivo. [...] O debate a respeito do que são os direitos humanos e como devem ser definidos é parte e parcela de nossa história, de nosso passado e de nosso presente".

A concepção contemporânea dos direitos humanos é saudada e comentada pela Professora Flavia Piovesan,[83] para quem a Declaração Universal de 1948 ampliou significativamente a gramática e o alcance dos direitos que devem ser protegidos perante a humanidade, em especial a dignidade e a moralidade de cada cidadão.

São marcos nacionais e internacionais dos Direitos Humanos os seguintes Tratados e Diplomas:

ANO	ASSUNTO
1789	Declaração de Direitos do Homem e do Cidadão
1948	Declaração Universal dos Direitos Humanos
1948	Convenção contra o Genocídio
1949	Convenção para a Repressão do Tráfico de Pessoas e da Exploração da Prostituição por Outros
1950	Convenção Europeia de Defesa dos Direitos do Homem e das Liberdades Fundamentais
1951	Convenção relativa ao Estatuto dos Refugiados
1956	Convenção Complementar sobre Abolição da Escravidão
1965	Convenção sobre a Eliminação de todas as formas de Discriminação Racial
1966	Pacto Internacional Relativo aos Direitos Econômicos, Sociais e Culturais

---

[82] ROSAS, Allan. *So called rights of the third generation*. In: EIDE, A.; KRAUSE, C.; ROSAS, A. *Economic, social, and cultural rights*. Boston: Martinus Nijhoff Publishers; Londres: Dordrecht, 1995, p. 243.

[83] Destaca Flavia Piovesan que "ao adotar o prisma histórico, cabe realçar que a Declaração de 1948 inovou extraordinariamente a gramática dos direitos humanos, ao introduzir a chamada concepção contemporânea de direitos humanos, marcada pela universalidade e indivisibilidade desses direitos. Universalidade porque clama pela extensão universal dos direitos humanos, com a crença de que a condição de pessoa é o requisito único para a titularidade de direitos, considerando o ser humano como essencialmente moral, dotado de unicidade existencial e dignidade. Indivisibilidade porque, ineditamente, o catálogo dos direitos civis e políticos é conjugado ao catálogo dos direitos econômicos, sociais e culturais. A Declaração de 1948 combina o discurso liberal e o discurso social da cidadania, conjugando o valor da liberdade ao valor da igualdade. A partir da Declaração de 1948, começa a desenvolver-se o Direito Internacional dos Direitos Humanos, mediante a adoção de inúmeros instrumentos internacionais de proteção. A Declaração de 1948 confere lastro axiológico e unidade valorativa a esse campo do Direito, com ênfase na universalidade, indivisibilidade e interdependência dos direitos humanos. O processo de universalização dos direitos humanos permitiu a formação de um sistema internacional de proteção desses direitos. Esse sistema é integrado por tratados internacionais de proteção que refletem, sobretudo, a consciência ética contemporânea compartilhada pelos Estados, na medida em que invocam o consenso internacional acerca de temas centrais dos direitos humanos, fixando parâmetros protetivos mínimos". PIOVESAN, Flavia. Ações afirmativas da perspectiva dos direitos humanos. *Cadernos de Pesquisa*, v. 35, n. 124, jan./abr. 2005, p. 45-46.

1976	Pacto Internacional Relativo aos Direitos Civis e Políticos
1979	Convenção sobre a Eliminação de todas as formas de Discriminação contra a Mulher
1984	Convenção contra a Tortura e outros tratamentos ou penas cruéis, desumanas ou degradantes
1988	Constituição Federal do Brasil
1989	Convenção sobre os Direitos da Criança
1990	Estatuto da Criança e do Adolescente
1994	Convenção Interamericana para Prevenir, Punir e Erradicar a Violência Contra a Mulher
1998	Programa Nacional de Direitos Humanos I
2001	Declaração de Durban – Combate ao Racismo, Discriminação Racial, Discriminação Racial, Xenofobia e Intolerância Correlata
2002	Programa Nacional de Direitos Humanos II
2003	Plano Nacional de Educação em Direitos Humanos
2006	Lei de Violência Doméstica e Familiar contra a Mulher – Maria da Penha

Percebe-se, a partir dos diferentes tratados e diplomas, que os direitos humanos se relacionam com o direito internacional, ensejando a elaboração de convenções, tratados e demais acordos multilaterais, os quais têm por propósito a salvaguarda de valores que não dizem respeito apenas a uma determinada coletividade, mas a todos de uma maneira geral.

3.2. Semelhanças e diferenças entre os direitos humanos e os direitos fundamentais

O artigo 29 da Declaração Universal dos Direitos Humanos[84] estabelece que, no exercício de seus direitos e de sua liberdade, todo homem está sujeito apenas às limitações determinadas pela lei, exclusivamente com o fim de assegurar o devido reconhecimento e respeito dos direitos e liberdades de outrem e de satisfazer às justas exigências da moral, da ordem pública e do bem-estar da sociedade democrática.

J. J. Gomes Canotilho,[85] embora reconheça a identidade e semelhança entre os "direitos humanos" e os "direitos fundamentais" com precisão, expõe as diferenças, ensinando que os "direitos do homem são direitos válidos para todos os povos e em todos os tempos; direitos fundamen-

---

[84] Artigo 29. da Declaração Universal dos Direitos do Homem: 1. O indivíduo tem deveres para com a comunidade, fora da qual não é possível o livre e pleno desenvolvimento da sua personalidade. 2. No exercício destes direitos e no gozo destas liberdades ninguém está sujeito senão às limitações estabelecidas pela lei com vista exclusivamente a promover o reconhecimento e o respeito dos direitos e liberdades dos outros e a fim de satisfazer as justas exigências da moral, da ordem pública e do bem-estar numa sociedade democrática. 3. Em caso algum estes direitos e liberdades poderão ser exercidos contrariamente aos fins e aos princípios das Nações Unidas.

[85] CANOTILHO, José Joaquim Gomes. *Direito constitucional e teoria da constituição*. 3. ed. Coimbra: Almedina, 1998, p. 259.

tais são os direitos do homem, jurídico-institucionalmente garantidos e limitados espacio-temporalmente. Os direitos do homem arrancariam da própria natureza humana e daí o seu caráter inviolável, intertemporal e universal; os direitos fundamentais seriam os direitos objetivamente vigentes numa ordem jurídica concreta".

Para Ingo Sarlet,[86] embora as expressões "direitos fundamentais" e "direitos humanos" sejam frequentemente utilizadas como sinônimos, elas não possuem o mesmo significado, nem o mesmo alcance, devendo o intérprete, ao preferir a expressão "direitos humanos", referir-se – "sob pena de correr-se o risco de gerar uma série de equívocos – se eles estão sendo analisados pelo prisma do direito internacional ou na sua dimensão constitucional positiva. Reconhecer a diferença, contudo, não significa desconsiderar a íntima relação entre os direitos humanos e os direitos fundamentais, uma vez que a maior parte das Constituições do segundo pós-guerra se inspirou tanto na Declaração Universal de 1948, quanto nos diversos documentos internacionais e regionais que as sucederam".

Sem que se adentre nos aspectos históricos, são conclusivas as palavras de Norberto Bobbio,[87] para quem "os direitos do homem constituem uma classe variável, como a história destes últimos séculos demonstra suficientemente. O elenco dos direitos do homem se modificou, e continua a se modificar, com a mudança das condições históricas, ou seja, dos carecimentos e dos interesses, das classes no poder, dos meios disponíveis para a realização dos mesmos, das transformações técnicas etc.".

A variação a que faz menção o autor não pode ser confundida com direitos que sejam simplesmente renunciados ou passíveis de renúncia pelo cidadão. Esta simbiose existente entre os direitos humanos e os direitos fundamentais conduz o intérprete a conclusões objetivas, tal como a de que os "direitos sociais, econômicos e culturais devem ser reivindicados como direitos e não como caridade ou generosidade".[88]

Na linha do pensamento de Ingo Sarlet, no sentido de que os direitos humanos advêm de tratados e convenções internacionais, estando, portanto, relacionados ao direito internacional, gize-se o entendimento de Flávia Piovesan,[89] para quem, da leitura do § 2º do art. 5º[90] da Carta

---

[86] SARLET, Ingo Wolfgang. *A eficácia dos direitos fundamentais*. 8. ed. Porto Alegre: Livraria do Advogado, 2007, p. 39.

[87] BOBBIO, Norberto. *A era dos direitos*. Rio de Janeiro: Campus. 2004, p. 38.

[88] Statement to the World Conference on Human Rights on Behalf of the Committee on Economic, Social and Cultural Rights. UN Doc E/1993/22, Annex III.

[89] PIOVESAN, Flávia. *Direitos humanos e o direito constitucional internacional*. 7. ed. São Paulo: Saraiva, 2006, p. 58.

[90] Art. 5º Todos são iguais perante a lei, sem distinção de qualquer natureza, garantindo-se aos brasileiros e aos estrangeiros residentes no País a inviolabilidade do direito à vida, à liberdade, à igual-

Política brasileira, extrai-se que os direitos nela previstos poderiam ser organizados em três grupos distintos:

> a) dos direitos expressos na Constituição, tais como os direitos elencados pelo texto nos incisos I a LXXVII do art. 5º ou aquele previsto no artigo 150, III, *b* da *Lex Fundamentalis*, que trata do princípio da anterioridade tributária, conforme o entendimento do Supremo Tribunal Federal;
>
> b) dos direitos expressos em tratados internacionais de que o Brasil seja signatário; e
>
> c) dos direitos implícitos, como aqueles subentendidos nas regras de garantias, bem como os decorrentes do regime e dos princípios adotados pela Constituição, tais como o direito à identidade (que decorre do próprio direito à vida) e o direito à incolumidade física (que decorre da proibição da tortura e do tratamento desumano).

Como os direitos humanos provêm de inúmeros atos, tratados e convenções internacionais, firmados pelos mais diferentes países, tornando-se imprescindível a realização de procedimentos administrativos e legislativos internos para que sejam incorporados à legislação pátria, por anos restou controverso o grau de cogência deles decorrentes, sejam no tocante à sua obediência (institucional e jurisdicional), seja em relação à sua eficácia. No entanto, a posição hierárquica dos tratados internacionais no sistema jurídico brasileiro foi definitivamente solucionada com a promulgação da Emenda Constitucional nº 45/2004, a qual estabeleceu que, desde que aprovada em ambas as casas legislativas, em dois turnos, na proporção de três quintos dos votos dos respectivos membros, os tratados internacionais serão equivalentes às emendas constitucionais.[91]

Se os direitos humanos são consagrados *a priori* a partir de atos, tratados e convenções internacionais, para após serem incorporados à legislação nacional, em relação aos direitos fundamentais, cumpre-se ressaltar que decorrem de uma positivação constitucional de determinados valores, os quais são ungidos a pilares indispensáveis à ordem jurídica e democrática.[92]

---

dade, à segurança e à propriedade, nos termos seguintes: [...] § 2º Os direitos e garantias expressos nesta Constituição não excluem outros decorrentes do regime e dos princípios por ela adotados, ou dos tratados internacionais em que a República Federativa do Brasil seja parte.

[91] Art. 5º Todos são iguais perante a lei, sem distinção de qualquer natureza, garantindo-se aos brasileiros e aos estrangeiros residentes no País a inviolabilidade do direito à vida, à liberdade, à igualdade, à segurança e à propriedade, nos termos seguintes: [...] § 3º Os tratados e convenções internacionais sobre direitos humanos que forem aprovados, em cada Casa do Congresso Nacional, em dois turnos, por três quintos dos votos dos respectivos membros, serão equivalentes às emendas constitucionais.

[92] Neste sentido, esclarece Ingo Sarlet de que os direitos fundamentais surgem "como resultado da personalização e positivação constitucional de determinados valores básicos (daí seu conteúdo axiológico), integram, ao lado dos princípios estruturais e organizacionais (a assim denominada parte orgânica ou organizatória da Constituição), a substância propriamente dita, o núcleo substancial, formado pelas decisões fundamentais, da ordem normativa, revelando que mesmo num Estado constitucional democrático se tornam necessárias (necessidade que se fez sentir da forma mais contundente

Na lição de Gilmar Ferreira Mendes,[93] os direitos fundamentais dizem respeito a direitos subjetivos, porém não só, relacionando-se também na qualidade de elementos fundamentais da ordem constitucional objetiva. Como direitos subjetivos, na opinião do jurista, os direitos fundamentais conferem a seus titulares a possibilidade de impor seus interesses em face do Estado e, como elemento fundamental da ordem constitucional, formam a base do ordenamento jurídico de um Estado de Direito democrático.

3.3. Os direitos fundamentais e suas estritas dimensões. A necessária cautela para que mantenham o *status* jurídico e sua fundamentalidade constitucional.

A doutrina, respaldada pela jurisprudência, classifica os direitos fundamentais conforme categorias ou dimensões, assim posicionadas:

a) de primeira dimensão, tais como os direitos de defesa da pessoa frente ao Estado, limitando o poder estatal e indicando certa autonomia. Os valores relevantes apanhados por essa dimensão são a liberdade e a segurança. São considerados, conforme já referido, de acordo com Ingo Sarlet,[94] como "direitos de cunho negativo", ou de "resistência ou de oposição perante o Estado", no entendimento de Paulo Bonavides;[95]

b) de segunda dimensão, sendo estes os denominados direitos "prestacionais" relativos à exigência de participação do Estado na realização da justiça social, através de medidas efetivas para garantir o "mínimo" (saúde, trabalho, moradia, educação e segurança, necessários à vida digna do ser humano), bem como os direitos decorrentes das denominadas "liberdades sociais";[96]

c) de terceira dimensão, alcançando grande espaço aqui a solidariedade e o caráter coletivo (solidário), objetivando a proteção do direito ao desenvolvimento, à paz, ao meio ambiente, à propriedade da humanidade e à comunicação;[97]

d) de quarta dimensão, de duvidosa classificação, encontrando como principal expoente no direito brasileiro o constitucionalista Paulo Bonavides. Neste diapasão, encontrar-se-ia o direito à democracia, ao pluralismo e à informação.

---

no período que sucedeu à Segunda Grande Guerra) certas vinculações de cunho material para fazer frente aos espectros da ditadura e do totalitarismo". SARLET, Ingo Wolfgang. *A eficácia dos direitos fundamentais*. 8. ed. Porto Alegre: Livraria do Advogado, 2007, p. 72.

[93] MENDES, Gilmar Ferreira Mendes. *Direitos fundamentais e controle de constitucionalidade*. 3. ed. São Paulo: Saraiva, 2004, p. 3.

[94] SARLET, Ingo Wolfgang. *A eficácia dos direitos fundamentais*. 8. ed. Porto Alegre: Livraria do Advogado, 2007, p. 55-56.

[95] BONAVIDES, Paulo. *Curso de direito constitucional*. 16. ed. São Paulo: Malheiros, 2001, p. 517.

[96] Idem, p. 517.

[97] Idem, p. 523.

e) de quinta dimensão, também patrocinada pelo Professor Paulo Bonavides,[98] a qual agregaria todos os outros direitos fundamentais em torno da paz (associando-se, portanto, a terceira). "Quem negar o direito à paz cometerá um crime contra o ser humano. O Estado que a violar deverá responder às outras nações", concluindo o professor: "a guerra é um crime e a paz é um direito".

Discute-se, no âmbito acadêmico, a classificação das duas últimas dimensões. Diferentemente do que pensa o Professor Paulo Bonavides, Ingo Sarlet[99] é cauteloso no que tange a tamanha diversificação. Nesse sentido, referindo-se a Perez Luño, leciona que o reconhecimento de novos direitos fundamentais, pode levá-los ao risco de uma degradação, colocando em xeque "o seu *status* jurídico e científico, além do desprestígio de sua própria 'fundamentalidade'".

Seja como for, ressaltam-se o conteúdo e os valores que integram as dimensões, no sentido de que não podem ser descartados. Exemplificando, a paz, enquanto valor mundial, pertence a todos os povos, de todas as culturas e regiões, sendo caracterizada por Paulo Bonavides como direito fundamental. Entende-se que tal classificação não é a mais adequada, pois inalcançável e imprópria enquanto dever constitucional do Estado, embora deva ele propugnar por ela, em todos os seus conceitos, dogmáticos ou não; em todas as suas ações, nacionais ou estrangeiras, no intuito de preservá-la, ensejando o entendimento entre os povos. Trata-se, portanto, de um valor transnacional, o qual deve ser cultuado e preservado por todas as nações, independentemente das instâncias governamentais, bem como das diretrizes políticas vigentes em cada país.

Indispensável que os direitos fundamentais, representados através de suas dimensões, possam, a exemplo do entendimento de Ingo Sarlet e Perez Luño, preservar seu *status* jurídico e sua fundamentalidade, para que não sejam vulgarizados, principalmente em relação a seu caráter jurídico.

Mister salientar que aos direitos fundamentais também são atribuídos sentidos (formal ou material). Aliás, percebe-se que, em um primeiro momento, adota-se a distribuição dos direitos fundamentais em categorias ou dimensões, justamente para lhes alcançar um sentido de harmonização (o que não significa, conforme se verá mais adiante, que na hipótese de eventuais colisões, não deva um direito prevalecer em relação ao outro). Se, por um lado, percebe-se que na mencionada classificação dos direitos fundamentais há divergências, o mesmo não pode se dizer

---

[98] BONAVIDES, Paulo. Palestra proferida na abertura do VIII Semana do Defensor Público do Estado do Ceará, realizada em Fortaleza-CE, em 15 de maio de 2007.

[99] SARLET, Ingo Wolfgang. *A eficácia dos direitos fundamentais*. 8. ed. Porto Alegre: Livraria do Advogado, 2007, p. 63-64.

em relação aos seus sentidos, os quais são denominados de formais ou materiais, dependendo da natureza a eles atribuída pelo legislador constitucional.[100]

Outro aspecto digno de registro são as inúmeras discussões havidas perante o Poder Judiciário, notadamente no que diz respeito a opções, formas e mecanismos de pensar e agir que a própria sociedade tem convertido em valores, merecendo, algumas vezes, por parte do Direito, recepção e normatização. Destacam-se as recentes decisões judiciais havidas perante os tribunais inferiores ou mesmo no âmbito do Tribunal Constitucional, no que dizem respeito a mudança de sexo, casamento de homossexuais e autorização para pesquisas científicas, como as promovidas com células-tronco. Tais exemplos incrementam o estudo dos direitos fundamentais, ensejando uma análise acurada acerca não apenas de sua vigência, mas principalmente de seu alcance.

3.4. Critérios de ponderação na hipótese de colisão de direitos fundamentais. A proteção dos direitos de personalidade *versus* divulgação e publicização de acontecimentos. A eficácia do direito de resposta proporcional ao agravo não obstante o conflito

Dentre as possíveis colisões, as que mais interessam na elaboração do presente estudo são as que discutem a prevalência de um Direito Fundamental em relação a outro. Na resolução dos conflitos, pertinentes aos direitos fundamentais, a aplicação do princípio da concordância prática ou da harmonização parece ser o de melhor e mais adequada vigência. Ingo Sarlet[101] afirma categoricamente que "cuida-se de processo de ponderação no qual não se trata da atribuição de uma prevalência absoluta de um valor sobre outro, mas, sim, na tentativa de aplicação simultânea e compatibilizada de normas, ainda que no caso concreto se torne necessária a atenuação de uma delas".

---

[100] Registre-se, uma vez mais, a lição de Ingo Sarlet: "a distinção entre direitos fundamentais no sentido formal e material não tem sido objeto de muitos estudos e grandes divergências doutrinárias, ao menos no âmbito da literatura luso-brasileira. De modo geral, os direitos fundamentais em sentido formal podem, na esteira de K. Hesse, ser definidos como aquelas posições jurídicas da pessoa – na sua dimensão individual, coletiva ou social – que, por decisão expressa do Legislador-Constituinte foram consagradas no catálogo dos direitos fundamentais (aqui considerados em sentido amplo). Direitos fundamentais em sentido material são aqueles que, apesar de se encontrarem fora do catálogo, por seu conteúdo e por sua importância podem ser equiparados aos direitos formalmente (e materialmente) fundamentais". Idem, p. 94-95.

[101] SARLET, Ingo. Valor de alçada e limitação do acesso ao duplo grau de jurisdição. *Revista da Ajuris* n. 66. 1996, p. 121.

O tema que ora se propõe ao enfrentamento é o exercício do direito de resposta proporcional ao agravo, em especial quando se está diante do direito à informação (e à comunicação), frente a outros, inerentes à vida, tais como os direitos à honra, à imagem, à privacidade e à intimidade. Descortina-se um desafio de ponderação que não signifique absoluta preponderância do direito à liberdade de expressão e de imprensa, em face da necessidade de regulá-los em relação aos demais direitos fundamentais. Se por um lado a Constituição consagra o direito de retificação ou resposta, por outro é necessário estabelecer-se em que condições essa prerrogativa constitucional se realiza. De toda sorte, inafastável a possibilidade de sua realização, presentes os requisitos que o autorizam: a ofensa, o equívoco ou até mesmo a injúria.

O fato gerador do direito de resposta não está situado exclusivamente em notícias jornalísticas veiculadas pelos meios de comunicação. A liberdade de pensamento e manifestação encontra óbice diante de outros direitos fundamentais que se apresentam, os quais ensejarão por parte do intérprete uma solução justa diante do conflito que se vislumbra. Não obstante tais considerações, certo é que muitos dos fatos que originam o exercício do direito de resposta se encontram na disseminação proporcionada pela imprensa, através de seus mais diferentes mecanismos de comunicação. Diante disso, torna-se imprescindível fazer-se uma análise acerca dos diferentes direitos fundamentais que se contrapõem, aceitando-se que no âmbito do sistema jurídico possam eles entrar em rota de colisão, motivo pelo qual indispensável adotar-se critérios com os quais se possa verificar qual ou quais preponderam em relação a outros, diante de determinadas circunstâncias.

No entendimento de Luís Roberto Barroso,[102] existem parâmetros constitucionais que devem ser utilizados na ponderação de conflitos entre os direitos fundamentais, notadamente os vinculados ao direito de informação, em contraposição aos direitos à honra, à intimidade, à vida privada e à imagem. Para tanto, propõem-se os seguintes critérios, adotados pelo mencionado jurista:

 a) Veracidade do fato
 b) Licitude do meio empregado na obtenção da informação
 c) Personalidade pública ou estritamente privada
 d) Local do fato
 e) Natureza do fato
 f) Existência de interesse pública na divulgação da tese

---

[102] BARROSO, Luís Roberto. Liberdade de expressão *versus* direitos da personalidade. Colisão de direitos fundamentais e critérios de ponderação. In *Direitos fundamentais, informática e comunicação*. Org. Ingo Sarlet. Porto Alegre: Livraria do Advogado, 2007, p. 89-94.

g) Existência de interesse público na divulgação de fatos relacionados com a atuação de órgãos públicos

h) Preferência por sanções a *posteriori*, que não envolvam a proibição prévia da divulgação

A partir de tais critérios, mister que se faça uma análise crítica de cada qual das hipóteses.

A) Veracidade do fato:

> A informação que goza de proteção constitucional é a informação verdadeira. A divulgação deliberada de uma notícia falsa, em detrimento do direito da personalidade de outrem, não constitui direito fundamental do emissor. Os veículos de comunicação têm o dever de apurar, com boa-fé e dentro dos critérios de razoabilidade, a correção do fato ao qual darão publicidade. [...].

Parece evidente que a informação difundida pelos meios de comunicação e que a Constituição Federal estatui como direito fundamental seja efetivamente a verdadeira, a correta. Entretanto, a verdade aqui admitida é a de natureza subjetiva, a qual não exige absoluta pertinência do que é revelado com os fatos efetivamente ocorridos. De qualquer sorte, não poderá ser vislumbrado, na divulgação da informação, a manifesta falsidade, má-fé ou maledicência por parte daquele que patrocina a divulgação, pois, em assim sendo, o direito à informação perde sua condição de direito fundamental, violando outros direitos postos em discussão, tal como o da personalidade de outrem.

No que tange ao direito de resposta, resta claro que mesmo a informação verdadeira, correta e idônea possa dar ela causa à contraposição. A incorreta deve ser reparada, inclusive com a possibilidade, em sendo o caso, de ensejar indenização por dano material, moral ou à imagem, nos termos do inciso V do art. 5º da Constituição Federal.

B) Licitude do meio empregado na obtenção da informação:

> O conhecimento acerca do fato que se pretende divulgar tem de ser obtido por meios admitidos pelo direito. A Constituição, da mesma forma que veda a utilização, em juízo, de provas obtidas por meios ilícitos, também interdita a divulgação de notícias às quais se teve acesso mediante cometimento de um crime. Se a fonte da notícia fez, *e.g.*, uma interceptação telefônica clandestina, invadiu domicílio, violou o segredo de justiça em processo de família ou obteve uma informação mediante tortura ou grave ameaça, sua divulgação não será legítima. Note-se, ainda que a circunstância de a informação estar disponível em arquivos públicos ou poder ser obtida por meios regulares e lícitos torna-a pública e, portanto, presume-se que a divulgação desse tipo de informação não afeta a intimidade, a vida privada, a honra ou a imagem dos envolvidos.

Os meios utilizados por aqueles que têm por atribuição a obtenção da informação, destacando-se, dentre outras, as atividades patrocinadas pelos jornalistas, é uma das questões mais problemáticas na atualidade. O fato é de que a proliferação de escândalos públicos (e não apenas os de natureza política) está a exigir um nível de competição no "mercado" da informação que aproximam os meios de obtenção da notícia a uma linha periclitante entre o lícito e o ilícito; entre o moral e o imoral. Nesse sentido, a obtenção de informações por meios inconstitucionais, tais como as escutas telefônicas clandestinas, tema que tem ocupado boa parte dos debates políticos, policiais e judiciais, deve ser rechaçada com veemência, especialmente quando atingir direitos fundamentais, não podendo ser admitida pela ordem jurídica e no exercício da atividade jurisdicional, a exemplo do que procede quando se está diante da obtenção das demais provas ilícitas, as quais também o são taxativamente proibidas pela Carta Política.[103]

Cabe questionar a licitude da informação, por exemplo, no caso de, embora obtida de forma lícita, sabe-se que, em sua origem, ela foi produzida ilicitamente. Vale dizer: a "fonte" ou o "informante" obteve ilicitamente a informação e repassou-a a um jornalista, para que este, utilizando-se do meio de comunicação para o qual presta seus serviços, disseminasse a notícia a toda coletividade. Nesse caso, salvo melhor juízo, a análise do caso em concreto remeteria o estudo a uma situação denominada de *hard case* (caso difícil), pois da mesma forma que a Constituição Federal protege e valoriza a liberdade de expressão e de imprensa, assim como o direito de resposta proporcional ao agravo, também ela assegura o resguardo da fonte.[104]

Há, todavia, uma "excludente de ilicitude", indicada pelo autor quando as informações obtidas estão disponíveis em arquivos públicos. É preciso, neste momento, que se defina o conceito de arquivo público, para a perfeita compreensão da legitimidade do meio utilizado para obtenção da informação. Tecnicamente, e de acordo com a contemporânea jurisprudência do STF, entende-se por arquivo público todo o local, pú-

---

[103] A possibilidade da utilização de mecanismos antiéticos e ilegais de obtenção da informação é comentada por Carlos Soria, no sentido de que "a inevitável desculpa, por parte de alguns jornalistas, de que os fins justificam os meios não se mantém em pé. Montar armadilhas para que o entrevistado caia nelas, utilizar documentos furtados, ocultar a própria identidade de jornalista, inventar histórias, plagiar trabalho de outros, agir com malevolência, má-fé, faltar ao respeito às pessoas, ou fazer interesses criados o norte da informação é pura e simplesmente corrupção. Do mesmo gênero e espécie é aceitar presentes que corrompem ou, no caso do editor econômico, participar do *insider trading*, jogando na Bolsa mediante emprego de informações privilegiadas, reservadas, que pouquíssimas pessoas possuem". SORIA, Carlos. *La calidad ética como ventaja competitiva*. Barcelona: Nuestro Tiempo, 1989, p. 92-93. *Apud* BLÁZQUEZ, Niceto. *Ética e meios de comunicação*. Traduzido por Rodrigo Contrera. São Paulo: Paulinas, 1999, p. 41.

[104] Art. 5º Todos são iguais perante a lei, sem distinção de qualquer natureza, garantindo-se aos brasileiros e aos estrangeiros residentes no País a inviolabilidade do direito à vida, à liberdade, à igualdade, à segurança e à propriedade, nos termos seguintes: [...] XIV – é assegurado a todos o acesso à informação e resguardado o sigilo da fonte, quando necessário ao exercício profissional;

blico ou privado, onde se encontram as informações de interesse público. Tal entendimento alcança, portanto, ambientes privados, desde que neles possam ser encontradas as informações públicas perseguidas. Registre-se que tal compreensão decorre da vigência do *habeas data*, remédio constitucional previsto pelo artigo 5º, LXXII,[105] da Carta Política, sendo considerado mecanismo posto à disposição de qualquer cidadão para que saiba quaisquer informações pertinentes à sua pessoa, dispostas em registro ou banco de dados de entidades governamentais ou de caráter público. Alexandre de Moraes[106] comenta a questão, esclarecendo que "poderão ser sujeitos passivos do habeas data as entidades governamentais, de administração pública direta ou indireta, bem como as instituições, entidades e pessoas jurídicas privadas que prestem serviços para o público ou de interesse público, e desde que detenham dados referentes às pessoas físicas ou jurídicas".

Diomar Ackel Filho[107] salienta que a Constituição refere-se "[...] alternativamente a registros ou bancos de dados de caráter público, devendo-se entender por tal os arquivos acessíveis ao público".

Diante disso, a compreensão de "arquivo público" deve considerar todos os locais onde existem informações de interesse público, respeitados, sempre, outros direitos aplicáveis, os quais não podem ser desconsiderados, tais como a inviolabilidade do domicílio e da correspondência, dentre outros.

C) Personalidade pública ou estritamente privada da pessoa objeto da notícia:

> As pessoas que ocupam cargos públicos têm o seu direito de privacidade tutelado em intensidade mais branda. O controle do poder governamental e a prevenção contra a censura ampliam o grau legítimo de ingerência na esfera pessoal da conduta dos agentes públicos. O mesmo vale para as pessoas notórias, como artistas, atletas modelos e pessoas do mundo do entretenimento. Evidentemente, menor proteção não significa supressão do direito. Já as pessoas que não têm vida pública ou notoriedade desfrutam de uma tutela mais ampla de sua privacidade.

As personalidades públicas não possuem o mesmo grau de proteção, no que tange ao seu direito à privacidade e à intimidade, bem como

---

[105] Art. 5º Todos são iguais perante a lei, sem distinção de qualquer natureza, garantindo-se aos brasileiros e aos estrangeiros residentes no País a inviolabilidade do direito à vida, à liberdade, à igualdade, à segurança e à propriedade, nos termos seguintes: [...] LXXII – conceder-se-á *habeas data*: a) para assegurar o conhecimento de informações relativas à pessoa do impetrante, constantes de registros ou bancos de dados de entidades governamentais ou de caráter público; b) para a retificação de dados, quando não se prefira fazê-lo por processo sigiloso, judicial ou administrativo; [...].

[106] MORAES, Alexandre de. *Direito constitucional*. 11. ed. São Paulo: Editora Atlas, 2002, p. 157.

[107] ACKEL FILHO, Diomar. *Writs constitucionais*: "habeas corpus", mandado de segurança, mandado de injunção, "habeas data". São Paulo: Saraiva, 1988, p. 123.

aqueles que dele decorrem, se comparadas a pessoas comuns. Salienta-se, todavia, que a diminuição da intensidade de proteção não significa inexistência desse direito, o qual deverá ser sopesado caso a caso. O fato de serem mais expostas a coberturas jornalísticas não as impede de fazer valer o seu direito constitucional de resposta, pois a Constituição Federal, nessa situação, não distingue a personalidade pública do cidadão comum. Aliás, políticos, artistas e atletas, e outros estão dentre aqueles que, como alvos mais comuns de reportagens jornalísticas, pelo natural interesse que despertam na coletividade, apresentam-se como legítimos postulantes do direito de resposta, o qual deve ser proporcional ao agravo, nos dizeres da *Lex Fundamentalis*.

D) Local do fato:

> Os fatos ocorridos em local reservado têm proteção mais ampla do que os acontecidos em locais públicos. Eventos ocorridos no interior do domicílio de uma pessoa, como regra, não são passíveis de divulgação contra a vontade dos envolvidos. Mas se ocorrerem na rua, em praça pública ou mesmo em lugar de acesso ao público, como um restaurante ou o saguão de um hotel, em princípio serão fatos noticiáveis.

Não resta dúvida de que os ambientes públicos são menos restritos e mais vulneráveis do que os privados. Nesse sentido, a ordem jurídica constitucional privilegia a proteção ao domicílio, equiparando sua inviolabilidade à intimidade e à privacidade da pessoa.[108] Percebe-se que o simples fato de um local ser considerado público não o torna absolutamente devassável, devendo ser dimensionada caso a caso a menor proteção à intimidade da pessoa. Se, por um lado, a doutrina e a jurisprudência reconhecem a maior exposição a que estão submetidas personalidades públicas, por outro não se pode admitir que onde quer que estejam, fora de seus domicílios ou de ambientes estritamente privados, permaneçam permanentemente expostas a fatos jornalísticos ou ao "patrulhamento" por parte da imprensa, o que seria demasiado. De qualquer sorte, não há como, de antemão, fixar-se uma regra aplicável a hipótese. É preciso que sejam valoradas as condições sob as quais a personalidade esteja envolvida, o que costuma fazer e de que forma isso acaba repercutindo na vida dos cidadãos comuns. Se por exemplo uma atriz reconhecida no cenário artístico costuma frequentar casas noturnas, isso, por si só, já é notícia; se esta mesma personalidade pública se encontra sob efeitos alcoólicos, por certo a informação torna-se ainda mais relevante e não somente pelo aspecto sensacionalista (muito comum nos dias de hoje, em todas as partes

---

[108] Art. 5º [...] X – são invioláveis a intimidade, a vida privada, a honra e a imagem das pessoas, assegurado o direito a indenização pelo dano material ou moral decorrente de sua violação; XI – a casa é asilo inviolável do indivíduo, ninguém nela podendo penetrar sem consentimento do morador, salvo em caso de flagrante delito ou desastre, ou para prestar socorro, ou, durante o dia, por determinação judicial;

do mundo), mas também pelo exemplo que representa para sociedade, que a vê como alguém de pretenso sucesso e, portanto, um modelo a ser admirado e perseguido.

Importante salientar que a exposição de personalidades públicas aos holofotes não enseja, por si só, o direito de resposta. Retomando o exemplo antes mencionado, se uma artista vai a uma casa noturna, lícita é a cobertura jornalística acerca do fato, não podendo essa personalidade evitar tal realidade, por mais desconfortável que o acompanhamento jornalístico o seja. Entretanto, se a imprensa, ao produzir uma reportagem, expõe fatos ou relata acontecimentos que sucederam à artista no âmbito dessa casa noturna com as quais a personalidade discorda, por não serem verdadeiros ou terem sido narrados de maneira equivocada, impõe-se a concessão de espaço à sua resposta, buscando esclarecer, sob o seu ponto de vista, o que de fato sucedera no tocante aos fatos que foram objetos da reportagem jornalística.

Embora os exemplos recaiam com maior facilidade sob pessoas conhecidas do público, nada obsta que um cidadão comum também possa exercer o seu constitucional direito de resposta, caso tenha ele sido, por qualquer motivo, objeto de uma reportagem inverídica ou equivocada, a qual lhe venha trazer prejuízo.

Em suma, a personalidade pública não pode reivindicar proteção à sua privacidade estando em locais abertos ao público. Entretanto, o nível desse resguardo, embora possa ser mensurado, não deve ser avaliado sem que se analisem os elementos que integram a respectiva situação. Seja como for, o direito de resposta não resta afastado, encontrando-se justa causa à sua concessão.

E) Natureza do fato:

> Há fatos que são notícia, independentemente dos personagens envolvidos. Acontecimentos da natureza (tremor de terra, enchente), acidentes (automobilístico, incêndio, desabamento), assim como os crimes em geral, são passíveis de divulgação por seu evidente interesse jornalístico, ainda quando exponham a intimidade, a honra ou a imagem de pessoas neles envolvidos.

Tais considerações devem ser relativizadas. É correto afirmar que determinadas notícias são divulgadas muito mais em função da relevância do episódio em si, do que da importância de seus protagonistas ou de suas vítimas. Nessa esteira, até poderia ser afirmado, em sentido inverso, que existem personalidades públicas que são notícias independentemente dos fatos com os quais estejam envolvidos. O Presidente da República, um jogador de futebol talentoso ou uma modelo fotográfica famosa, sempre merecerão determinada cobertura jornalística, com maior ou menor intensidade.

Entretanto, a afirmação de que tais acontecimentos, inclusive a divulgação de crimes e a ocorrência de demais fatos possam atingir direitos à personalidade, intimidade ou imagem dos envolvidos, ou mesmo de terceiros, deve ser cautelosamente sopesada e jamais aceita como critério absoluto. Por exemplo, a ocorrência de um acidente aéreo com trágicas consequências não autorizam que a imprensa exponha a imagem[109] das vítimas ou de suas famílias, assim como desrespeite a legítima pretensão ao silêncio. Da mesma forma, a cobertura de um sequestro em andamento deve ser extremamente cautelosa, nos estritos limites que a razoabilidade e a proporcionalidade permitam, sob pena de comprometimento de valores e bens maiores, tais como a liberdade e a própria vida.[110]

A Lei Fundamental, ao privilegiar e enaltecer o regime democrático da liberdade de expressão e de imprensa, valorizou tais direitos como

---

[109] Cumpre salientar a polêmica discussão acerca do uso de algemas, quando da prisão de personalidades públicas ou pessoas que estejam envolvidas em escândalos ou crimes de grande vulto. A única e lamentável justificativa para tal situação é o manifesto desejo do Poder Público em provar que o "rico" ou o "poderoso" também são presos. Qual outra razão seria pertinente, não existindo resistência por parte daquele contra o qual se expediu a ordem de prisão, tampouco o risco de sua fuga, para algemá-lo? Aliás, trata-se de episódios que não podem receber tratamento diferenciado, seja em relação ao pobre, em comparação ao rico, ou do "poderoso" em relação ao "comum". Nesse sentido, em seção plenária ocorrida em 13 de agosto de 2008, o STF aprovou a edição da súmula vinculante nº 11, a qual dispõe: "Só é lícito o uso de algemas em casos de resistência e de fundado receio de fuga ou de perigo à integridade física própria ou alheia, por parte do preso ou de terceiros, justificada a excepcionalidade por escrito, sob pena de responsabilidade disciplinar, civil e penal do agente ou da autoridade e de nulidade da prisão ou do ato processual a que se refere, sem prejuízo da responsabilidade civil do estado".

[110] Não pode passar despercebido o lamentável episódio ocorrido em Santo André/SP, em outubro de 2008, o qual passou a ser chamado de "O Caso Eloá". Naquela oportunidade, um jovem, chamado Lindenberg Fernandes Alves, manteve sob cárcere a ex-namorada, bem como amigos dela. Com o passar das horas e dos dias (foram aproximadamente 100 horas do início ao desfecho do crime), a situação foi ficando dramática, a ponto de um Promotor de Justiça, Dr. Augusto Rossini, no dia em que se consumou a tragédia, ter oferecido, por escrito, garantias de vida e segurança ao criminoso. O Dr. Rossini, de maneira elegante, considerou a hipótese de que a imprensa teria atrapalhado o possível desfecho exitoso do sequestro. Tal afirmação, de maneira sutil, foi revelada no programa *Hoje em Dia*, transmitido pela TV Record e à época apresentado pelos âncoras Brito Jr. e Chris Flores, no dia 18 de outubro de 2008. O representante do Ministério Público paulista, que é mestre e doutor em Ciências Criminais pela PUCSP, deixou bem claro que os reiterados telefonemas de veículos da imprensa para o sequestrador interferiram nas negociações, citando, como exemplo, o momento em que a polícia teve que aguardar cerca de duas horas para conseguir falar com Lindemberg, devido ao fato de que as emissoras de TV estavam insistentemente entrando em contato com o jovem delinquente. Trata-se, aqui, uma vez mais, do famoso conflito existente entre a liberdade de imprensa e os demais direitos fundamentais, onde deveria ocorrer uma ponderação e valoração dos princípios postos em xeque, para que se avaliasse qual a conduta mais adequada a ser protagonizada pelos atores envolvidos (sobremaneira o Poder Público e a imprensa). O que se viu, entretanto, foi uma supercobertura da mídia, a qual era vista e ouvida pelo sequestrador, um sujeito desequilibrado. De igual sorte, o acontecimento que desencadeou a prisão do jovem goleiro Bruno, uma das maiores revelações do futebol brasileiro. Em julho de 2010, a mídia revelou que o atleta era o acusado de ser o mandante do crime de homicídio, cuja vítima era sua ex-namorada, chamada Elisa Samudio, com que tivera um filho. A intensidade de como ocorreu a cobertura jornalística, em virtude da personalidade pública envolvida, provocou tumultos e choque de versões, as quais não permitiram, até o presente momento, que haja uma conclusão fática acerca dos acontecimentos, não obstante a existência de indícios.

insuscetíveis à prévia censura. Todavia, não podem prosperar conceitos ou campanhas no sentido de desvalorizar outros direitos fundamentais, os quais não podem ser ignorados no âmbito de vigência do sistema jurídico. Em relação ao direito de resposta, seu valor e sua vigência sempre permanecerão irretocáveis, pois, como direito de defesa, implicam necessariamente uma reação a ser exercida pelo ofendido.

F) Existência de interesse público na divulgação da tese:

> O interesse público na divulgação de qualquer fato verdadeiro se presume, como regra geral. A sociedade moderna gravita em torno da notícia, da informação, do conhecimento e das ideias. Sua livre circulação, portanto, é da essência do sistema democrático e do modelo de sociedade aberta e pluralista que se pretende preservar e ampliar. Caberá ao interessado na busca da não divulgação demonstrar que, em determinada hipótese, existe um interesse privado excepcional que sobrepuja o interesse público residente na própria liberdade de expressão e informação.

É o caso de se afirmar categoricamente que a regra é a divulgação, da repercussão jornalística e da publicização das informações, cabendo ao que se sentir ultrajado ou desrespeitado provar a ilegitimidade daquela conduta que expõe à sua imagem, sua honra, enfim, o seu direito à intimidade, ensejando, por consequência, o direito à resposta, sem prejuízo de reparação por danos materiais e morais.[111] O conceito de interesse público ou da supremacia do interesse público deve ser definitivamente redefinido, pois não pode ser reduzido apenas ao que é de interesse do Estado ou da coletividade. As modernas concepções contemplam, indubitavelmente, a proteção dos direitos humanos e fundamentais, sejam os individuais ou coletivos. Nesse sentido, deve o Poder Público também assim se comportar, propugnando o respeito e a observância dos direitos dos cidadãos.

A prevalência da informação sobre a restrição é a regra, porém não desobriga os responsáveis pela veiculação de notícias das determinadas cautelas e responsabilidades, as quais já foram anteriormente enfrentadas.

G) Existência de interesse público na divulgação de fatos relacionados com a atuação de órgãos públicos:

> Em um regime republicano, a regra é que toda a atuação do Poder Público, em qualquer de suas esferas, seja pública, o que inclui naturalmente a prestação jurisdicional. A publicidade, como é corrente, é o mecanismo pelo qual será possível o povo controlar a atuação dos agentes que afinal praticam atos em seu nome. O art. 5º, XXXIII, como referido, assegura como direito de todos o acesso a informações produzidas no âmbito de órgãos públicos, salvo se o sigilo for indispensável à segurança da sociedade e do Estado.

---

[111] É como decidiu o STF no julgamento da ADPF nº 130, proferido em 30 de abril de 2009.

Aqui, mais uma vez, o critério ponderativo não pode ser desconsiderado. Não é pelo fato de que se vive em uma república democrática, que todas as atuações do Poder Público devam ser publicizadas. É importante sopesar os direitos fundamentais envolvidos, relativizando o princípio da supremacia do interesse público frente à vigência de outros direitos fundamentais. Destaca-se a referência de Luís Roberto Barroso, cuja classificação aqui é estudada, em relação às atividades jurisdicionais. Os processos, salvo aqueles que por lei ou por decisão judicial devam tramitar em segredo de justiça, são efetivamente públicos, devendo os atos deles decorrentes ser divulgados e exteriorizados. Acontece, não raras vezes, que ao processo é atribuído o caráter sigiloso, em nome das provas nele existentes ou daquelas a serem produzidas, bem como para proteção dos investigados e da própria integridade processual. Entretanto, mesmo diante de tais circunstâncias, as partes envolvidas muitas vezes são surpreendidas com a divulgação de informações extraídas do processo (inclusive documentalmente), sendo repercutidas pela mídia, seja pela astúcia ou competência de um jornalista, ou mesmo pelas revelações de terceiros. Diante disso, encontra-se um paradoxo importante, pois se o segredo é decretado em favor do processo e das partes que dele fazem parte, como um magistrado ou qualquer daqueles que tiveram acesso ao processo, *exempli gratia*, proclama informações pertinentes aos autos, sem que aos acusados tenha sido facultado, sequer, o direito a vista?

O direito de resposta, sem prejuízo da reparação de danos morais e materiais, apresenta-se como mecanismo capaz de viabilizar uma contraposição ao que está sendo exposto indevidamente, mas é evidente que seu exercício depende da manifestação volitiva do legitimado para tal mister (notadamente, se há interesse, considerando a prova por ele a ser produzida no processo etc.).

H) Preferência por sanções a posterior, que não envolvam a proibição prévia da divulgação:

> O uso abusivo da liberdade de expressão e de informação pode ser reparado por mecanismos diversos, que incluem a retificação, a retratação, o direito de resposta e a responsabilização, civil ou penal e a interdição da divulgação. Somente em hipóteses extremas se deverá utilizar a última possibilidade. Nas questões envolvendo honra e imagem, por exemplo, como regra geral será possível obter reparação satisfatória após a divulgação, pelo desmentido – por retificação, retratação ou direito de resposta – e por eventual reparação do dano, quando seja o caso. Já nos casos de violação da privacidade (intimidade ou vida privada), a simples divulgação poderá causar o mal de um modo irreparável. Veja-se a diferença. No caso de violação à honra: se a imputação de um crime a uma pessoa se revelar falsa, o desmentido cabal minimizará a sua consequência. Mas, no caso da intimidade, se se divulgar que o casal se separou por disfunção sexual de um dos cônjuges – hipótese que em princípio envolve fato que não poderia ser tornado público – não há reparação capaz de desfazer o mal causado.

Denota-se que este critério enseja a aplicação inversa do famoso ditado "é melhor prevenir do que remediar". Percebe-se que aqui é "melhor remediar do que prevenir", pois a proibição prévia (também chamada de censura) deve ser o último instrumento sancionatório a ser utilizado como mecanismo capaz de evitar que se estabeleça ofensa à honra, à imagem ou a própria intimidade da pessoa. De fato, a democracia não convive bem com instrumentos de censura prévia, pois estes ensejam um cerceamento ao direito de livre expressão.[112] Todavia, recorda-se, uma vez mais, que a informação falsa ou despropositada, imbuída de dolo ou má-fé, implica a devida reparação, proporcional ao agravo. Se, de antemão, o ofendido conseguir vislumbrar o erro ou a falsidade, havendo meio de prová-los, não há razões para que não se admita a atitude preventiva, evitando a consumação do dano. A grande questão é a de como antecipadamente identificar o erro ou a má-fé, a qual deve ser sempre provada. Nesse sentido, a livre circulação de ideias, conforme decidiu o Pretório Excelso, tem de ser respeitada.

Discorrendo sobre o tema, assim se pronunciou Gustavo Ferreira Santos:[113]

> O fato de garantir a Constituição o *"direito a indenização pelo dano material ou moral"*, diante de ofensas à intimidade, à vida privada, a honra e à imagem das pessoas (Art. 5º, X) não impede que aja o Judiciário preventivamente, interceptando a atividade violadora de direitos e impendo que o dano se efetivasse. Entender que todos os abusos no exercício da liberdade de imprensa e da liberdade de comunicação apenas seriam, *a posteriori*, transformados em indenização representaria um incentivo ao abuso do exercício de tais direitos, pois a decisão entre noticiar ou não algo ofensivo a direitos, como, por exemplo, uma notícia falsa sobre uma pessoa pública, passaria meramente por uma análise de custo benefício, centrada no preço a ser pago. Caso o impacto da notícia, que poderia decidir uma eleição, poderia parecer valer à pena, mesmo que viesse depois a representar uma condenação a pagar uma alta soma de dinheiro ao ofendido.

---

[112] No dia 31 de julho de 2009, o jornal o Estado de São Paulo, conhecido como "Estadão", tradicional periódico paulista com circulação em todo território nacional, foi proibido pelo Tribunal de Justiça do Distrito Federal, através de decisão exarada pelo desembargador Dácio Vieira, de publicar reportagens que contenham informações da Operação Faktor, mais conhecida como "Boi Barrica". O recurso judicial, que pôs o jornal sob censura, foi apresentado pelo empresário Fernando Sarney, filho do presidente do Senado, José Sarney (PMDB-AP). A decisão foi criticada por diversos órgãos e entidades representativas de classe, como a Associação Nacional de Jornais – ANJ e pelo Conselho Federal da Ordem dos Advogados do Brasil – OAB, dentre outros. Em 17 de dezembro de 2009, o empresário Fernando Sarney desistiu da medida processual, mesmo após ter obtido, junto ao STF, a manutenção da decisão que o beneficiava, muito embora o Pretório Excelso não tenha ingressado na discussão do mérito da Reclamação ajuizada pelo "Estadão".

[113] SANTOS, Gustavo Ferreira. Direito fundamental à comunicação e princípio democrático. Disponível em: http://www.conpedi.org/manaus/arquivos/Anais/Gustavo%20Ferreira%20Santos.pdf>. Acesso em 29 mar 2010.

De toda sorte, o direito de resposta, como bem traduz a expressão, pressupõe uma prévia agressão, comentário ou informação, entendida como incorreta ou lesiva aos interesses ou direitos de uma pessoa.

Tais critérios de ponderação são parâmetros através dos quais se podem solucionar os conflitos havidos diante da eventual colisão de direitos fundamentais. Todavia, tais elementos, os quais devem ser necessariamente considerados e sopesados pelos intérpretes, oscilam com maior ou menor intensidade, de acordo com o sistema jurídico nos quais estejam inseridos.

Não obstante tais hipóteses fáticas, o direito de resposta proporcional ao agravo, previsto no inciso V do art. 5º da *Lex Fundamentalis*, independe de uma ou outra circunstância para encontrar sua viabilidade no âmbito do sistema jurídico. Tratando-se de um direito fundamental de defesa, portanto uma regra que legitimamente se coaduna com os princípios da ampla defesa e do contraditório sua causa está na ofensa, notadamente no que tange aos direitos de personalidade de alguém, patrocinada por terceiro, ou simplesmente pela divulgação de um fato inverídico, o qual, por parte daquele que se sente prejudicado, dá causa à realização da resposta, nos moldes previstos pela Carta Magna.

O direito de resposta não pode ser compreendido como mecanismo através do qual se regula a contraposição de direitos, tal como ilustrado a partir das diferentes simulações antes referidas. Não está em sua essência o teor da regulação, mas sim a possibilidade de, através dele, alguém poder oferecer à sua versão, o seu entendimento ou a sua defesa, caso tenha sido atingido em seus mais diferentes direitos, como o de opção sexual, religiosa ou qualquer outra, cuja liberdade é assegurada constitucionalmente. Ademais, reitera-se, o comando da norma fundamental que assegura o direito de resposta proporcional ao agravo também contempla a indenização por dano material, moral ou à imagem.

4. O direito à liberdade de expressão e à imprensa livre

4.1. Considerações preliminares

Os direitos fundamentais, consagrados na Lei Maior, autorizam que cidadãos e profissionais possam exercer os seus misteres, valendo-se, para tanto, dessas garantias constitucionais. Tais preceitos se relacionam, entre outros, com os direitos de livre expressão e opinião, além da liberdade de imprensa, todos merecendo maior destaque na análise ora realizada. Em época de globalização, sobretudo das informações, pelos mais variados e céleres meios de comunicação, é mais do que aceitável que o papel da imprensa possa interferir na formação da opinião pública, seja através da notícia, supostamente veiculada *in natura*, ou mesmo das opiniões que por ela são propagadas. De qualquer modo, o certo é que as divulgações patrocinadas pela mídia, através de noticiários, novelas,[114] programas de auditório, *reality shows*,[115] dentre outros, encontram guarida nas residências e espaços comerciais, pelo interesse que despertam, ou pela simples

---

[114] Em países como o Brasil, é significativa a audiência de telenovelas, as quais, muitas vezes, partem de contextos da vida real, os quais são explorados em seu enredo. Problemas sociais, como o racismo e as mais diferentes formas de discriminação são abordados, diariamente, ao longo de aproximadamente sete meses, os quais representam, normalmente, o período de duração de uma novela. Também chama atenção que os escândalos políticos passaram a encontrar repercussão nestes programas, tais como o representado na novela "Duas Caras", da Rede Globo (2007), onde as atrizes Renata Sorrah e Susana Vieira, contracenando, exploram a questão pertinente ao escândalo envolvendo o uso indevido dos cartões corporativos, patrocinados na vida real por agentes políticos e amplamente repercutidos pela imprensa. O mais impressionante, entretanto, e que comprova não apenas os níveis de audiência das telenovelas, mas o nível de interferência que elas têm na vida real, diz respeito à trama "A Favorita", também da Rede Globo (2008). Nela, o ator Jackson Antunes, interpretando um cafajeste que surra a esposa, a personagem da atriz Lílian Cabral, acabou, na vida real, sendo agredido por um transeunte em uma rua do Rio de Janeiro, ocasionando-lhe lesões.

[115] Tais como o *Big Brother*, exibido a partir de 2002 no Brasil, pela Rede Globo; *Casa dos Artistas*, apresentado em 2001, pelo SBT; *O Aprendiz*, transmitido pela Rede Record, sendo sua primeira edição exibida em 2004; e *A Fazenda*, também produzida pela Rede Record, em 2009. Trata-se de programas cujos modelos são importados, notadamente dos Estados Unidos e da Europa, que exibem a forma de se comportar e agir de pessoas, revelando, sobremaneira, as deficiências culturais de muitos dos

facilidade com que são transmitidos, ensejando, por parte do público, mesmo que não demonstrado um interesse direto, a absorção de informações patrocinadas pelos meios de comunicação.

A opinião pública, como já foi dito, não surge espontaneamente. Ela é construída a partir desses fatores sociais, culturais e políticos que se desenvolvem, independentemente do país e da cultura que esteja sendo investigada. Diante disso, necessário que se faça uma análise dos fatores que formam a opinião pública e nela interferem, destacando-se o papel da imprensa.

4.2. Um breve olhar sobre a história: Galileu Galilei, Immanuel Kant e Baruch Espinoza

Antes de se adentrar em aspectos jurídicos e evidências contemporâneas do direito à liberdade de expressão, cumpre-se discorrer acerca do pensamento de três filósofos que marcaram suas épocas, reflexões estas que mantêm relação intrínseca com o estudo ora desencadeado: Galileu Galilei, Immanuel Kant e Baruch Espinoza.

Galileu Galilei nasceu no século XVI, era físico, matemático, astrônomo e filósofo, muito embora o desejo paterno para que se tornasse médico. Como físico e matemático, Galileu fez descobertas e promoveu invenções de extrema importância, tais como a balança hidrostática, uma máquina de aquecer água e um termômetro primitivo. Suas pesquisas, no século XVII, seguiram em ritmo acelerado, especialmente no que tange a descobertas relacionadas à física e ao estudo da atmosfera, pronunciando-se ele, inclusive, acerca do estudo da Lua e da Terra, a partir do desenvolvimento de instrumentos capazes de confirmar a teoria heliocêntrica de Copérnico, segundo a qual a Terra não seria o centro do Universo, à volta do qual girariam todos os outros planetas, mas apenas mais um planeta que gira em torno do Sol. Ao refutar o geocentrismo, teoria defendida pela Igreja, Galileu passou a enfrentar uma série de problemas, sintetizados no cerceamento de sua liberdade de expressão.

Como suas descobertas passaram a questionar a validade de outras teorias, seguidas notadamente pela Igreja Católica, tais como o sistema do Filósofo Ptolomeu, Galileu sofreu perseguição por parte da Inquisição, a qual censurava a difusão das ideias heliocêntricas. A Igreja Católica tratou de catalogar os livros de Galileu como "livros proibidos", sendo que a razão desta proibição se devia ao fato de no Salmo 104:5 da Bíblia

---

protagonistas, inclusive de artistas, os quais, pelo nível de exposição na mídia, apresentam-se como modelo de comportamento humano a ser perseguido.

estar escrito que "Deus colocou a Terra em suas fundações para que não se mova por todo o sempre". Entretanto, Galileu não obedeceu à censura, entendendo que suas descobertas não podiam ser ignoradas apenas por não estarem de acordo com as certezas dogmáticas inscritas nas Sagradas Escrituras. Segundo Galileu, a autoridade dos textos sagrados não devia ser critério de discussão dos problemas da Física, mas sim as experiências por ele protagonizadas, bem como a importância por elas alcançada.

Em 1632, Galileu publicou uma obra intitulada *Diálogo sobre os dois sistemas do mundo*, na qual ele narra como Copérnico evidenciara os fenômenos celestes. A bem da verdade, o livro tinha cunho mais filosófico do que científico; foi suficiente, entretanto, para que a Igreja Católica o levasse aos tribunais da Inquisição. Foi condenado por heresia em 1633. Em tais circunstâncias, para não ser queimado na fogueira destinada aos hereges, Galileu Galilei teve de renegar suas teorias, sendo proibido de publicar novas obras, as quais só foram retiradas da lista de livros proibidos no século XIX.

Immanuel Kant nasceu, viveu e morreu na Prússia, jamais tendo saído de sua cidade natal. Para Kant,[116] "a liberdade tem de pressupor-se como a propriedade da vontade de todos os seres racionais. A todo ser racional que tem uma vontade temos que atribuir-lhe necessariamente a ideia de liberdade, sob a qual ele unicamente pode agir".

Kant afirmava categoricamente que as pessoas se sentem vinculadas a determinadas instituições, condicionando o seu pensar e o seu agir aos interesses destas entidades. Tais situações constituem-se, no pensar do filósofo,[117] em princípios e regras que devem ser observados pelas pessoas, sob pena de serem alijadas da instituição à qual estão vinculadas. Ilustra tais episódios com exemplos relacionados à religião (a necessidade de obediência ao que prega determinado culto), ou a situações em que o empregado deve obedecer a princípios estatuídos pela empresa à qual está vinculado. Diante de tais situações, a pergunta a ser respondida é: como livrar-se de tais regramentos, rumo ao exercício da liberdade?

Baruch (Bento ou Benedito) de Espinoza,[118] nascido em 1632, foi um dos maiores expoentes da filosofia moderna, dividindo espaço com René Descartes. Holandês, era de origem judaica, sendo os seus progenitores portugueses, os quais fugiram de Portugal à época da Inquisição. Adepto do panteísmo, relacionando a natureza e o universo a Deus, foi um profundo estudioso do Talmude e da Bíblia. Espinoza escreveu sua ética e

---

[116] KANT, Immanuel. *Fundamentação da metafísica dos costumes*. Madrid: Tecnos, 1999, p. 95-96.

[117] Idem. Resposta à pergunta: Que é esclarecimento [Aufklärung]. In: *Textos seletos*. Petrópolis: Vozes, 1974, p. 100-107.

[118] CIVITA, Victor. *Os pensadores:* Espinoza. 3. ed. São Paulo: Abril Cultural, 1983.

suas compreensões teóricas através de postulados e definições, fazendo analogia à própria geometria. Arriscou-se, à época, a defender a ideia de que Deus fosse um mecanismo imanente da natureza e do universo e que o Livro Sagrado não poderia ser lido ou compreendido de maneira racional, fazendo, a partir de tais pensamentos, alusão a uma obra metafórico-alegórica. Na medida em que se aprofundava nas leituras, fomentando discussões com outros filósofos, ligados ou não ao judaísmo, Espinoza contruía sua própria visão de mundo, fortalecendo um conflito ideológico em relação a seus confrades judeus. As discussões entre Espinoza e os Doutos da Sinagoga chegaram a tal ponto que, à semelhança do que ocorrera com Cristo, o filósofo tornou-se uma ameaça à comunidade judaica, a qual não aceitava que seus dogmas fossem desafiados. Há registros, inclusive, de que Espinoza teria sofrido uma tentativa de homicídio. Tais conflitos redundaram, em 1656, em excomunhão, promovida pela Sinagoga portuguesa de Amsterdã. Suas manifestações foram consideradas agressões às crenças cristãs, principalmente em uma época em que os judeus, perseguidos em toda a Europa, haviam recebido abrigo e proteção justamente dos protestantes holandeses. Não poderia, nesse contexto, ser admitido, no âmbito da sociedade, um pensador herege.

Após sua excomunhão, Espinoza seguiu estudos acerca de suas crenças, vivendo humildemente. Escrevia suas teses, enaltecendo suas convicções, enquanto sua atividade laboral resumia-se ao polimento de lentes, o que lhe rendia o mínimo para a sobrevivência. Com dignidade, recusou ofertas generosas de políticos e autoridades, como uma significativa pensão oferecida por Luís XIV, para que o filósofo lhe dedicasse um livro.

Vítima de tuberculose, Espinoza faleceu em 1677, deixando um grande legado literário, com destaque para *Ética*, publicada *post mortem*, e muitos seguidores, dentre os quais Herder, Schleiermacher e Goethe.

4.2.1. O direito à liberdade de expressão

Antes de se falar em "liberdade de imprensa", na verdade, deve-se compreender o que se chama "liberdade de expressão", uma vez que o próprio conceito de *imprensa*[119] é restritivo, ao passo que o de *expressão* é mais abrangente e mais próximo do que aqui se pretende discutir. Nesse diapasão, surge outro vocábulo já incorporado a nossa linguagem, principalmente a partir dos meios eletrônicos: a mídia.[120]

---

[119] De acordo com o Dicionário "Aurélio", *imprensa*, além de uma arte gráfica, representa *o conjunto de jornais e publicações congêneres*.

[120] Ainda de acordo com o Dicionário "Aurélio", *mídia é a designação genérica dos veículos e canais de comunicação, como, por exemplo, jornal, revista, rádio, televisão, outdoor*. Acrescentam-se, também, os meios eletrônicos, tais como a Internet.

A liberdade de expressão é um direito fundamental, porém não absoluto, não podendo ser o termo utilizado para justificar a violência, a difamação, a calúnia, a subversão ou a obscenidade.[121] Trata-se de um dos mais fundamentais direitos consagrados pela democracia, não podendo ser cerceado, a não ser para que se mantenha a ordem pública, o respeito às instituições constitucionalmente consolidadas e, evidentemente, para que se preservem outros direitos fundamentais, tais como a honra, a dignidade e a não discriminação racial ou étnica.

A liberdade de expressão deve ser compreendida como elemento integrante de um Estado Democrático. Difícil, pois, dissociar aquela deste. Nesse sentido, são seguras as palavras de Bruno Miragem,[122] no sentido de afirmar que "os vínculos entre a liberdade de expressão e o estado Democrático de direito são notórios. É possível, inclusive, observar entre ambos uma relação de interdepedência de sentido, não se tendo notícia de experiência que reconheça a existência de um sem o outro".

Para Gilmar Mendes,[123] é preciso compreender a liberdade de expressão em consonância com o que dispõe o art. 5º, X, da Carta Política brasileira, preservando os direitos de personalidade, "consagrando o princípio da dignidade humana como postulado essencial da ordem constitucional, estabelecendo a inviolabilidade do direito à honra e à privacidade e fixando que a liberdade de expressão e de informação haveria de observar o disposto na Constituição, especialmente o estabelecido no art. 5º, X".

---

[121] Em fevereiro de 2009, no Estado do Rio Grande do Sul, foi desencadeada uma campanha patrocinada por diferentes sindicatos de servidores públicos, liderados pelo CEPERS, contra a Administração Pública Estadual, em especial contra Governadora do Estado, Yeda Crusius. Tratou-se de uma campanha agressiva, composta por dois momentos: no primeiro deles, uma grande quantidade de *outdoors* foi estampada em todo o Estado, anunciando que no dia 12 de fevereiro seria apresentada à população a face do desemprego, da corrupção, da mentira, da destruição, dentre outras. No segundo momento, foi descortinada a imagem da Governadora, nitidamente desfigurada, atribuindo-lhe a responsabilidade pelas acusações propagadas nos *outdoors*. Chamado a manifestar-se, o Ministério Público Estadual recomendou aos sindicatos que a imagem da Governadora não fosse utilizada, tampouco que acusações relacionadas à corrupção, à mentira, entre outras, fossem retiradas, sob pena da caracterização de crimes contra a honra. A campanha prosseguiu, atendidas as advertências do *parquet*. Entretanto, mantém-se o entendimento da ocorrência de crime contra honra, uma vez que o intento de ligar a imagem da autoridade governamental às acusações parece ter sido consumado, principalmente em virtude da grande repercussão que a campanha alcançou na mídia regional e nacional. É de se afirmar, também, que a Governadora Yeda Crusius teria legitimamente o direito de resposta, o qual poderia ser postulado perante a agência de publicidade responsável pela campanha, ou mesmo diante dos sindicatos envolvidos. Havendo resistência, o Poder Judiciário poderia ser demandado, para que se manifestasse acerca do episódio, sem prejuízo de reparação por danos morais e materiais havidos.

[122] MIRAGEM, Bruno. *Responsabilidade civil da imprensa por dano à honra*. Porto Alegre: Livraria do Advogado, 2005, p. 35-36.

[123] MENDES, Gilmar Ferreira. Colisão de direitos fundamentais: Liberdade de expressão e de comunicação e direito à honra e à imagem. In: *Revista de Informação Legislativa*, v. 31, n. 122, p. 297-301, abril/junho, 1994.

De acordo com Jónatas Machado,[124] são finalidades da liberdade de comunicação a procura da verdade, a existência de um mercado livre das ideias, a autodeterminação democrática, o controle da ação governativa e do exercício do poder, a criação de uma esfera de discurso público e da opinião pública, a garantia da diversidade de opiniões, a acomodação de interesses, a transformação pacífica da sociedade e a promoção e a expressão da autonomia individual.

Nesse sentido, liberdade de expressão e Estado Democrático devem conviver harmonicamente. Ambos não toleram o segredo e o sigilo, salvo se a publicização vier a ocasionar dano certo, ou pelo menos indicar boa probabilidade de dano, violando os demais direitos fundamentais, os quais se encontram também devidamente consagrados pela Carta Política.[125]

Prestigiada nos mais diferentes países, a liberdade de expressão deve ser dimensionada no exato limite em que convive com outros direitos e princípios, tal como o da igualdade. Nesse sentido, a título ilustrativo, recorda-se a lição de Owen Fiss,[126] analisando um polêmico caso, intensamente repercutido, especialmente pela doutrina norte-americana, denominado *hate speech* (discurso de incitação ao ódio) e da pornografia.

Owen Fiss sustenta que a incitação ao ódio merece extrema atenção por diminuir o valor e o merecimento de suas vítimas, bem como dos grupos aos quais elas pertencem, podendo até gerar situações de discriminação e violência. Na hipótese da pornografia, o discurso reduz as mulheres a objetos sexuais, o que enseja demasiado culto ao erótico, e até a violência contra elas.

A liberdade de expressão também tem o seu lado controverso, de exploração industrial e comercial. E a esta conclusão se chega a partir de eventos que interagiram com a história, ora permanecendo na ilusão, ora tornando-se realidade. Isso fica evidente quando analisam certos períodos, em especial, os anos em que toda a civilização conviveu com os riscos decorrentes da chamada "Guerra Fria", em alusão à possibilidade das duas grandes potências mundiais erigidas a partir da Segunda Grande Guerra, Estados Unidos e União das Repúblicas Socialistas Soviéticas – URSS –, patrocinarem um conflito nuclear, o qual seria devastador à humanidade. Aconteceu que, ameaças à parte, a "Guerra Fria"[127] também foi

---

[124] MACHADO, Jónatas. *Liberdade de expressão* – Dimensões constitucionais da esfera pública no sistema social. Coimbra: Coimbra Editora, 2002, p. 237.

[125] NATALE, Michele. *Catechismo reppublicano per l'istruzzione del popoloe lar ovina de tiranni*. Vico Equense, 1978.

[126] OWEN, Fiss. *A Ironia da liberdade de expressão* – Estado, regulação e diversidade na esfera Pública. Rio de Janeiro: Renovar, 2005, p. 40.

[127] Não se pode dizer que a "Guerra Fria" não permaneça nos dias de hoje. Acontece, entretanto, que os protagonistas mudaram, porém os testes nucleares continuam sendo implementados pela Coreia do Norte, sendo condenados por todos os demais países.

alimentada por décadas pelas indústrias do entretenimento, como a cinematográfica, através de filmes como *The Day After*, de 1983, o qual explora a tragédia decorrente de uma guerra nuclear entre os Estados Unidos e a então URSS, e *War Games*, do mesmo ano, cujo enredo se dá já no âmbito da era tecnológica, cujo roteiro envolve um menino que, ingressando no sistema de defesa americano, tenta impedir o lançamento de mísseis contra a URSS, o que ocasionaria a Terceira Guerra Mundial. Todos esses acontecimentos conduziriam ao que E. P. Thompson[128] chamou de "extermismo", o que implicaria a exterminação mútua (e, por consequência, de toda a civilização).

Nos dias de hoje, considerando-se as "guerras frias" – ou nem tão frias assim – com as quais o mundo convive, a realidade não é diferente. A insistência com que se dão matérias jornalísticas, películas e reportagens, muitas vezes contaminadas com juízos de valor pouco científicos e mal explorados, conduzem a sociedade não apenas a um processo de permanente dúvida e insegurança, mas também à abstração e à alienação. Os acontecimentos havidos em 11 de setembro de 2001, em Nova Iorque – ao que tudo indica – um ataque terrorista contra os Estados Unidos e a todo o centro financeiro e capitalista mundial, provoca, até hoje, as mais diferentes versões acerca do que efetivamente se sucedeu àquela época, bem como sobre os efeitos que tais fatos ocasionaram no mundo político e econômico contemporâneo. Todavia, é imperioso reconhecer que a liberdade de expressão a isso conduz, não podendo, de antemão, o governo ou as autoridades políticas e administrativas de quaisquer países, em nome da democracia, cercear um direito reconhecido perante os mais diferentes tratados multilaterais internacionais, recepcionados pelas mais diferentes legislações dos mais variados países.

Entretanto, para os fins do que aqui se objetiva, o direito à informação é o que desperta maior interesse, sendo reconhecido como direito fundamental. A liberdade de comunicação enseja o direito à informação, pois, como já referido, estes são dois dos pilares que sustentam o Estado Democrático. A ponderação e a relativização, todavia, também integram a aplicação dos direitos retromencionados, como de resto acontece com todos os direitos fundamentais, pois não há e nem poderia ser admitida a liberdade absoluta, sob pena de se sacrificarem outros direitos, dispostos na *Lex Fundamentalis*, os quais também deveriam ser alcançados e garantidos aos cidadãos.

Nas palavras de Luis Prieto Sanchis,[129] "en suma, se trata de poner de relieve que, aunque todos los mandatos y prohibiciones limiten de algún

---

[128] THOMPSON, E, p. *Zero option*. London: The Merlin Press, 1982.

[129] SANCHIS, Luis Prieto Sanchos. *Estudios sobre derechos fundamentales*. Madrid: Debate, 1994, p. 155.

modo la libertad natural, no todos limitan, sin embargo, la libertad jurídica expresada a través de los derechos fundamentales."

Reconhecendo-se a vigência dos direitos fundamentais e, acima de tudo, a necessidade de que haja a devida ponderação no âmbito de suas aplicações, resta incontroverso que tal mediação deva ser exercida pelo intérprete, seja ele o magistrado ou qualquer outro jurisconsulto. Jamais se pode conceber uma sociedade livre de conflitos. Em sentido contrário, quanto mais especializada ela for ou mais heterogênea ela vier a se caracterizar, por certo, maiores serão os confrontos ideológicos e sociais que se apresentarão, ensejando, por parte não apenas dos aplicadores do Direito, mas de todos os profissionais, maneira geral, o bom senso, a razoabilidade e a proporcionalidade no exercício de seus misteres.

Existem outras duas questões preambulares que merecem uma pequena reflexão: a primeira diz respeito à possibilidade de os direitos fundamentais serem suspensos, diante de situações excepcionais devidamente justificadas, em favor de outros preceitos, constitucionalmente estabelecidos. A suspensão não pode, em hipótese qualquer, ser arbitrária, o que ensejaria não apenas uma afronta à Constituição, mas resultaria na propositura de medidas processuais capazes de restabelecer o *status quo ante*.

Em assim sendo, admissível a suspensão dos direitos fundamentais (de sua vigência), nas hipóteses de guerra ou de perigo público,[130] como nos exemplos acima trazidos. Entretanto, há determinados direitos que são "inderrogáveis", que variam de acordo com a época e o lugar, sendo que pelo menos quatro apresentam-se intangíveis: o direito à vida; a proibição da tortura; de tratamentos desumanos ou degradantes ao ser humano; e o da retroatividade da lei penal menos benéfica ao réu.

4.2.2. A resposta enquanto direito à informação

O direito de resposta proporcional ao agravo, previsto no inciso V do art. 5º da Constituição Federal, também se insere como direito à informação, em cujo núcleo reside a liberdade de expressão. Isso deve ser afirmado desde já, pois o direito de informar não consiste apenas na possibilidade, dentre outras, de fatos, opiniões e matérias jornalísticas serem disseminadas pelos mais variados meios de comunicação, públicos e privados, mas também pela garantia de que a resposta a ser exercida pelo legitimado possa ser tão ampla quanto à notícia ou informação que ele pretenda contrapor. Não haveria sentido qualquer em se reconhecer uma

---

[130] No Brasil, são exemplos o estado de defesa e o estado de sítio, devidamente decretados na forma da Constituição Federal.

limitação ao direito de resposta, restrição não encontrada no âmbito do direito à informação e, se encontrada, certamente inconstitucional, conforme já decidiu o Pretório Excelso, quando do julgamento da ADPF n° 130, ocorrido em 30 de abril de 2009.

É de se reconhecer que o direito à liberdade de expressão é maior que o da informação. Aconteceu que, com o passar dos séculos, a liberdade de informação quase que unilateralmente foi capturada pela imprensa, o que lhe conferiu um conceito deturpado acerca de sua abrangência. A informação, no âmbito de um processo de globalização, causado especialmente pelas mídias eletrônicas, é muito maior do que aquilo que é difundido pelos meios de comunicação social. Nesse sentido, torna-se possível alcançar uma linha que representaria um trinômio: liberdade de expressão – liberdade de comunicação – liberdade de imprensa. O Estado Democrático fundamenta-se também nesse trinômio, sem o qual as liberdades públicas não poderiam ser realizadas.

A Organização dos Estados Americanos – OEA –, através da Comissão Interamericana de Direitos Humanos, proclamou a Declaração dos Princípios da Liberdade de Expressão,[131] o qual foi aprovado durante a sua 108ª sessão ordinária, acontecida entre 16 e 27 de outubro de 2000, a saber:

> 1) A liberdade de expressão, em todas as suas formas e manifestações, é um direito fundamental e intransferível, inerente e a todas as pessoas. É um requisito para a existência de uma sociedade democrática.
>
> 2) Toda pessoa tem direito de buscar, receber e difundir informações e opiniões livremente, de acordo com o Artigo 13 da Convenção Americana de Direitos Humanos. Toda pessoa tem direito a oportunidades iguais para receber, buscar e difundir informações através de qualquer meio de comunicação, sem qualquer tipo de discriminação por raça, cor, religião, sexo, idioma nativo, opiniões políticas, origem nacional ou social, posição econômica, ou qualquer outra posição social.
>
> 3) Toda pessoa tem direito a ter acesso, de forma rápida e atualizada, às informações a seu respeito, contidas em bancos de dados, registros públicos ou privados, e de atualizá-las ou modificá-las caso seja necessário.
>
> 4) O acesso às informações em poder do Estado é um direito fundamental dos indivíduos. Os estados são obrigados a garantir o exercício desse direito. As limitações excepcionais – no caso da existência de algum perigo real e eminente que possa ameaçar a segurança nacional em uma sociedade democrática – a esse direito devem ser estabelecidas previamente por leis.
>
> 5) A censura prévia, interferência ou pressão direta sobre qualquer meio de expressão, opinião ou informação divulgadas em qualquer meio de comunicação, seja oral, escrito, artístico, visual ou eletrônico, devem ser proibidas por lei. As restrições quanto à circulação

---

[131] Disponível em <http://www.cidh.oas.org>. Acesso em: 25 nov. 2009.

livre de ideias e opiniões, a imposição arbitrária de informações e a criação de obstáculos à liberdade de informação violam o direito à liberdade de expressão.

6) Toda pessoa tem o direito a comunicar as suas opiniões através de qualquer meio ou forma. O estudo obrigatório ou a exigência de licenciaturas para o exercício da atividade jornalística constitui uma restrição ilegítima à liberdade de expressão. A atividade jornalística deve ser regida por meio de condutas éticas, sem imposições do governo.

7) Condicionamentos prévios, tal como a imparcialidade por parte dos Estados, são incompatíveis com o direito à liberdade de expressão, reconhecido pelos órgãos internacionais.

8) Todo comunicador social tem o direito a não revelar suas fontes de informações presentes em arquivos pessoais ou profissionais.

9) O assassinato, sequestro ou intimidações que ameacem os comunicadores sociais e a destruição de materiais violam os direitos fundamentais das pessoas e atingem de forma severa a liberdade de expressão. É dever dos Estados prevenir e investigar esses atos, sancionar seus autores e assegurar que as vítimas sejam reparadas adequadamente.

10) As leis de privacidade não devem inibir ou restringir a investigação ou difusão de informações que sejam do interesse público. A proteção à reputação deve ser garantida por meio de sanções civis nos casos em que a pessoa ofendida for um funcionário ou indivíduo público ou estiver envolvida, de alguma forma, em um assunto de interesse público. Caso contrário, deve provar-se que o comunicador demonstrou negligência na sua conduta em obter as informações, fossem elas falsas ou verdadeiras, que tinha a intenção de causar danos à pessoa e conhecimento de que estava difundindo notícias falsas.

11) Os funcionários públicos estão sujeitos a serem mais escrutinizados por parte da sociedade. As leis que penalizam a expressão ofensiva dirigida aos funcionários públicos, geralmente conhecidas como "leis de desacato", são contra o direito à liberdade de expressão e o direito à informação.

12) Os monopólios ou oligopólios de uma propriedade e o controle dos meios de comunicação devem estar sujeitos a leis antimonopolistas por conspirarem contra a democracia ao restringirem a pluralidade e a diversidade que assegura o pleno exercício do direito dos cidadãos às informações. Essas leis não devem ser exclusivas aos meios de comunicação. Devem ser estipulados critérios que garantam oportunidades iguais a todos os indivíduos.

13) A utilização do poder do Estado e dos recursos públicos, a concessão irregular e discriminatória de propaganda oficial, o cancelamento de concessões de rádio e televisão visando a castigar, premiar ou privilegiar os comunicadores sociais e os meios de comunicação em função dos seus diferentes estilos informativos atentam contra a liberdade de expressão e devem ser proibidos por lei. Os meios de comunicação social têm o direito de exercer suas funções de forma independente. Pressões diretas ou indiretas com o objetivo de silenciar o trabalho informativo dos comunicadores sociais são incompatíveis com a liberdade de expressão.

Destaca-se que tal proclamação de princípios ocorreu no ano de 2000, portanto já transcorrido período suficiente à maturação de seus propósitos e objetivos. Entretanto, existem muito países inseridos na América que ainda estão a cercear a liberdade de expressão, notadamente aqueles sob a égide de regimes antidemocráticos, tais como Cuba e a Venezuela, cujo presidente, Hugo Chávez, determinou que estações de rádio e televisão fossem compulsoriamente fechadas, em virtude de críticas proferidas contra o seu governo.

4.3. Liberdade de imprensa: conceito e principais características

Partindo-se do pressuposto de que a liberdade de imprensa integra o rol dos direito à liberdade de expressão, constituindo-se, portanto, em um direito fundamental, previsto na Constituição Federal, importante que se faça uma breve digressão acerca do instituto no Direito Comparado, bem como acerca de sua repercussão nos respectivos ordenamentos constitucionais.

Nos Estados Unidos, a Constituição, datada de 1787, silenciava no que tange às garantias vinculadas aos direitos de liberdade e expressão, sendo estas contempladas a partir da vigência da Primeira Emenda,[132] promulgada em 1789, e ratificadas pelos estados federados em 15 de dezembro de 1791. A partir de então, o Congresso americano não mais poderia:

> Estabelecer uma religião oficial ou dar preferência a uma dada religião (a "Establishment Clause" da primeira emenda, que institui a separação entre a Igreja e o Estado);
> Proibir o livre exercício da religião;
> Limitar a liberdade de expressão;
> Limitar a liberdade de imprensa;
> Limitar o direito de livre associação pacífica;
> Limitar o direito de fazer petições ao governo com o intuito de reparar agravos.

A Constituição espanhola de 1978, promulgada após o regime franquista, por sua vez, estabelece, na seção dedicada aos direitos fundamentais e liberdades públicas:

> Artigo 20º:
> 1 – São reconhecidos e protegidos os direitos:
> a) De expressar e difundir livremente o pensamento e as ideias e opiniões pela palavra, por escrito ou por qualquer outro meio de reprodução;
> b) De produção e criação literária, artística, científica e técnica;
> c) De liberdade de cátedra;

---

[132] Disponível em <http://pt.wikipedia.org/wiki/Primeira_emenda_constitui%A7%C3%A3o_dos_Estados_Unidos_da_Am%C3%A9rica> Acesso em: 17 jul 2008.

d) De comunicar ou receber livremente informação verídica por qualquer meio de difusão. A lei regulará o direito à cláusula de consciência e de segredo profissional.

2 – O exercício destes direitos não pode ser restringido mediante qualquer tipo de censura prévia.

3 – A lei regulará a organização e o controle parlamentar dos meios de comunicação social dependentes do Estado ou de qualquer entidade pública e garantirá o acesso a esses meios por parte dos grupos sociais e políticos significativos, respeitando o pluralismo da sociedade e das diversas línguas de Espanha.

4 – As liberdades enunciadas no presente artigo têm como limite o respeito dos direitos reconhecidos neste título, os preceitos das leis que o desenvolvem e, especialmente, o direito à honra, à intimidade, à imagem e à proteção da juventude e da infância.

5 – A apreensão de publicações, gravações e outros meios de informação só poderá dar-se por decisão judicial.

A Constituição portuguesa[133] de 1976, promulgada no período pós-ditadura, assim dispõe:

Artigo 38. Liberdade de imprensa e meios de comunicação social

1 – É garantida a liberdade de imprensa.

2 – A liberdade de imprensa implica:

a) A liberdade de expressão e criação dos jornalistas e colaboradores, bem como a intervenção dos primeiros na orientação editorial dos respectivos órgãos de comunicação social, salvo quando tiverem natureza doutrinária ou confessional;

b) O direito dos jornalistas, nos termos da lei, ao acesso às fontes de informação e à protecção da independência e do sigilo profissionais, bem como o direito de elegerem conselhos de redacção;

c) O direito de fundação de jornais e de quaisquer outras publicações, independentemente de autorização administrativa, caução ou habilitação prévias.

3. A lei assegura, com carácter genérico, a divulgação da titularidade e dos meios de financiamento dos órgãos de comunicação social.

4 – O Estado assegura a liberdade e a independência dos órgãos de comunicação social perante o poder político e o poder econômico, impondo o princípio da especialidade das empresas titulares de órgãos de informação geral, tratando-as e apoiando-as de forma não discriminatória e impedindo a sua concentração, designadamente através de participações múltiplas ou cruzadas.

5 – O Estado assegura a existência e o funcionamento de um serviço público de rádio e de televisão.

6 – A estrutura e o funcionamento dos meios de comunicação social do sector público devem salvaguardar a sua independência perante o Governo, a Administração e os demais poderes públicos, bem como assegurar a possibilidade de expressão e confronto das diversas correntes de opinião.

7 – As estações emissoras de radiodifusão e de radiotelevisão só podem funcionar mediante licença, a conferir por concurso público, nos termos da lei.

---

[133] Disponível em <http://www.portugal.gov.pt>. Acesso em: 17 jul. 2008.

A Constituição da Alemanha[134] de 1949 também eleva a liberdade de imprensa à categoria de direitos fundamentais:

> Artigo 5º Liberdade de opinião, de informação e de imprensa; liberdade de expressão artística e científica.
>
> 1 – Será assegurado a todos o direito de exprimir e divulgar livremente a sua opinião verbalmente, por escrito e por imagens, bem como o acesso, sem constrangimentos, à informação em fontes acessíveis a todos. Serão garantidas a liberdade de imprensa e a liberdade de informar por rádio, televisão e cinema. Não haverá censura.
>
> 2 – Esses direitos terão seus limites circunscritos aos preceitos das leis gerais, às disposições legais de proteção à juventude e ao respeito à honra pessoal.
>
> 3 – Serão livres as expressões artística e científica, a pesquisa e o ensino. A liberdade de ensino não isentará ninguém da fidelidade à Constituição.

Rudolf Streinz,[135] citado pelo Professor Éfren Paulo Porfírio de Sá Lima, comentando a repercussão no Tribunal Federal de Constitucionalidade alemão, acerca do direito à liberdade de imprensa, discorre que uma imprensa livre é elemento fundamental de um Estado democrático de direito, possibilitando que os cidadãos possam, sem interferências indevidas, se informar acerca dos fatos e dos acontecimentos que interessam à sociedade. Trata-se de uma máxima cujo destaque merece ser permanentemente festejado, muito embora alguns países, em todos os continentes, não tenham avançado nesse mister, ou tenham regredido perigosamente. Seja como for, trata-se de um atentado à democracia e à liberdade dos povos.

De acordo com os juristas lusitanos J. J. Gomes Canotilho e Vital Moreira,[136] a liberdade de imprensa é "apenas uma qualificação da liberdade

---

[134] Disponível em <http://www.brasilia.diplo.de/Vertretung/brasilia/pt/03/Constituicao/art_05.html>. Acesso em: 17 jul. 2008.

[135] Rudolf Streinz discursa que "una prensa libre, no sometida a censura alguna por el poder público es un elemento esencial del Estado Libre; es imprescindible en especial para la democracia moderna una prensa política de regular aparición. Si el ciudadano debe tomar decisiones políticas, tiene que estar ampliamente informado, pero también debe conocer y evaluar comparativamente las opiniones que otros se han formado.La prensa mantiene en marcha esta permanente discusión, ella obtiene las informaciones, adopta su posición al respecto y actúa con ello como fuerza orientadora en la discusión pública. En ella se articula la opinión pública; los argumentos se aclaran en afirmación y réplica, adquieren contornos nítidos y facilitan al ciudadano su opinión y decisión. En la democracia representativa la prensa está simultáneamente como órgano de enlace entre el pueblo y sus elegidos representantes en el parlamento y gobierno. Ella sintetiza crítica y continuamente las nuevas opiniones y pretenciones que se crean en la sociedad y sus grupos, formula consideraciones y las acerca a los políticamente actuantes órganos del Estado, los que de esta manera pueden medir permanentemente sus decisiones en la medida de las concepciones realmente representadas en el pueblo". STREINZ, Rudolf. Repercusiones de la jurisprudencia constitucional sobre la libertad de prensa. In Anuario de derecho constitucional latinoamericano. Buenos Aires: Konrad Adenauer Stiftung: CIEDLA, 1998, p. 495.

[136] CANOTILHO, J. J. Gomes e MOREIRA, Vital. Constituição da República Portuguesa Anotada, 3. ed., revista. Coimbra: Coimbra Editora, 1993, p. 229-230.

de expressão e de informação; ela compartilha de todo o regime constitucional desta, incluindo a proibição de censura, a submissão das infracções aos princípios gerais do direito criminal, o direito de resposta e de rectificação, configurando-se como um modo de ser qualificado das liberdades de expressão e de informação, consistindo, portanto, no exercício destas através de meios de comunicação de massa, independentemente da sua forma (impressos, radiofónicos, audiovisuais)".

Para Luis Gustavo Grandinetti Castanho Carvalho,[137] "a imprensa hoje significa informação, jornalismo, independentemente do processo que o gerou, seja a prensa ou seja a radiodifusão de sons. Neste conceito podemos incluir como imprensa a atividade jornalística dos jornais, revistas, periódicos, televisão e rádio. O que prepondera é a atividade e não o meio empregado para divulgá-la".

Entende-se, portanto, que a liberdade de imprensa é uma via de duas mãos: de um lado, o direito de quem informa; de outro, o interesse (que pode ser até mesmo jurídico)[138] de quem é informado:[139]

A Constituição Federal brasileira consagra, em dois de seus dispositivos, a livre expressão:

Art. 220. A manifestação do pensamento, a criação, a expressão e a informação, sob qualquer forma, processo ou veículo não sofrerão qualquer restrição, observado o disposto nesta Constituição.

---

[137] CARVALHO, Luis Custavo Grandinetti Castanho de. *Direito de informação e liberdade de expressão*, 1999, p. 24.

[138] O interesse jurídico é assim definido pelo Procurador Regional do Trabalho da 21ª Região, Professor Xisto Tiago de Medeiros Neto: "quando a ordem jurídica confere proteção a determinado interesse, dada a sua importância para a organização e convívio social, surge o interesse jurídico, suscetível de ser invocado perante terceiros e de ser objeto de tutela jurisdicional. Assim, qualifica-se o interesse como jurídico em face da sua inserção no campo de disciplina do direito, o que significa o poder de ser exigido perante outrem e a possibilidade de seu resguardo pelos instrumentos que, para tal fim, a lei disponibiliza. A partir dessa noção, o interesse jurídico pode ser compreendido em duas modalidades: a de natureza substancial (primária), quando se revela no campo do direito material, e a de caráter instrumental (secundária), quando se manifesta no domínio do direito processual, correspondendo, nesta quadra, ao interesse de agir como condição para o exercício do direito de ação, tendo por condicionamento a necessidade e a utilidade do bem jurídico almejado". NETO, Xisto Tiago de Medeiros. Os Interesses jurídicos transidividuais: coletivos e difusos. *Revista do Ministério Público do Trabalho do Rio Grande do Norte*; vol. 2. Disponível em <http://www.prt21.mpt.gov.br/sumario2.htm>. Acesso em: 28 jun. 2008.

[139] A professora Ana Maria Nicolodi explicita que "o comportamento profissional do indivíduo voltado ao jornalismo informativo se projeta no seu direito de comunicar ou receber informações verdadeiras, por qualquer meio de difusão e, por outro lado, no seu direito de expressar e difundir livremente os pensamentos, idéias ou opiniões, narrando notícias que hajam acontecido nomeadamente na vida social e que, pelo próprio interesse, constituam interesse suficiente para serem conhecidos pelos destinatários da informação". In: *O exercício regular do direito de informar como causa excludente* de ilicitude na atividade jornalística. Artigo disponível em <http://jusvi.com/artigos/28835/1>. Acesso em: 28 jun. 2008.

§ 1º Nenhuma lei conterá dispositivo que possa constituir embaraço à plena liberdade de informação jornalística em qualquer veículo de comunicação social, observado o disposto no art. 5º, IV, V, X, XIII e XIV.

§ 2º É vedada toda e qualquer censura de natureza política, ideológica e artística.

Sob o ponto de vista formal, acredita-se que a liberdade de imprensa se encontra consolidada no texto constitucional, embora alguns dispositivos ainda devam ser regulamentados. Isso não confere o direito de que se possa afirmar que os órgãos de imprensa, os governos e as sociedades estejam exercendo tais misteres democraticamente. Os grupos responsáveis pela mídia não são homogêneos,[140] em claro reflexo da própria sociedade, que também é heterogênea. E tal constatação não é exclusividade de nosso país, mas sim de todos os Estados, cada qual, por óbvio, com suas particularidades legislativas e administrativas.

Destarte, verifica-se que a imprensa (leia-se todos os órgãos de mídia), que exercita a comunicação social, em grande ou menor escala, possui papel relevante na disseminação da informação e na concepção de ideias que são repassadas a cada membro da sociedade. A liberdade de expressão autoriza a difusão de pensamentos políticos, econômicos e sociais que atingem, em um mesmo momento, milhões de pessoas, as quais, consciente ou subconscientemente, registram não apenas a informação, mas também a opinião de profissionais, dentre os quais se destacam os jornalistas, analistas econômicos, políticos, dentre outros que não possuem compromisso com a imparcialidade.

Diante do exposto, indispensável que se diferencie o conteúdo da "informação" da manifestação de "opinião". Nesse sentido, a lição do Professor Guilherme Döring Cunha Pereira,[141] para quem a liberdade de

---

[140] Em entrevista ao site "Livre Acesso", João Brant, profissional formado em Comunicação Social (Rádio e TV) pela USP – ECA e pós-graduado em Regulação e Políticas Públicas de Comunicação na *London School of Economics and Political Science* (LSE) e membro da Intervozes-Coletivo Brasil de Comunicação Social, afirmou: "a liberdade de imprensa é hoje um direito garantido apenas parcialmente no Brasil. Por um lado, a Constituição Federal o protege e não há um problema crônico de tentativa de interferência estatal. No entanto, o exercício dessa liberdade está condicionado ao poder econômico. O Brasil não tem políticas públicas para estimular a diversidade e a pluralidade de sua imprensa. Não há nenhum estímulo à circulação de periódicos de baixa tiragem ou de alcance local. O problema é o uso das verbas publicitárias oficiais. Por um lado, sua distribuição ainda é muito desigual, privilegiando grandes veículos, e não segue nem critérios objetivos de alcance e circulação. Além disso, pequenos veículos, especialmente os de circulação regional, ainda são muito dependentes das verbas publicitárias dos governos locais, o que prejudica a sua independência funcional. A questão fundamental a se destacar é que o princípio que sustenta a liberdade de imprensa é o de garantia da democracia, com a circulação de discursos plurais e diversos. Só se garante uma liberdade de imprensa plena com a garantia do direito à comunicação de todos os cidadãos e cidadãs". Disponível em <http://livreacesso.net/tiki-read_article.php?articleId=394>. Acesso em: 28 de jun. 2008.

[141] Guilherme Pereira ensina que "a crítica propriamente dita tem disciplina diversa daquela da crônica [...]. A tradição dos sistemas jurídicos é de não requerer a prova da veracidade das opiniões, mas apenas a veracidade dos fatos. No que à crítica diz respeito, os requisitos de uma publicação legítima são: presença de interesse social e razoabilidade da forma. No que à crônica concerne, impõe-se ainda

crônica é a liberdade de como são narrados os fatos e a de opinião que, por sua vez, pode ser subdividida em liberdade de manifestar a opinião acerca de fatos, pessoas e instituições; e a liberdade de expressão de ideias, isto é, "liberdade de manifestação de convicções mais gerais, doutrinas, concepções, teses etc.".

É de fundamental importância a distinção acima, pois informação e opinião não são sinônimas, muito embora, na prática, os conceitos possam ser confundidos, tornando, à luz do intérprete, difícil a necessária diferenciação.

4.4. A liberdade de imprensa e o direito à informação

No âmbito das garantias conferidas pela Carta Política brasileira, encontra-se, lado a lado, a liberdade de expressão, a de informação e a de imprensa. Espécies que decorrem do mesmo gênero, difícil dissociá-las no âmbito do estudo da ciência jurídica ou mesmo no núcleo das comunicações sociais. Entretanto, embora existam essas inter-relações, mister salientar alguns aspectos que não apenas as diferenciam, mas principalmente caracterizam cada qual dos institutos.

Antes de tudo, registre-se que a Constituição Federal de 1988 articulou um sistema de garantias dos chamados direitos da personalidade, especialmente no que tange à integridade física e moral, incluindo a proteção à honra, à intimidade, à privacidade e à imagem das pessoas. Logo, todo e qualquer estudo que possa ser desencadeado em relação ao tema deve partir de tais premissas fundamentais, as quais devem ser asseguradas não apenas no âmbito do sistema jurídico, mas admitidas como hipóteses a serem harmonizadas e protegidas em relação a outros direitos fundamentais.[142]

Nessa esteira, também é preciso que se diferencie *liberdade de informação* de *liberdade de expressão*. Nos dizeres de Luís Gustavo Grandinetti Castanho de Carvalho,[143] "no primeiro está apenas a divulgação de fatos, dados, qualidades, objetivamente apuradas. No segundo está a livre

---

a presença do elemento veracidade". PEREIRA, Guilherme Döring Cunha. *Liberdade e responsabilidade nos meios de comunicação*. São Paulo: Revista dos Tribunais, 2002, p. 66 e 145-146.

[142] DIREITO, Carlos Alberto Menezes. *Estudos de direito público e privado*. Rio de Janeiro: Renovar, 2006, p. 259 e segs.

[143] CARVALHO, Luis Custavo Grandinetti Castanho de. *Direito de informação e liberdade de expressão*, 1999, p. 25. Apud BARROSO, Luís Roberto. *Liberdade de expressão versus direitos de personalidade*. Colisão de direitos fundamentais e critérios de ponderação. In: *Direitos fundamentais, informática e comunicação*. Algumas aproximações. Ingo Sarlet (coord.). Porto Alegre: Livraria do Advogado, 2007, p. 80.

expressão do pensamento por qualquer meio, seja a criação artística ou literária, que incluí o cinema, o teatro, a novela, a ficção literária, as artes plásticas, a música, até mesmo a opinião publicada em jornal ou em qualquer outro veículo".

O constitucionalista português Jónatas Machado[144] argumenta que a liberdade de expressão se constitui em um *cluster right* ("direito mãe"), do qual decorreriam as demais espécies vinculadas, tais como a liberdade de opinião, a liberdade de criação artística, a liberdade de imprensa e a de informação, bem como os direitos dos jornalistas e as liberdades de radiodifusão.[145]

Percebe-se que a informação, enquanto Direito, se restringe a elementos objetivos, os quais devem ser transmitidos a todos e quaisquer, pelo comunicador, da maneira mais isenta possível. Já a liberdade de expressão é de maior envergadura, pois nela está inserida a liberdade de expressão do pensamento, de cunho subjetivo.[146]

Importante o registro de Porfírio Barroso e Maria Del Mar López Talavera,[147] no que tange a fatos "noticiáveis" e outros que devam ser resguardados, afirmando que "La libertad de información se ejerce através de la difusión de hechos. Pero no todos los hechos pueden ser objeto de la libertad de información, sino solo aquellos que tienen trascendencia publica: hechos noticiables".

Ao lado do sentido objetivo do Direito à informação, há outro aspecto de indiscutível importância: a veracidade dos fatos divulgados. Nesse sentido, ensina o Professor Luís Roberto Barroso[148] que a informação que

---

[144] MACHADO, Jónatas. *Liberdade de expressão:* Dimensões constitucionais da esfera pública no sistema social. Coimbra: Coimbra Editora, 2002, p. 371.

[145] Nos dias de hoje, a Internet, enquanto ferramenta de comunicação, não pode ser esquecida, bem como o que dela se origina, tais como *home pages* e *blogs*.

[146] Para a juíza Federal Simone Schreiber, "não obstante tais considerações, o certo é que a doutrina, tanto nacional quanto estrangeira, comumente distingue liberdade de expressão e liberdade de informação, ressaltando ademais a relevância de tal categorização. O critério geralmente aplicado sustenta que a liberdade de informação tem por objeto a veiculação e recepção de fatos (e por isso está limitada pelos valores veracidade, imparcialidade e objetividade) e o conteúdo da liberdade de expressão, por sua vez, são opiniões e juízos de valor". SCHREIBER, Simone. *A publicidade opressiva de julgamentos criminais*. Rio de Janeiro: Renovar. 2008, p. 93.

[147] BARROSO, Porfírio; TALAVERA, Maria Del Mar López. *La libertad de expressión y sus limitaciones constitucionales*. 1998, p. 49. *Apud* BARROSO, Luís Roberto. Liberdade de Expressão versus Direitos de Personalidade. Colisão de Direitos Fundamentais e Critérios de Ponderação. In *Direitos fundamentais, informática e comunicação. algumas aproximações*. Ingo Sarlet (org.). Porto Alegre: Livraria do Advogado. 2007, p. 80.

[148] Objetivamente, Luís Roberto Barroso discursa que "a informação que goza de proteção constitucional é a informação verdadeira. A divulgação deliberada de uma notícia falsa, em detrimento do direito da personalidade de outrem, não constitui direito fundamental do emissor. Os veículos de comunicação têm o dever de apurar, com boa-fé e dentro dos critérios de responsabilidade, a correção do fato ao qual darão publicidade. É bem de ver, no entanto, que não se trata de uma verdade

encontra a devida proteção constitucional é a verdadeira, ainda que passível de incorreções que, em virtude da dinâmica e celeridade, são admissíveis, porém indispensável que sejam imediatamente retificadas tão logo constado o equívoco.

Nesse diapasão, ressalta-se a exigência de que a informação, ao ser divulgada, deva corresponder a um dever de veracidade, à qual os doutrinadores atribuem a característica de "verdade subjetiva". O compromisso do agente transmissor não é com a verdade objetiva (o que indubitavelmente aconteceu), mas deve se aproximar ao máximo dela, devendo ele, para tanto, checar cautelosamente suas fontes, abster-se de divulgar a informação de maneira atropelada e observar outros direitos que coexistem ao lado do da informação.

Eis o problema: como mediar tal necessidade (obrigação) diante de um mundo globalizado, em todos os aspectos, onde os veículos de informação se apresentam cada dia mais rápidos? Ressalta-se, aqui, como em outras circunstâncias, que a celeridade pode não ser sinônima de eficiência. Há um contexto inerente ao direito à informação, o qual transcende os aspectos culturais, vinculando-se a questões ideológicas e econômicas. A informação, seja por quem a revela, seja por quem a recebe, não está imune aos misteres ideológicos e às pressões econômicas subjacentes, pois não há como concebê-la de maneira insuscetível ao juízo de valor que o indivíduo lhe confere, seja o profissional ou o simples cidadão: cada qual possui ideias que lhes são próprias, ou mesmo convencimentos que lhes são emprestados (e aceitos, sem qualquer contrariedade ou constrangimento), fazendo com que a tarefa de dissociar suas crenças da informação que transmite ou recebe, seja, definitivamente, uma das tarefas mais árduas, quiçá impossível de ser realizada.

Não existe neutralidade nas manifestações humanas. A todo ato de fala subjaz uma intenção revelada pelas palavras ditas ou escritas pelo interlocutor.

A "liberdade de imprensa", a exemplo da liberdade de expressão, poderia ser caracterizada como um Direito Natural, a partir das concepções filosóficas da precedência de determinados valores em relação ao próprio Direito e sua relação inerente ao ser humano. Sabe-se, todavia, que, historicamente, a liberdade, embora Direito e, na hipótese em concreto, integrante do Princípio da Dignidade Humana, é fundamental para

---

objetiva, mas subjetiva, subordinada a um juízo de plausibilidade e ao ponto de observação de quem a divulga. Para haver responsabilidade, é necessário haver clara negligência na apuração do fato ou dolo na difusão da falsidade". BARROSO, Luís Roberto. Liberdade de Expressão versus Direitos de Personalidade. Colisão de Direitos Fundamentais e Critérios de Ponderação. In *Direitos fundamentais, informática e comunicação*. Algumas aproximações". SARLET, Ingo (org.). Porto Alegre: Livraria do Advogado. 2007, p. 88.

o exercício de qualquer profissão, tendo sido lapidada ao longo dos séculos, respeitando culturas e sociedades com maior ou menor poder de organização política. Por certo, não se pode vislumbrar em todas as sociedades contemporâneas o mesmo significado de "liberdade de imprensa", como, em muitos países, ainda não é identificada sequer a liberdade, seja enquanto *modus vivendi*, seja enquanto Direito. Trata-se de uma lamentável consequência, de uma interferência indevida do Estado nas liberdades individuais e coletivas,[149] de origem muito anterior à época atual, que somente um Estado democrático, com princípios solidamente estatuídos, pode efetivamente solucionar. Nesse sentido, a ideia de Luis Custavo Grandinetti Castanho de Carvalho,[150] argumentando que "o conflito entre a liberdade individual e a ingerência do Estado na vida do cidadão ocupou boa parte das discussões de cunho filosófico e político desde a Antiguidade, e a sua resolução é a pedra de toque dos Estados democráticos".

Ronald Dworkin[151] indicou que tanto o Estado quanto a imprensa, pela Constituição, foram ungidos ao exercício de poderes, pois representam legitimamente os direitos e interesses da coletividade. Exercem, segundo o seu entendimento, poderes cujas atribuições lhes foram outorgadas pela própria sociedade. Em relação à imprensa, observa-se a confiança nela depositada pelos cidadãos, no sentido de acreditar que é a única capaz de expor as mazelas administrativas, expondo à coletividade o imoral e o antijurídico.

Se a imprensa efetivamente passa a desempenhar tal primordial função no âmbito de um Estado Democrático, relacionando-se com os mais diferentes órgãos estatais, sendo também um poderoso agente fiscalizador, por certo suas responsabilidades também crescem, na medida em

---

[149] Vários são os exemplos históricos e contemporâneos, tais como o regime fascista de Mussolini, na Itália; o nazismo de Hitler, na Alemanha; o regime ditatorial de Salazar, em Portugal; o Estado Novo de Getúlilo Vargas e o regime ditatorial militar, principalmente a partir da proclamação dos atos institucionais, no Brasil; Fidel Castro, em Cuba; o atual modelo ideológico e político "chavista", na Venezuela, dentre outros, tais como os verificados na Coréia do Norte e do próprio Iraque, à época de Sadam Houssen.

[150] CARVALHO, Luis Custavo Grandinetti Castanho de. *Liberdade de informação e o direito difuso à informação verdadeira*. Rio de Janeiro: Renovar, 1994, p. 05.

[151] Para Dworkin, as duas instituições, Estado e imprensa, "aumentaram seu poder juntas, numa espécie de simbiose constitucional: a influência da imprensa decorre em grande parte da justificada crença do público de que uma imprensa livre e poderosa serve para impor bem-vindas restrições às atitudes de segredo e desinformação por parte do Estado. A intenção mais básica dos autores da Constituição era a de criar um sistema equilibrado de restrições ao poder; o papel político da imprensa, agindo dentro de uma imunidade limitada em relação aos seus próprios erros, parece agora um elemento essencial desse sistema – pelo fato mesmo de a imprensa ser a única instituição dotada da flexibilidade, do âmbito e da iniciativa necessárias para descobrir e publicar as mazelas secretas do executivo, deixando a cargo das outras instituições do sistema a tarefa de saber o que fazer com essas descobertas". DWORKIN, Ronald. *O direito da liberdade*. São Paulo: Martins Fontes, 2006, p. 300.

que é a mais importante ferramenta de comunicação com o público. Nesse sentido, a liberdade de imprensa não está desacompanhada de outros direitos fundamentais, com os quais deve conviver harmonicamente, no sentido de que o interesse público, este entendido em seu sentido amplo, também deve ser alcançado.

Importante frisar que a liberdade não é concedida pelo Estado, mas deve por ele ser garantida. Há uma concepção equivocada, no sentido de que é o Poder Público quem atribui o direito à liberdade, quando na verdade ele deve apenas garanti-lo, nos limites do sistema jurídico vigente. Para Francis Bénoit,[152] "as liberdades não nascem senão de uma vontade, elas não duram senão enquanto subsiste a vontade de as manter".

O Professor Ingo Sarlet[153] afirma que "não há como negar que os direitos à vida, liberdade e igualdade correspondem diretamente às exigências mais elementares de dignidade da pessoa humana". Constituem-se, na opinião do doutrinador, nos chamados direitos fundamentais de primeira dimensão,[154] de cunho negativo, uma vez que dirigidos a uma abstenção dos poderes públicos, sendo, neste sentido, "direitos de resistência ou de oposição perante o Estado".

O Direito à Liberdade, embora estudado reiteradamente sob o ponto de vista pessoal, especialmente nas questões relacionadas ao Direito Penal e à criminologia, também deve ser considerado no âmbito social, pois diz respeito a valores que devam ser observados em uma sociedade.[155]

Percebe-se, portanto e especificamente, que a liberdade de imprensa é um direito não apenas daqueles que a exercem, mas também da sociedade destinatária das informações pela mídia patrocinadas. Essa concepção fundamenta e orienta o presente estudo, e as consequentes conclusões.

---

[152] BÉNOIT, Francis Paul. *Les conditions d'existence des libertés*. Paris: La documentation française, 1985, p. 21.

[153] SARLET, Ingo Wolfgang. *A eficácia dos direitos fundamentais*. 8. ed. Porto Alegre: Livraria do Advogado, 2007, p. 56 e 110.

[154] Conforme leciona Immanuel Kant, "a autonomia da vontade, entendida como a faculdade de determinar a si mesmo e agir em conformidade com a representação de certas Leis, é um atributo apenas encontrado nos seres racionais, constituindo assim, o alicerce da dignidade humana". KANT, Immanuel. *Fundamentação da metafísica dos costumes*. Madri: Tecnos, 1989.

[155] Nesse sentido, leciona Ingo Sarlet "que uma das implicações diretamente associada à dimensão axiológica da função objetiva dos direitos fundamentais, uma vez que decorrente da idéia de que estes incorporam e expressam determinados valores objetivos fundamentais da comunidade, está a constatação de que os direitos fundamentais (mesmo os clássicos direitos de liberdade) devem ter sua eficácia valorada não só sob um ângulo individualista, isto é, com base no ponto de vista da pessoa individual e sua posição perante o Estado, mas também sob o ponto de vista da sociedade, da comunidade na sua totalidade, já que se cuidam de valores e fins que esta deve respeitar e concretizar". SARLET, Ingo Wolfgang. *Constituição e proporcionalidade:* o direito penal e os direitos fundamentais entre proibição de excesso e de insuficiência. Disponível em <http://www.mundojuridico.adv.br>. Acesso em: 28 jun. 2008.

4.5. A informação e a busca da verdade

A informação deve ser transmitida de forma imparcial e o mais próxima possível da verdade dos fatos, para que não sugestione a compreensão ideológica e axiológica por parte de seus destinatários. O que é inafastável, entretanto, é a possibilidade de que os indivíduos, dependentes dos meios de comunicação para informarem-se, sejam levados a compreender determinados fatos na ótica com que são revelados pelos profissionais, ficando, desse modo, à mercê da parcialidade e até mesmo do desvirtuamento de valores cultuados pela história, pela família, pela religião e por todos os demais elementos que caracterizam a sociedade de uma forma geral. E é na disseminação da notícia, na forma como ela é exteriorizada que, muitas vezes, ocorre a violação de outros direitos fundamentais. Se, por um lado, saúda-se a liberdade de imprensa, por outro não se pode esquecer que com ela coexistem outros tantos direitos, principalmente os fundamentais, os quais podem ser corrompidos a partir da prevalência de determinados comportamentos, de natureza antijurídica, pois agridem o sistema normativo, independentemente do maior ou menor nível de abstração ou concretização implementado.

Em virtude disso, imprescindível que haja a devida ponderação no reconhecimento e aplicabilidade dos direitos fundamentais. Se, por um lado, está consagrado o direito à livre expressão e à liberdade de imprensa, por outro, de igual sorte, estão protegidas a honra, a imagem, a intimidade, enfim, a própria dignidade da pessoa humana.

Não obstante esses direitos estarem previstos e proclamados na Lei Maior, infelizmente tem-se observado que o exercício da liberdade de imprensa, de maneira nem tão eventual assim, os tem atingido, como se eles não existissem, fossem menos importantes.

O que tanto se persegue é a verdade, ainda que esta possa ser entendida, sob o ponto de vista jornalístico, como de natureza subjetiva, mas tal concepção não isenta o profissional de exercer o seu mister com o intuito de se aproximar, ao máximo, da informação real.[156]

---

[156] Em artigo publicado no Jornal *O Correio*, da cidade de Cachoeira do Sul/RS, em sua edição de 26 de julho de 2008, tive a oportunidade de expressar a seguinte opinião: "Imaginem os leitores se um sujeito, como eu, passasse o dia inteiro em uma redação, como a de um jornal, dando palpites em todas as matérias, estabelecendo pautas e escolhendo diagramações. Provavelmente, eu seria odiado pelos funcionários, pois estaria pretendendo fazer o que não sei, o que não aprendi e, o pior, interferindo no trabalho de pessoas que estudaram, que aprenderam e que sabem o que fazem. Pois bem. Agora imaginem o inverso. Um jornalista desejando interpretar uma lei, avaliar juridicamente uma decisão judicial, ou pretendendo ditar a um advogado (atuante, é claro) uma petição. Será que daria certo? Acho que o jornalista exerce uma das profissões mais democráticas que nós conhecemos. É dever do jornalista perseguir a notícia, onde quer que ela esteja, utilizando-se, para tanto, de todos os recursos lícitos postos à sua disposição, tais como o de entrevistar pessoas, investigar casos (notadamente públicos e políticos), proteger as suas fontes, enfim, oferecer à sociedade a informação, independentemente de

Entretanto, muitas vezes, não está em jogo o equívoco patrocinado pela veiculação de uma informação falsa, dependendo do caráter nocivo que dela decorra. Para isso, a Constituição assegura o direito de retificação da informação, avaliando-se, conforme já se disse, o caráter prejudicial da notícia divulgada. Todavia, a veiculação na mídia de uma notícia verdadeira pode ser mais prejudicial, mais atentatória à dignidade humana, do que a informação inverídica e isso, em igual proporção, o Direito pretende regular.

Veicular na imprensa a notícia de que alguém é portador do vírus HIV, sem o seu consentimento, embora possa ser verdadeiro, é atentatória à dignidade daquela pessoa, atingindo-lhe o direito à imagem, à honra, dentre outros vinculados à sua intimidade. De igual sorte, a divulgação da opção sexual de alguém, embora a sociedade e os próprios órgãos de imprensa estejam se preocupando em erradicar o preconceito, de acordo com os valores culturais ainda vigentes, não pode ser feito sem que haja o consentimento do envolvido.

Importante a advertência de Carmona Salgado,[157] no sentido de que a honra não se confunde com intimidade, no sentido de que "puede ocur-

---

que natureza for. O jornalista, via de regra, trabalha a qualquer hora do dia, pois os fatos não respeitam um tempo, nem um lugar para que se tornem realidades. Como toda profissão, há os bons e os maus. O bom jornalista realiza responsavelmente suas pesquisas e apresenta eticamente o seu trabalho. Registro, por oportuno, que ao jornalista é conferido o direito de exercer, na divulgação dos fatos, a "verdade subjetiva", pois o jornalismo é uma atividade dinâmica, que prescinde da absoluta certificação e comprovação dos fatos, sendo punível, todavia, a notícia construída e revelada com dolo ou maledicência. De qualquer forma, o bom jornalista busca esgotar suas fontes, persegue a veracidade do que apura, retifica o que erra e não se deixa levar por interesses exclusivamente comerciais ou sensacionalistas. Em outras palavras, não troca verdades por interesses subjacentes, sempre respeitando, nos estritos limites da lei, os demais direitos fundamentais, tais como à imagem, à privacidade e à honra das pessoas No exercício de seus afazeres, os jornalistas, como todo ser humano, erram e acertam. Errando, não se tornam piores, a não ser que tenham agido dolosamente ou que persistam no equívoco. Acertando, serão sempre reverenciados pela sociedade e valorizados pela sua própria classe. O bom jornalista sempre merecerá o respeito de todos os outros, sejam profissionais ou simples representantes da sociedade. Mas, aproximando-se ao final, voltemos ao início: será que um bom jornalista pode bem interpretar, sob o ponto de vista jurídico, o que uma lei ou uma decisão judicial quer expressar? Será que a sua compreensão técnica pode ser mais adequada do que a de um causídico? Para responder, imagino-me como jornalista, sem possuir um conhecimento jurídico acurado. Poderia eu afirmar que uma decisão emanada do Presidente da mais Alta Corte de Justiça do país é discriminatória, peremptoriamente equivocada? Adianto-lhes que, nem mesmo como advogado, neste instante, me sinto autorizado a fazer qualquer tipo de comentário, não sem antes estudar criteriosamente cada elemento que foi considerado pelo juiz. Será que, nesta hipótese, não seria mais prudente sopesar os fatos, ponderar os direitos e, a partir daí, emitir um juízo de valor? A interpretação dos preceitos constitucionais não pode ensejar a proteção de uns em detrimento de outros. Se o governo, por incompetência ou má gestão, não constrói cadeias dignas para os presos, não oferece educação, saúde e segurança à população, como determina a Carta Política, que culpa tem o magistrado de bem aplicar a lei, de acordo com a sua compreensão e a sua imparcialidade, que é princípio inerente à sua profissão, no exercício de seu poder de dizer o Direito?Como me disse certa feita um amigo: por mais perspicaz que seja o jornalista, jamais poderá ele aceitar os discernimentos teóricos de um jurista; e nem o mais eficiente dos juristas é paciente o suficiente para acompanhar as agilidades de uma matéria jornalística".

[157] SALGADO, Carmona. Concepción, delitos contra los derechos de la personalidad: honor, intimidad e imagen. *Cuadernos de Política Criminal*. n. 56, Madrid: Edersa, 1995, p. 417.

rir que una información verdadera y no injuriosa resulte atentatoria contra la intimidad de una persona, aunque no lesione su honor".

O Supremo Tribunal Federal, através do julgamento da ADPF n° 130, havido em 30 de abril de 2009, que revogou a Lei n° 5.250/67 (Lei de Imprensa), tem se posicionado, reiteradamente, em favor da valorização da liberdade de crítica, opinião, manifestação ou, em linhas gerais, da liberdade de comunicação. A liberdade de expressão, de informação e de crítica devem ser reconhecidas como prerrogativas constitucionais de natureza político-jurídica. Todo e qualquer cerceamento de tais direitos deve encontrar justificativa na proteção do próprio sistema jurídico. Tal entendimento é importante para que não se conduza automaticamente a livre manifestação a uma obrigação indenizatória, ou mesmo caracterizadora dos crimes contra a honra. É preciso dissociar crítica e opiniões legítimas da agressão aos direitos de personalidade.[158]

O que tem "passado em branco", no que tange à análise da liberdade de imprensa, é a previsão constitucional do direito de resposta, o qual não encontra respaldo apenas diante da agressão aos direitos de personalidade, mas também como mecanismo de defesa, a qualquer acusação ou crítica que tenha sido patrocinada por quaisquer pessoas e tornada pública, através dos mais diferentes veículos de comunicação.[159] A ofensa, enquanto caracterizadora dos crimes contra honra, portanto, não é condição para o exercício do direito de resposta, o qual, nesse ponto, é autônomo. A única exigência é de que haja algo a ser respondido ou esclarecido, em virtude de um prejuízo causado a alguém.

---

[158] STF. Agravo de Instrumento n° 505.595 – RJ. Relator: Min. Celso de Mello. Data da decisão: 11/11/09.

[159] Veículo de comunicação deve ser entendido, para os fins aqui pretendidos, como todos os meios através dos quais se publicizam opiniões e manifestações diversas, tais como jornais, revistas, *outdoors*, programas de rádio e televisão, cinema, *blogs*, *sites*, impressos de circulação ampla ou restrita, divulgação de fatos ou informações em murais, palestras, conferências, pronunciamentos, sermões em missas ou cultos etc.

5. O direito fundamental de resposta: perspectiva comparada

5.1. Considerações preliminares

O direito constitucional de resposta ou de retificação é um direito fundamental, previsto no inciso V do art. 5° da Carta Constitucional brasileira, *in verbis*:

Art. 5º Todos são iguais perante a lei, sem distinção de qualquer natureza, garantindo-se aos brasileiros e aos estrangeiros residentes no País a inviolabilidade do direito à vida, à liberdade, à igualdade, à segurança e à propriedade, nos termos seguintes:
[...]
V – é assegurado o direito de resposta, proporcional ao agravo, além da indenização por dano material, moral ou à imagem;

Destacam-se, da leitura do dispositivo constitucional reproduzido, alguns elementos, tais como a proporcionalidade, no exercício da resposta, bem como a possibilidade de reparação por dano material, moral ou à imagem, independentemente da resposta ou retificação a ser procedida.

Segundo Vital Moreira,[160] o Direito de Resposta é um prolongamento do Direito de Imprensa, surgida em França durante o século XIX. A liberdade de imprensa tinha então por propósito assegurar que os impressos pudessem circular e serem distribuídos, independentemente de qualquer censura prévia. Entretanto, foi constatada que esta liberdade absoluta dos meios de comunicação, a qual atingia diretamente um objetivo de interesse social, poderia resultar em prejuízo aos direitos de personalidade dos cidadãos, surgindo, daí, a concepção jurídica do Direito de Resposta, que estabelecia não só a defesa da "liberdade *da imprensa*, mas também a da liberdade *face à imprensa*".

---
[160] MOREIRA, Vital. *O direito de resposta na comunicação social*. Coimbra: Editora Coimbra, 1994, p. 8.

De lá para cá, a liberdade de expressão e de imprensa, postos à prova especialmente nos regimes totalitários e autoritários que ainda restringem e limitam o exercício de tais direitos fundamentais, tornaram-se imprescindíveis à realização da democracia. Onde não são observados, impera a indevida interferência estatal, o que não permite que a sociedade e seus indivíduos possam viver livremente.

No Brasil, felizmente, a indevida regulação da liberdade de expressão e de imprensa foi reconhecida como inconstitucional pelo Poder Judiciário. Nesse sentido, cumpre-se destacar, a revogação da Lei nº 5.250/67, conhecida como Lei de Imprensa, em virtude de julgamento havido em 30 de abril de 2009, perante o Supremo Tribunal Federal – STF –, o qual decidiu, por maioria, nos autos da Arguição de Descumprimento de Preceito Fundamental nº 130, que o referido Diploma Legal é incompatível com a ordem constitucional vigente.

Entende-se, desde já, que o inciso V do art. 5º da *Lex Fundamentalis* tem aplicabilidade imediata e pronta eficácia, sendo desnecessária uma nova regulamentação legal.

O direito de resposta ou de retificação assiste toda pessoa física ou jurídica, no sentido de ver corrigida ou desmentida uma informação veiculada pelos órgãos de imprensa ou de comunicação social.[161] Este direito constitucional e fundamental também alcança o exercício de defesa por parte do acusado ou do atingido por uma informação propagada pela imprensa, independentemente de sua natureza (televisão, rádio, jornal ou internet).

Embora consagrado constitucionalmente, o direito de resposta proporcional ao agravo ainda não é exercido com a frequência com que se disseminam, na mídia, ataques, interpretações unilaterais e incorretas acerca de diversos fatos, que alcançam repercussão pública em virtude de suas próprias naturezas, tais como as notícias que dizem respeito a agentes políticos, celebridades ou mesmo situações em que os acontecimentos, por si só, despertam o interesse de todos e quaisquer, tais como um sequestro, um incêndio de grandes proporções ou um crime de suficiente gravidade.

De todas as causas, indiscutivelmente a que mais chama atenção são aquelas que atingem os direitos à personalidade, tais como a ofensa à honra, à imagem, à privacidade ou à intimidade. Nesse sentido, o sistema brasileiro, antes regulamentado pela já revogada Lei de Imprensa, mas cuja eficácia plena constitucional, antecipa-se, imprescinde de nova regulamentação, expirou nos sistemas alemão, francês e português. Com efei-

---

[161] MOREIRA, Vital. *O direito de resposta na comunicação social*. Coimbra: Coimbra Editora, 1994, p. 101-102.

to, destaca-se a diversidade como se caracteriza o direito à resposta: para alguns, trata-se de um direito subjetivo e individual, através do qual, valendo-se da função social da imprensa, o cidadão ou qualquer interessado expressa a sua opinião, corrigindo ou reformulando ideias divulgadas incorretamente ou, até mesmo, de má-fé. Para outros, como os italianos, trata-se de um legítimo direito social, posto cumprir uma função pública, objetiva e institucional.[162]

Seja como for, o certo é que o instituto do direito constitucional de resposta, proporcional ao agravo, ganha relevo pela redução da censura e pela maior proteção da liberdade de expressão e de imprensa, assim como pela democratização dos meios de acesso à divulgação de fatos, jornalísticos ou não, que alcançaram maior importância a partir da celeridade com que se dão as transmissões e da própria forma de disseminação de notícias e informações, pelos mais diferentes meios de comunicação.

5.2. O direito de resposta na perspectiva comparada

Muitos países, inclusive os da América do Sul, tal como a Argentina, por anos sustentaram a inconstitucionalidade do Direito de Resposta, partindo de paradigmas advindos principalmente do Direito norte-americano. Aconteceu, entretanto, que outras disposições, de natureza normativa, passaram a ser analisadas sob o enfoque da liberdade de expressão e a necessária proteção dos direitos relacionados à personalidade, destacando-se a Convenção Americana de Direitos Humanos, conhecida como *Pacto de San Jose*,[163] pois assinada na capital da Costa Rica, em 1969, a qual consagra, em seu artigo 14, o direito de resposta ou de retificação, a saber:

Artigo 14. Direito de retificação ou resposta

1 – Toda pessoa, atingida por informações inexatas ou ofensivas emitidas em seu prejuízo, por meios de difusão legalmente regulamentados e que se dirijam ao público em geral, tem direito a fazer, pelo mesmo órgão de difusão, sua retificação ou resposta, nas condições que estabeleça a lei.

2 – Em nenhum caso a retificação ou a resposta eximirão das outras responsabilidades legais em que se houver incorrido.

3 – Para a efetiva proteção da honra e da reputação, toda publicação ou empresa jornalística, cinematográfica, de rádio ou televisão, deve ter uma pessoa responsável, que não seja protegida por imunidades, nem goze de foro especial.

---

[162] MOREIRA, Vital. *O direito de resposta na comunicação social*. Coimbra: Coimbra Editora, 1994, p. 24-32.

[163] Disponível em <http://www.planalto.gov.br>. Acesso em: 02 jan. 2010.

Nesse sentido, cumpre fazer uma análise diacrônica sobre como se comporta o instituto do Direito de Resposta em alguns países.

5.2.1. Nos Estados Unidos

É preciso reconhecer que os Estados Unidos possuem uma sistemática no que tange à disciplina do direito de resposta ou retificação, diferente daquela pactuada na Convenção Americana sobre Direitos Humanos. Afirma-se que a Constituição americana não estabeleceu hipóteses através das quais alguém, supostamente ofendido, em virtude do exercício da liberdade de expressão de outrem, poderia buscar a reparação da verdade através de resposta a ser exercida proporcionalmente ao agravo sofrido. Para tanto, basta uma rápida leitura da Primeira Emenda da Constituição americana, havida em 1791, para que se evidencie, literalmente, o rigor com que veda o direito de resposta, *in verbis*:

> O Congresso não editará leis estabelecendo uma religião oficial ou proibindo o livre exercício religioso; ou cerceando a liberdade de expressão ou de imprensa; ou o direito das pessoas de se reunirem pacificamente, e de peticionar ao governo para a reparação de danos.

A aplicabilidade de tal excerto constitucional nunca se deu de maneira tão literal quanto o expressado pelo comando constitucional. O interesse público em proteger determinadas situações impôs certas restrições ao "livre" exercício da liberdade de expressão, com imediata repercussão na Suprema Corte Americana.[164]

Como a Constituição silenciou, leis de natureza penal e civil passaram a disciplinar situações em que o ofendido poderia postular reparações, comprovado o dano por ele sofrido, em virtude de fatos noticiados que lhe trouxessem prejuízos, quer por sua incorreção, quer pela agressão à sua personalidade. Como o sistema jurídico americano é o da *Common Law*, era preciso que o juiz discernisse situações em que se evidenciava o prejuízo ao ofendido, estabelecendo *standarts*, capazes de ensejar determinada proteção jurídica, separando-os das que não foram tuteladas pela Primeira Emenda.

Embora, como se referiu, a Primeira Emenda à Constituição americana seja datada de 1791, apenas em 1919 é que a Suprema Corte começou a pronunciar-se acerca de casos em que se questionava a absoluta liberdade de expressão. Na verdade, tais decisões coincidiram com o período em que o mundo conhecia os ideais marxistas e comunistas, onde a Su-

---

[164] Em *Schenck versus United States*, 249 U.S. 47, Oliver Holmes, um dos mais importantes juízes da Suprema Corte advertiu que "os cidadãos não são livres para gritar mentirosamente fogo, dentro de um teatro lotado."

prema Corte foi demandada a decidir acerca da constitucionalidade de leis penais que proibiam a divulgação de manifestos anarquistas, assim como dispositivos que contrariavam a participação dos Estados Unidos na Primeira Guerra Mundial.[165]

Nos primeiros episódios julgados pela Suprema Corte, o entendimento buscou consolidar uma doutrina denominada *clear and present danger* (perigo claro e iminente), através da qual se buscava o discernimento de hipóteses em que efetivamente a liberdade de expressão pudesse estar colocando em risco a integridade moral de pessoas.[166]

A interpretação da Primeira Emenda americana precisa ser realizada considerando o alcance em que o sistema jurídico na qual ela se inclui, sugere. Nesse sentido, o direito americano pressupõe a indisposição à censura como regra básica fundamental, porém admite que sobre o exercício do direito à liberdade de expressão e à de imprensa, possam ser discorridas duas teorias: *libertária e democrática.*

Para Gustavo Binenbojm,[167] a *teoria libertária* está "centrada na figura do autor da mensagem, seja ele um artista, escritor, jornalista ou qualquer outro sujeito que realize atividade expressiva de ideias". Não há dúvida de que tal teoria maximiza os ideiais consagrados pela Primeira Emenda, visando a proteger a autonomia privada e o direito de expressar o pensamento, pelas mais variadas formas, sem qualquer interferência externa ou censura, principalmente se advinda do Estado. Já a *teoria democrática* privilegia a livre formação do pensamento, através do debate de ideias que se sucede no âmbito da sociedade, culminando com uma cidadania participativa, em que valoriza muito mais o destinatário das informações, notícias e opiniões exaradas, do que propriamente os seus

---

[165] SHIFFRIN, Steven. H. CHOPER, Jesse H. *The First Amendment. cases, comments, questions,* 2001.

[166] Nesse sentido, a lição de Gustavo Binenbojm: "nos primeiros casos julgados pela Suprema Corte sobre liberdade de expressão, como Schenck v. United States, 249 U.S. 47 (1919), Abrahms v. United States , 250 U.S. 616 (1919), Debs v. United States, 249 U.S. 211 (1919) e Gitlow v. New York, 268 U.S. 652 (1925), desenvolveu-se a chamada doutrina do 'clear and present danger' (perigo claro e iminente), que procurava distinguir a mera expressão de idéias de condutas expressivas que colocassem em risco a segurança da sociedade e do Estado. A liberdade de expressão, no entanto, interage com tantos outros valores e de formas tão variadas que não há como se esperar que uma única fórmula pudesse dar conta de toda a gama de situações conflitivas surgidas espontaneamente no meio social. Apenas para registro, a doutrina do "clear and present danger" foi objeto de ampla reelaboração no julgamento do controvertido caso Brandenburg v. Ohio, 395 U.S. 444 (1969), que envolvia o direito a manifestações da Ku Klux Klan, no qual o standard de controle de constitucionalidade passa a ser "a incitação atual e iminente à prática de ações ilegais e a probabilidade de que a atividade expressiva incite ou produza tal resultado". Como se sabe, a Suprema Corte assegurou, no julgamento do caso, o direito à liberdade de expressão da Ku Klux Klan, entendendo que o requisito da incitação atual e iminente não havia sido preenchido". BINENBOJM, Gustavo. *Meios de comunicação de massa, pluralismo e democracia deliberativa. As liberdades de expressão e de imprensa nos Estados Unidos e no Brasil.* Disponível em: <http://www.mundojuridico.adv.br>. Acesso em: 12 set. 2009.

[167] Idem.

emissores. Constrói-se um ambiente onde o livre pensamento possa pautar o comportamento das pessoas.

Para os adeptos a primeira teoria, a liberdade de expressão e imprensa deveria ser cultuada como um dogma pleno e absoluto, na medida em que todo e qualquer controle estaria a causar um mal maior, qual seja, a censura e o cerceamento da liberdade fundamentada na constituição.

Para aqueles que se filiam a segunda teoria, a exemplo de Alexander Meiklejohn,[168] a regulação é admissível desde que seja à formação da cidadania, com o intuito da discussão e formação de ideias políticas. A liberdade de expressão e de ideias estaria a fomentar uma discussão ampla, um verdadeiro *marketplace of ideas*.

Entende-se que nenhuma das teorias satisfaz necessariamente os preceitos democráticos. A teoria libertária não assegura os direitos da minoria, os quais podem ser sufocados pela imposição de ideias e pensamentos de grupos maiores, sem que, para tal enfrentamento, possam contar com institutos públicos capazes de salvaguardar os seus interesses. A liberdade absoluta é inconcebível, intolerável e injusta, conduzindo a teoria à arbitrariedade. Já a segunda, denominada democrática, é inócua, pois conduz o intérprete a uma solução inexistente, já que a proposta de regulação é indeterminada, não sendo possível identificar os parâmetros estatais que pudessem dimensionar ou regular exercício das liberdades de expressão.

Na tentativa de propor uma opção interpretativa, a *Federal Communications Comissions – FCC –*,[169] agência reguladora federal encarregada por lei da regulação do setor com vistas à proteção e consecução do interesse público, disciplinou e implementou a chamada *fairness doctrine*, ou simplesmente doutrina da imparcialidade e ponderação.

A *fairness doctrine* estabeleceu um marco regulatório no que diz respeito aos meios de comunicação dos Estados Unidos, incluindo os de natureza televisiva. Por meio da *FCC*, as outorgas e a fiscalização pública deveriam ter por propósito a realização do interesse público, oportunizando democraticamente a discussão sobre pontos de vista distintos, em assuntos relacionados ao interesse da coletividade.

---

[168] MEIKLEJOHN, Alexander. *Political freedom: the constitutional powers of the people*.1960.

[169] A FCC foi precedida pela *Radio Act*, sancionada em 1927 pelo Congresso Americano. Pela *Radio Act*, normatizou-se que as ondas de frequências das rádios são propriedade do Poder Público, o qual outorga licenças a particulares que cumpram os requisitos legais para obtê-las. A partir de tal concepção, instituiu-se a *Federal Radio Comissions – FRC*, a qual tinha por propósito regular os serviços relacionados a radiodifusão, em função do interesse, necessidade ou conveniência pública. ECABERT, Gayle. *The demise of the fairness doctrine: a constitutional reevaluation of content – based broadcasting regulations*. 56 University of Cincinnati Law Review 999. 1998. Apud RIVERA, Julio César. *La constitucionalidad del derecho de rectificación o respuesta*. Buenos Aires: Rubinzal – Culzoni Editores, 2004, p. 16.

Sublinham-se, uma vez mais, as lições de Gustavo Binenbojm,[170] acerca dos propósitos da doutrina da imparcialidade, aplicada pela agência regulatória americana:

> I) devotar um razoável percentual de tempo da programação à cobertura de fatos e questões controvertidas de interesse coletivo;
>
> II) oferecer razoável oportunidade para a apresentação de pontos de vista contrastantes sobre tais fatos e questões, de modo a proporcionar ao ouvinte ou telespectador o conhecimento das diversas versões e opiniões sobre o assunto;
>
> III) garantia do direito de resposta a candidatos em campanha política que houvessem sido criticados ou pessoalmente atacados em matérias ou editoriais hostis.

Indispensáveis tais primeiras conclusões da doutrina da imparcialidade americana: garantir o direito de resposta, diante de acusações havidas, notadamente no âmbito do ambiente político, e assegurar, em nome do interesse público, que a coletividade possa conhecer pontos de vista contrapostos.

A primeira oportunidade em que a Suprema Corte americana se manifestou acerca da constitucionalidade da *fairness doctrine* ocorreu em 1969, quando do julgamento do caso *Red Lion Broadcasting Co. versus FCC*.[171] Nesse sentido, o ideal democrático da Primeira Emenda prevaleceu, consagrando-se o entendimento de que o direito da coletividade em receber as notícias e informações de maneira livre e não censurada deveria prevalecer sobre os direitos das emissoras de rádio e televisão.

Reitera-se o fundamento da teoria da imparcialidade, recomendando Julio César Rivera[172] "que se a democracia exige uma opinião pública devidamente informada, é necessário então que a programação das emissoras inclua todas as hipóteses de assuntos de interesse público, para que cada cidadão possa eleger uma posição que entenda correta".

Evidenciava-se, a partir do comportamento da *FCC* e da própria Suprema Corte, a preocupação de que as emissoras cometessem pelos me-

---

[170] No entendimento de Gustavo Binenbojm, "a finalidade primordial da estrutura regulatória erigida pelo FCC era a de evitar um possível efeito inibidor ou tendencioso de decisões das emissoras de rádio e televisão orientadas por interesses meramente comerciais, estabelecendo algumas obrigações que visam a assegurar o direito difuso da cidadania a ser adequadamente informada. Aliás, o próprio direito de resposta, antes que uma mera garantia individual da pessoa ofendida, é visto como instrumento assecuratório do direito do público de conhecer ambos os lados da controvérsia. Dito de outra forma, a doutrina tinha por propósito assegurar e promover a missão democrática da imprensa". BINENBOJM, Gustavo. *Meios de comunicação de massa, pluralismo e democracia deliberativa. As liberdades de expressão e de imprensa nos Estados Unidos e no Brasil*. Disponível em <http://www.mundojuridico.adv.br>. Acesso em: 12 set. 2009.

[171] 395 U.S. 367 (1969). Disponível em http://www.oyez.org/cases/1960-1969/1968/1968_2_2/> Acesso em: 2 jan. 2010.

[172] RIVERA, Julio César. *La constitucionalidad del derecho de rectificación o respuesta*. Buenos Aires: Rubinzal – Culzoni Editores, 2004, p. 18.

nos dois impropérios: o primeiro, de manipulação da opinião pública; o segundo, mediante uma suposta ausência de controle estatal (agora era legítimo e atuante), pudessem as empresas jornalísticas impor e promover seus pontos de vista, segundo seus interesses, das mais diferentes ordens e excluindo opiniões contrárias às suas filosofias.[173]

A implementação da *fairness doctrine* originou regras afins a ela: foi concebida a *personal attack rule* (regra do ataque pessoal) e a *political editorial rule* (regra do conteúdo político do editorial).[174] Ambas as regras têm por propósito evitar que as emissoras de rádio e televisão se utilizem de seus canais para influenciarem indevidamente o conhecimento público.

A regra do ataque pessoal obriga a emissora em relação a alguém agredido no que diz respeito ao seu caráter, honestidade e integridade moral:

I – Notificar a pessoa agredida em um prazo de uma semana;

II – Enviar ao agredido uma transcrição ou uma gravação correspondente ao ataque; e

III – Oferecer ao indivíduo atacado uma razoável oportunidade de responder a agressão, sem qualquer custo ou despesa.

Por maior que fosse a convicção da emissora quanto à veracidade das informações por ela veiculadas, relativas a uma determinada pessoa ou grupo de indivíduos, ainda assim, deveria ela assegurar ao(s) acusado(s) o direito de resposta.[175]

Além das regras acima mencionadas, surgem outras também derivadas da doutrina da imparcialidade: *equal opportunities* (oportunidades iguais) e *reasonable access* (o acesso razoável). Tais ordenamentos, emanados da FCC, também decorreram do espírito democrático da Primeira Emenda Americana e foram sancionados pelo Congresso Federal, com o propósito de ensejar uma ampla discussão política no âmbito dos veículos de comunicação. Preocupado com a possível influência dos meios de comunicação eletrônicos, o Congresso Federal estabeleceu igualdade de condições para partidos e candidatos, evitando, com isso, eventuais manipulações do processo eleitoral.

---

[173] RAINEY, Randall. The public's interest in public affairs discourse, democratic, governance, and fairness in broadcasting: a critical review of the public interest duties of eletronic media. 82 Georgetown Law Jornal 269. 1993. Apud RIVERA, Julio César. *La constitucionalidad del derecho de rectificación o respuesta*. Buenos Aires: Rubinzal – Culzoni Editores, 2004, p. 19.

[174] MIDDLETON, Kent R; TRAGER, Robert; CHAMBERLIN, Bill F. *The law of public communication*. Nova Iorque: Longman. 2000.

[175] SPITZER, Mathew L. *The constitutionality of licensing broadcasters*. 64 New York university Law Review 990, 1002, 1989. Apud RIVERA, Julio César. *La constitucionalidad del derecho de rectificación o respuesta*. Buenos Aires: Rubinzal-Culzoni Editores, 2004, p. 20.

A regra da igualdade de oportunidades determina às emissoras que permitirem a um candidato a utilização de um espaço em sua programação oferecer um espaço similar a outros candidatos.[176] Registre-se que a questão não se resolve pela utilização de uma mesma quantidade de tempo, por parte de um candidato ou partido político, nos veículos de comunicação, mas sim na igualdade de condições a serem ofertadas a todos e quaisquer que desejem, pelos mesmos órgãos de imprensa, manifestar-se. Isso envolve não apenas o tempo, mas horários em que encontrariam níveis de audiência compatíveis.[177]

Entretanto, há situações em que a regra da igualdade de oportunidades não se aplicaria, tais como nas hipóteses em que os candidatos aparecessem em noticiários (*newscast*); programas de entrevistas (*news interviews*); documentários, onde a aparição do candidato é incidental ao tema tratado por ocasião do programa (*news documentary*); transmissões ao vivo de acontecimentos de interesse público, tais como convenções partidárias, entrevistas coletivas, dentre outros (*on- the -spot coverage of news event*).[178]

A FCC não estabeleceu qualquer critério para determinar o que seria "acesso razoável". Todavia, a premissa da igualdade deveria também permear a razoabilidade do acesso a candidatos, impedindo, por exemplo, que as emissoras só comercializassem os seus espaços em horários notadamente de pouca audiência, propiciando, portanto, que as inserções publicitárias pudessem se dar em horários entendidos como nobres, de grande quantidade de ouvintes ou telespectadores.

A constitucionalidade da *fairness doctrine* foi posta à prova, pela primeira vez, no famoso caso *Red Lion Broadcasting versus FCC*.[179] Pela decisão, havida em 1969, ficou sedimentado que o interesse dos ouvintes e dos telespectadores deve prevalecer sobre a própria liberdade de imprensa, valorizando, diante disso, o direito de resposta a ser ofertado a alguém que fora objeto de uma matéria jornalística ou mesmo uma opinião difundida pelos meios de comunicação.[180]

---

[176] Conforme a seção 315 da *Communications Act*, para tal obrigação seria necessário que aparecesse a imagem ou a voz do candidato, em espaço gratuito ou pago.

[177] MIDDLETON, Kent R. TRAGER, Robert. CHAMBERLIN, Bill F. *The law of public communication*. Nova Iorque: Longman. 2000.

[178] SIEGEL, Paul. *Communication law in america*. Boston: Allyn & Bacon. 2002. *Apud* RIVERA, Julio César. *La constitucionalidad del derecho de rectificación o respuesta*. Buenos Aires: Rubinzal-Culzoni Editores. 2004, p. 22.

[179] 395 U.S. 367 (1969). Disponível em <http://www.oyez.org/cases/1960-1969/1968/1968_2_2/>. Acesso em: 2 jan.2010.

[180] *Red Lion Broadcasting* era uma estação de rádio da Pensilvânia. Em 27 de novembro de 1964, a estação transmitiu um programa comandado pelo reverendo Billy Hargis, no qual se discutiu um livro escrito por Fred J. Cook, intitulado *Goldwater: extremist on the right*. Durante o programa, o apresenta-

Em sentido contrário ao que havia decidido anteriormente, em 1973, a doutrina da imparcialidade sofreu seu primeiro golpe, através do julgamento do *case CBS versus DNC*.[181] Neste episódio, uma emissora de rádio recusou-se a veicular um anúncio publicitário contrário à intervenção norte-americana no Vietnã. A estação entendeu que sessenta segundos seria espaço insuficiente para se difundir algo de tamanha complexidade, rejeitando, portanto, o anúncio pretendido. A FCC proferiu decisão em favor da emissora, declarando-a desobrigada de tal mister. O Tribunal de Apelação do Distrito de Columbia revogou a decisão da FCC, valorizando a liberdade de expressão. Entretanto, a Suprema Corte, por maioria, reformou a decisão havida perante o Tribunal de Apelação, reafirmando a ideia de que o juízo de discricionariedade sobre o que deveria ser informado ao público, caberia ao veículo de comunicação, fiscalizado pela FCC. Dois juízes discordaram da decisão proferida pela maioria: Brennan e Marshall, os quais sustentaram que a liberdade de expressão estava sendo violada a partir de tal eleição, procedida pela emissora de rádio, inibindo o debate sobre assuntos de importância pública, o qual deveria ser desinibido, vigoroso e aberto.

Em 1974, a Suprema Corte Americana voltou a relativizar o direito de resposta, ao julgar o emblemático caso *Miami Herald versus Tornillo*. Tal situação envolvia o entendimento da inconstitucionalidade de uma lei da Flórida, a qual estabelecia o direito de resposta aos candidatos que eram atacados no que diz respeito aos seus direitos de personalidade, assim como no que tange ao exercício de suas atividades públicas. A Suprema Corte da Flórida sustentou a constitucionalidade da lei, porém a Suprema Corte Americana revogou a decisão.[182]

---

dor criticou duramente o autor do livro, denunciando que o mesmo fora demitido de um jornal por acusar falsamente funcionários públicos, os quais haviam trabalhado para uma publicação associada ao comunismo, que simpatizava com tal ideologia e que o livro havia sido escrito com o propósito de destruir o então Senador Barry Goldwater. Constando que havia sido pessoalmente atacado, Cook solicitou um espaço para oferecer resposta às acusações, porém a emissora lhe negou tal pedido. A FCC sustentou que a emissora não havia cumprido com suas obrigações, em nome da imparcialidade e do direito a resposta, em virtude de ataquies pessoais, determinando, com isso, que a rádio concedesse gratuitamente o espaço ao autor atacado. A decisão restou confirmada pelo Tribunal de apelação do Distrito de Columbia e o caso chegou finalmente a Suprema Corte. Em linhas resumidas e finais, a Suprema Corte entendeu que as emissoras são agentes fiduciários do público, com obrigações de apresentar as visões e vozes representativas da comunidade e que seriam de outra forma excluídos das ondas de rádio e TV. Ver 395 U.S. 367, 389 (1969).

[181] 412 U.S 94 (1973). Disponível em < http://openjurist.org/412/us/94>. Acesso em: 2 jan. 2010.

[182] Gustavo Binenbojm assim se pronuncia acerca de tal episódio: "a conclusão da Corte foi no sentido de que a previsão legal interferia a tal ponto na autonomia editorial do jornal que violava a Primeira Emenda. Ademais, o acórdão tratou o direito de resposta como forma de regulação de conteúdo, o que, na jurisprudência assente da Corte, impunha a aplicação da modalidade mais severa de teste de constitucionalidade: o chamado strict scrutiny. De acordo com tal modalidade, uma lei que regule o conteúdo das mensagens deve atender a um imperioso interesse público e ser precisamente dimensionada para atingir a tal fim. Na espécie, todavia, a Corte entendeu que tais requisitos não

Resta, pois, ainda nos dias de hoje, controvertida a questão no âmbito do Direito americano. Na verdade, existem dois modelos com os quais as autoridades jurisdicionais americanas lidam.

De um lado, aquele entendimento que fortalece a liberdade de expressão a partir de uma noção de "livre mercado de ideias". De acordo com esta teoria, toda intervenção estatal não é bem-vinda, pois, analogicamente, compara-se a liberdade de expressão com a filosofia do liberalismo econômico, a qual prega a não intervenção estatal. Este modelo expõe uma grande desconfiança nos mecanismos de regulação do Estado no que diz respeito ao exercício da liberdade de expressão e de imprensa. Esta concepção foi difundida por Holmes, no âmbito do julgamento do caso *Abrams versus United States*.[183] Em seu voto, Holmes[184] afirmou que "o fim desejado é melhor alcançado pelo livre intercâmbio de ideias, através do qual a verdade passa a ser conhecida a partir da revelação de pensamentos, admitido-os e compreendendo-os no âmbito de uma comunidade".

Para esta corrente, a intervenção estatal, através de regulações e interferências nos meios de comunicação não é condizente com o espírito democrático da Primeira Emenda Americana. Esta é a teoria predominantemente aplicada nos Estados Unidos.

Todavia, há uma segunda corrente, através da qual o Poder Público é estimulado a intervir em favor de uma discussão democrática acerca das atividades públicas e políticas. Este modelo tem em Alexander Meiklejohn,[185] Cass Susntein,[186] Owen Fiss[187] e o juiz da Suprema Corte, Willian Brennan,[188] entre seus principais idealizadores. Eles defendem a *fairnesse*

---

foram preenchidos pela lei do Estado da Flórida, à vista da possibilidade de manifestação do direito de resposta em outros jornais ou mesmo outros veículos de comunicação, sem interferência com a autonomia editorial do jornal. Este seria, por assim dizer, um meio menos gravoso de atingir os mesmos fins colimados pela lei do Estado da Flórida. Por fim, entendeu a Corte que a lei produzia um efeito contraproducente em relação aos fins que almejava atingir, consistente na inibição da cobertura de questões controvertidas e no empobrecimento do vigor do debate público". BINENBOJM, Gustavo. *Meios de comunicação de massa, pluralismo e democracia deliberativa. As liberdades de expressão e de imprensa nos Estados Unidos e no Brasil*. Disponível em <http://www.mundojuridico.adv.br>. Acesso em: 12 set. 2009.

[183] 250. U.S 616 (1919). Disponível em <http://www.oyez.org/cases/1901-1939/1919/1919_316/>. Acesso em: 2 jan. 2010.

[184] Idem.

[185] Meiklejohn foi um filósofo político que defendeu vigorosamente a ideia de que a principal finalidade da liberdade de expressão era a de proteger o direito de todos os cidadãos, estimulando-os a entender os assuntos políticos, para poderem participar de maneira efetiva do sistema democrático. Ver RIVERA, Julio César. *La constitucionalidad del derecho de rectificación o respuesta*. Buenos Aires: Rubinzal – Culzoni Editores, 2004, p. 47.

[186] SUNSTEIN, Cass. *Democracy and the problem of free speech*. The Free Press. New York. 1988.

[187] FISS, Owen M. Why the State? *100 Harvard Law Review nº* 781. 1987.

[188] BRENNAN, William. A Life Lived Twice, *100 Yale Law Journal* 1117 (1991).

doctrine e o direito de resposta como mecanismos através das quais se possibilita a discussão plural de ideias e pensamentos, alcançando, com isso, o interesse público de conhecimento e compreensão dos fatos.

A partir de tais enfoques, têm-se duas teorias, as quais remetem suas respectivas aplicabilidades a uma questão de natureza interpretativa. Parece claro que o direito de resposta não é recepcionado pela Constituição americana, enquanto mecanismo de tutela e proteção à honra dos cidadãos. Diante disso, a questão deve ser analisada a partir de uma discussão de ideias, enquanto mecanismo capaz de estimular o debate acerca de temas controvertidos. Nesse sentido, a opinião divergente, ou que retifica a anterior, é vista como informação dirigida a esse "mercado de ideias", para que o intérprete possa eleger aquela que mais lhe pareça aceitável, dentro do espírito democrático, valorizado pela Primeira Emenda.[189]

5.2.2. Na França

O direito de resposta na França encontra-se regulado pelos artigos 13 e 13-1 da Lei de 29 de julho de 1881, a qual trata da imprensa escrita, assim como pelo art. 6º da Lei de 29 de julho de 1982, que dispõe sobre os meios de comunicação de rádio e televisão (audiovisuais).

O *droit de réponse*, previsto na lei que trata da imprensa escrita, constitui basicamente um meio de defesa, podendo ser exercido por qualquer pessoa física ou jurídica que tenha sido nominada ou citada em uma publicação (jornais, revistas etc.). Para tanto, a lei não exige que seja demonstrado que a informação ou notícia sejam difamatórias ou de caráter ofensivo, não sendo estas, *a priori*, de acordo com o jurista francês Emmanuel Derieux,[190] as causas que ensejariam o pedido e o exercício da resposta a ser ofertada pelo acusado. Entretanto, o mesmo autor reconhece que já surge uma interpretação mais contemporânea, no sentido de que o

---

[189] Entende-se, com isso, nos dias de hoje, que a Suprema Corte Americana restringiu a proteção aos direitos individuais, se comparados julgamentos havidos nas décadas de sessenta e setenta do século passado. De acordo com Gustavo Binenbojm em *Pacific Gas & Electrict Co. v. Public Utilities Commission*, "a Corte declarou inconstitucional, por violação à Primeira Emenda, exigência instituída por ente regulador de que uma empresa prestadora de serviços públicos de gás e energia elétrica fizesse constar de seus envelopes de faturas mensagem explicando as razões do valor da tarifa fixada pelo ente. Segundo a Corte, a empresa tinha o direito assegurado pela Primeira Emenda de não veicular em seus envelopes mensagem que ela própria considerasse objetável. Tal caso foi citado pelo FCC para justificar a inconstitucionalidade da fairness doctrine, que obrigava emissoras de rádio e TV a veicularem mensagens que elas consideravam objetáveis". BINENBOJM, Gustavo. *Meios de Comunicação de massa, pluralismo e democracia deliberativa. As liberdades de expressão e de imprensa nos Estados Unidos e no Brasil.* Disponível em <http://www.mundojuridico.adv.br>. Acesso em: 12 set. 2009.

[190] DERIEUX, Emmanuel. *Droit de la communication.* 3. ed. Paris: L.G.D.J. 1999, p. 390. *Apud* RIVERA, Julio César. *La constitucionalidad del derecho de rectificación o respuesta.* Buenos Aires: Rubinzal – Culzoni Editores, 2004, p. 54.

direito de resposta francês não é concebido em caráter absoluto, fortalecendo a ideia de que o exercício do *droit de réponse* esteja condicionado à prévia existência de uma agressão aos direitos de personalidade. Uma de suas características consiste na possibilidade de contestar tanto aspectos fáticos exteriorizados, como juízos de valor ou opiniões que tenham sido publicadas.

A proporcionalidade, um dos princípios e parâmetros a serem observados, disciplina que o direito de resposta na França não pode exceder o espaço que utilizado por aquele que divulgou o texto ou a matéria que está a justificar o pedido, sendo que a resposta deve ser publicada gratuitamente pelo meio de comunicação que a veiculou, no prazo de três dias, contados da data do protocolo (em se tratando de uma publicação diária), ou na próxima edição do impresso (caso o veículo seja semanal ou mensal). A partir desta particularidade, evidencia-se um dos aspectos que conforma o direito de resposta: a sua tempestividade. De fato, não pode a resposta à informação ou opinião publicada ser apresentada ao público em época distinta daquela em que se consumou a pretensão de seu exercício. Não haveria sentido qualquer publicá-la decorrido um considerável período de tempo, com o qual a possível agressão ou ofensa perderia o seu grau de tempestividade nociva, não obstante ainda ensejar a possibilidade de indenização por danos morais e materiais.

Por evidente, o Direito Francês estabelece parâmetros para que o exercício do direito de resposta se concretize, tais como a estrita observância de que seja respondido o artigo original, sem que afete a reputação de terceiros ou se utilize de expressões injuriosas ou difamatórias. Ademais, o direito de resposta não se coaduna com condutas que tenham o propósito de difamar ou atacar a reputação do autor do artigo que está sendo respondido, assim como não pode ser um pretexto para que se alavanque um debate de ideias.[191] Em sendo constatadas tais situações, os meios de comunicação impressa possuem o legítimo direito de recusar o pedido de resposta solicitado.

Se for negado, por parte do órgão de imprensa, o exercício do direito de resposta então ao interessado descortina-se a possibilidade de reivindicá-lo perante o Poder Judiciário, o qual analisará, em dez dias, se é caso de deferi-lo ou não, sem prejuízo da imposição de multa ao veículo de imprensa que sonegou injustificadamente o direito de resposta ao peticionário. Por último, sendo reconhecido o direito por parte da Corte Jurisdicional, o Tribunal poderá determinar que a resposta seja publicada

---

[191] Ver AUBY, Jean Marie. *Droit de l'information*. 2. ed. Paris. 1982; DEBBASCH, Charles; ISAR, Hervé e AGOSTINELLI, Xavier. *Droit de la communication*. PARIS: Dalloz. 2002. RIVERA, Julio César. *La Constitucionalidad del derecho de rectificación o respuesta*. Buenos Aires: Rubinzal-Culzoni Editores. 2004.

imediatamente, independente da possibilidade de interposição de recurso contra tal decisão de deferimento.

A segunda lei que disciplina o direito de retificação na França é mais contemporânea, pois data de 1982 e regula tal possibilidade diante dos veículos de comunicação de rádio e televisão (audiovisuais). A grande diferença em relação à lei anterior, que regulamenta o *droit de reponse* perante publicações, é de que aqui o direito de resposta só terá vez quando forem atingidos os direitos de personalidade de alguém, tais como a honra e a reputação. Vislumbrada a agressão, o interessado deverá encaminhar aos diretores responsáveis pelos meios de comunicação, no prazo de oito dias, o pedido de exercício do direito de resposta, o qual terá que ser feito nas mesmas condições técnicas, de tempo e de audiência em que se verificaram as acusações. De igual sorte, caso haja indeferimento por parte da emissora, o Poder Judiciário poderá ser demandado para proferir decisão acerca da questão.

Na lição de Fabro Steibel,[192] dois módulos no que tange ao direito de resposta são dominantes no mundo: o francês e o alemão. De acordo com o jurista, "na França, o Direito de Resposta está desde a sua origem baseado no ato de contestar acusações, opiniões ou juízos de valor (ato de replicar), e o simples acontecimento de ser mencionado na imprensa suscita ao terceiro o direito de pedir resposta". Não há dúvida de que essa doutrina alcança uma perspectiva ampla, permitindo que sejam julgados tanto as informações e notícias divulgadas, assim como os juízos de valor exarados.

5.2.3. Na Espanha

O *derecho de rectificación* na Espanha encontra-se previsto na Lei Orgânica n° 2, de 26 de março de 1984, cujo artigo primeiro estabelece que todas têm "el derecho de rectificar la información difundida, por cualquer medio de comunicación social, de hechos que le aludan, que considere inexactos y cuya divulgación pueda causarle perjuicio".[193]

O direito de resposta só terá vez se os fatos ou informações divulgadas pelos meios de comunicação forem equivocados, tendo a capacidade, com isso, de atingir os interesses daquele que solicita o direito de resposta. O bem jurídico a ser protegido, neste caso, é o legítimo interesse à correta informação e não, diferentemente do que se poderia pensar, o direito do público de receber a informação verdadeira.

---

[192] STEIBEL, Fabro. *Direito de resposta e judicialização da política na propaganda política brasileira*. Rastros – Revista do Núcleo de Estudos de Comunicação. Ano VIII – n. 52. Out. 2007, p. 8-67.

[193] Ley Orgánica 2/1984, de 26 de Marzo, reguladora del derecho de Rectificación. BOE. Boletín Oficial del Estado, 27 Março 1984 (núm. 0074). Disponível em http://vlex.com/vid/organica-reguladora-derecho-rectificacion-15513174. Acesso em: 16 mar. 2010.

O direito de resposta deve ser encaminhado pelo interessado no prazo de sete dias seguintes a publicação ou difusão da informação que se deseja retificar, à luz do que dispõe o art. 2° da Lei Orgânica espanhola n° 2/1984. Nessa esteira, o artigo 3° do Diploma Legal retrorreferido estabelece quatro pressupostos que devem ser atendidos, para que se operacionalize a retificação, a saber:

> a) em princípio, o diretor da emissora ou do órgão de imprensa deve publicar ou difundir integralmente a retificação, dentro de três dias subseqüentes ao encaminhamento do pedido, procurando dar o mesmo destaque alcançado a informação que se pretende retificar, sem comentários, nem apostilas;
>
> b) se a notícia ou a informação que se busca retificar se difundiu em uma publicação cuja periodicidade não permite a divulgação da resposta no prazo previsto, então essa deve ser publicada na primeira oportunidade, o que normalmente se acontece no número seguinte;
>
> c) se for impossível, por questões jornalísticas, em virtude da reciprocidade da informação, que a retificação se realize, no rádio e televisão, no espaço de três dias, de acordo com o que a lei estabelece, então o requerente poderá solicitar que o seu direito de resposta seja apresentado em espaço condizente com a audiência em que se realizou a informação ou a notícia que está a ensejar e justificar o direito de resposta solicitado;
>
> d) a publicação ou divulgação do direito de resposta deve ser gratuita.

Tanto quanto se observou em França, sendo negado o pedido de resposta perante o veículo de comunicação, o requerente poderá utilizar o seu direito de petição diretamente ao Poder Judiciário, no prazo de sete dias, devendo a sentença ser proferida no mesmo dia ou no dia seguinte ao pedido formulado, admitidas apenas e tão somente as provas possíveis de serem produzidas em audiência (*juicios verbales*).

De acordo com o Tribunal Constitucional espanhol, o objeto do direito de resposta:[194]

> [...] se centra em la posibilidad que tiene el aludido por uma noticia o información publicada em los medios de difusión de solicitar la inserción de su versión de los hechos, a los que considera inexactos [...]. El legislador no há creado, pues, la acción de rectificación pensando em la comprobación de la veracidad de la información, como se deduce del articulado de la Ley, que protege simplesmente el derecho a disentir de los hechos, com independencia de otros medios procesales, necesarios y suficientes, para la investigación de la verdad.

5.2.4. Na Alemanha

A primeira lei de imprensa a estabelecer e reconhecer o direito de resposta na Alemanha foi a de Baden, havida em 1831, a qual demarcou o alcance do direito de resposta germânico estatuído no âmbito do direito

---

[194] STC 168/1986 de 22/12/86. *Apud* RIVERA, Julio César. *La constitucionalidad del derecho de rectificación o respuesta*. Buenos Aires: Rubinzal-Culzoni Editores, 2004, p. 61.

alemão: a limitação do direito de resposta a questões de fato, o que, por si só, já estabelece uma larga diferença se comparada ao modelo francês.[195]

Mais adiante, em 1874, a lei de imprensa veio regular o direito de resposta de maneira mais ampla e completa, denominando-o de direito de retificação (*berichtigung*). Além de se referir às questões eminentemente de fato, a legislação alemã autorizava tanto particulares como entidades públicas (*behörde*) a exercer tal direito. A extensão da retificação deveria ocupar o espaço idêntico ao da informação ou notícia divulgada, em periódico imediatamente posterior ao que divulgou a peça retificada, inclusive com os mesmos caracteres e na mesma seção, o que caracterizava a retificação quase que com os mesmos elementos da informação que se pretendia corrigir. Se houvesse a necessidade de se alargar a resposta, esta poderia ser realizada, mediante o pagamento do espaço extra no periódico.[196]

A Lei fundamental de Bonn,[197] de 1949, deferiu a competência legislativa em matéria de imprensa aos *Länder* (Estados federados), porém só a partir de 1958 é que começaram a surgir as leis estaduais. A primeira, havida também em 1958, foi a de Hesse, a qual serviu de modelo para os demais Estados.

A exemplo de outros países, até em razão do desenvolvimento dos meios de comunicação, as primeiras leis disciplinavam o direito de retificação perante periódicos. Posteriormente, já no ano de 1960, surgiu a primeira lei, de natureza federal, a regular especificamente o direito de resposta relativo às informações veiculadas em rádios.

Atualmente, a Constituição alemã não prevê o direito de resposta, equiparando-o ao nível estritamente legal. Ademais, no tocante aos meios audiovisuais, há várias disposições legais, de natureza federal e estaduais, além de estatutos próprios das estações públicas de rádio e televisão.

Na Alemanha, para que esteja legitimado o direito de resposta, é fundamental que aquele que postula o exercício desse direito, tenha sido citado em reportagem veiculada em jornal e pretenda, em virtude de possível incorreção, corrigir, esclarecer ou desmentir tal notícia ou informação. Ressalta-se, uma vez mais, que somente as questões de fato podem ser objeto do pedido de retificação, ficando de fora, de acordo com as

---

[195] MOREIRA, Vital. *O direito de resposta na comunicação social*. Coimbra: Coimbra Editora, 1994, p. 48-52.

[196] KREUTZER, Karl F. *Persönlichkeitsschutz und Entgegnungsansprunch – Ein Beitrag zum Medienrecht*. In Leibholz, Gerhard/Faller, Hans Joachim/Mikat, Paul ET AL (Eds). Festschrift f. Willi Geiger zum 65. Geburtstag. Tubinga: J. C. B. Mohr, p. 61-112. *Apud* Vital Moreira, *O direito de resposta na comunicação social*. Coimbra: Coimbra Editora, 1994, p. 49.

[197] A Lei Fundamental de Bonn foi a Constituição provisória da República oriental alemã.

legislações alemãs, juízos de valor ou opiniões, cuja eventual responsabilidade poderá ser apurada através de outros mecanismos, em sendo o caso. Com isso, delimita-se a extensão do direito de resposta com o único propósito de retificação (*richtigstellung*), onde não pode ser exercido por parte daquele que solicita a resposta, prova do que alega ou aduz, mas simples pretensão (e direito) do acusado ou referido expor à sua versão dos fatos que foram veiculados.

É de se reconhecer o alcance do direito de resposta alemão perante jornais, revistas e também perante os meios audiovisuais, dentre os quais se destacam o rádio e a televisão. Todavia, há autores que defendem o direito de retificação inclusive perante inserções havidas em cinemas.[198]

O prazo para o exercício do direito de resposta não pode ser superior a três meses, após divulgados os fatos. Considerando que as informações veiculadas são imediatamente disseminadas, é de se compreender que o decurso do lapso temporal se inicia a partir da publicação ou divulgação da notícia que se pretende corrigir.

O direito alemão não tolera, no âmbito da retificação, a emissão de juízos de valor por parte daquele que o exerce, tampouco matéria penalmente censurável.

5.2.5. Na Itália

O direito de resposta na Itália[199] foi pautado pela influência francesa, a partir do Estatuto Albertino de 1848 (*statuto fondamentale*), praticamente uma réplica da Carta Francesa de 1830.

A lei italiana estabelecia o prazo de dois dias para a publicação de respostas, em virtude de informação que se pretendesse retificar, não se exigindo prova de ofensa ou ocorrência de fato inverídico para o exercício de tal mister. A extensão da resposta ofertada não poderia superar o dobro do artigo respondido, não se limitando, todavia, a possibilidade da publicação de um texto maior, desde que o responsável pela inserção pagasse a utilização do espaço excedente. Se a editora responsável pela edição do periódico se recusasse ou não atendesse o prazo de dois dias para a publicação da retificação, estaria ela sujeita a multa.

Quase um século depois, a Constituição Republicana, promulgada em 1947, alterou substancialmente aquela sistemática. A exigência da "nova" ordem constitucional impunha às editoras e aos responsáveis

---

[198] MOREIRA, Vital. *O direito de resposta na comunicação social*. Coimbra: Coimbra Editora, 1994, p. 50.

[199] LAX, Pierluigi. *Il diritto di rettifica nell'edittoria e nella radiotelevisione*. Pádua: Cedam, p. 66 e segs. Apud MOREIRA, Vital. *O direito de resposta na comunicação social*. Coimbra: Coimbra Editora, 1994, p. 52-55.

pela edição de jornais e periódicos a publicação de respostas por parte daquelas pessoas que tivessem sido atingidas por atos, fatos, ideias ou afirmações lesivas à sua dignidade. É de se destacar o caráter subjetivo introduzido pela lei da reforma das empresas editoras, havida em 1981, na Itália. O referido diploma referendou a ideia de que aquele que se considerasse ofendido em relação aos direitos de sua personalidade, bem como atingido por fatos inverídicos noticiados, poderia postular a devida retificação.

O direito de resposta italiano, relativo aos meios audiovisuais, não destoa daquele que se aplica no âmbito de periódicos, revistas e jornais. Embora alguns registrem ser mais restritivo, não há como afastar a sua incidência diante da divulgação de fatos e informações que sejam lesivos aos interesses morais ou materiais, veiculados de maneira inverídica. Nesse sentido e seguindo a tendência anterior, a lei do sistema radiotelevisivo, promulgada em 1990, seguiu esta tendência protetiva.

Destaca-se que a Constituição italiana nada refere ao direito de resposta, porém é de se afirmar que o seu conceito e alcance estão ligados ao próprio exercício da liberdade de expressão e de imprensa, os quais possuem limites regulados pelo sistema jurídico.

5.2.6. Em Portugal

O direito de resposta em Portugal passou por diferentes momentos, em que ora se valorizava a figura daquele que solicitava a retificação ou a resposta, ora se limitava tal exercício a determinadas situações.

Entre 1837 e 1898, a lei de imprensa "setembrista" estabelecia, modo geral, que todo aquele que se sentisse atingido pela veiculação de reportagem, poderia postular o exercício do direito de resposta. Tal pretensão tutelava, inclusive, referências indiretas. Seguindo a influência francesa, tal legislação dispunha que as respostas poderiam ser oferecidas tanto em relação a fatos, como na expressão de opiniões e juízos de valor, não se exigindo prova de falsidade da notícia ou informação que gerou o direito de resposta.

No período compreendido entre 1898 a 1926, houve algumas mudanças substanciais na lei de imprensa portuguesa. É de se registrar que a "nova" legislação restringiu a utilização do direito de resposta, pois a condicionou a prévia autorização judicial. Foi introduzida a figura ou a nomenclatura do "desmentido", assim como a obrigação de a retificação, uma vez autorizada, ocorrer rigorosamente no mesmo espaço relativo à informação que se pretendesse corrigir.

Entre 1926 e 1971, no curso da ditadura, editou-se o Decreto n° 11.839/26, que alargou a possibilidade do exercício do direito de resposta, de acordo com o que preconizava o seu art. 53, *in verbis*:[200]

> Art. 53. O periódico é obrigado a inserir dentro de dois dias, a contar do recebimento, a resposta de qualquer indivíduo ou pessoa moral que tiver sido atingida em publicação do mesmo periódico por ofensas directas ou referências de facto inverídico ou errôneo que possam afectar a sua reputação e boa fama, ou o desmentido ou rectificação oficial de qualquer notícia nele publicada ou reproduzida.

É de se destacar que o direito de resposta voltou a poder ser solicitado diretamente ao órgão de imprensa. Ademais, a distinção entre retificação e resposta não encontrava mais guarida na "nova" legislação, assim como havia a previsão da possibilidade do excesso da resposta, desde que o que exercesse o direito pagasse o valor correspondente ao tal excesso.

Apesar da garantia legal do direito de resposta, este, nas palavras de Vital Moreira,[201] "era irremediavelmente prejudicado durante todo o período 1926-1974 pela censura prévia administrativa à imprensa". Nesse sentido, a jurista portuguesa, Graça Franco,[202] interpretou a garantia legal do direito de resposta, expondo, todavia, a sua característica restritiva, a qual colocava em xeque a operacionalidade do exercício desse direito, "dado que, se por um lado se consagra um direito e delimita o seu exercício, por outro bastava que a censura eliminasse a resposta para que o periódico difamador ficasse na total impunidade e o ofendido perdesse o direito à reparação devida, face à opinião pública".

Em 1971, com o fim da ditadura, Portugal promulgou uma nova lei de imprensa (Lei n° 5/71, regulamentada pelo Decreto-Lei n° 150/72), a qual promoveu algumas alterações substanciais em relação à anterior, entre as quais a diferenciação entre *notas oficiosas*, *retificações* e *declarações oficiais*, sendo que as primeiras não deveriam ser interpretadas de modo absoluto. Também se valorizou o *direito ao esclarecimento*, o qual poderia ser dar em publicações não periódicas, sendo esta declaração publicada em folheto, pago a expensas do responsável, nas condições acordadas e estabelecidas perante o órgão de imprensa.[203]

Esta lei conferiu igualmente um alargamento dos pressupostos do exercício do direito de resposta, permitindo que todos aqueles que fos-

---

[200] MOREIRA, Vital. *O direito de resposta na comunicação social*. Coimbra: Coimbra Editora, 1994, p. 67.

[201] Idem, p. 68. Nota n. 79.

[202] FRANCO, Graça. *A censura à imprensa (1820-1974)*. Lisboa: Imprensa Nacional – Casa da Moeda. 1993, p. 78. Apud MOREIRA, Vital. *O direito de resposta na comunicação social*. Coimbra: Coimbra Editora, 1994, p. 68. Nota n. 79.

[203] MOREIRA, Vital. *O direito de resposta na comunicação social*. Coimbra: Coimbra Editora, 1994, p. 68. Nota 80.

sem prejudicados pela imagem ou publicação de texto, ainda que indiretamente, pudessem exercê-lo. Verifica-se, no âmbito deste Diploma Legal, uma característica assente em quase todas as leis que disciplinaram o exercício do direito de resposta, não apenas em Portugal, mas também em outros países europeus: a resposta deveria ser inserida na mesma página e local onde tivesse sido impressa a afirmação ou informação a ser retificada, assim como tal publicação não deveria ser acompanhada por qualquer comentário do próprio periódico, jornal ou terceiros. Entretanto, a divulgação da resposta poderia ser recusada, caso esta estivesse em desacordo ou descompasso com o texto a que se referia, assim como pelo eventual teor proibido de seu conteúdo.

Em 1975, surgiu uma nova lei de imprensa, a qual se tornou mais benigna para os meios de comunicação social, ao mesmo tempo em que simplificou as hipóteses através das quais o direito de resposta seria exercido. Diferentemente da lei anterior, em que os pressupostos para a realização deste direito baseavam-se em um sentimento de prejuízo, a ser avaliado pela própria pessoa que viria mais tarde postular e exercer a resposta, em virtude dessa nova lei, passa a ser necessário que esse prejuízo se traduza efetivamente em uma ofensa, falsidade ou erro suscetível de afetar a reputação e a boa fama da pessoa que requer e pretende exercer o seu direito de resposta. A ideia era a de evitar que todo e qualquer pedido tivesse que ser atendido, com base em um sentimento pessoal, o qual não estava devidamente calcado em uma ofensa ou agressão à honra de alguém. É necessário registrar alguns aspectos inovadores desta nova ordem legislativa, tais como a possibilidade da recusa da publicação ensejar responsabilidade civil por parte daquele que ofendeu (órgão de imprensa), assim como a possibilidade do diretor ou editor do periódico fazer comentários à resposta ofertada, evidentemente não com o objetivo de contrapô-la, mas de trazer maiores detalhes e subsídios acerca do que informou.

5.3. A convenção americana sobre direitos humanos e a garantia do direito de resposta

O direito de resposta ou retificação, conforme já se mencionou, tem base teórica e legal incontestável no Pacto de San Jose. Todavia, é preciso enfrentar alguns questionamentos que a interpretação de seu artigo 14 enseja, para que se possa construir e oferecer uma tese científica que possa superar eventuais questionamentos que do dispositivo legal se originem. Para tanto, reproduz-se, uma vez mais, a disposição do direito de resposta ou retificação, consagrados na Convenção Americana sobre Direitos Humanos:

> Artigo 14º Direito de retificação ou resposta
>
> 1 – Toda pessoa atingida por informações inexatas ou ofensivas emitidas em seu prejuízo por meios de difusão legalmente regulamentados e que se dirijam ao público em geral tem direito a fazer, pelo mesmo órgão de difusão, sua retificação ou resposta, nas condições que estabeleça a lei.
>
> 2 – Em nenhum caso a retificação ou a resposta eximirão das outras responsabilidades legais em que se houver incorrido.
>
> 3 – Para a efetiva proteção da honra e da reputação, toda publicação ou empresa jornalística, cinematográfica, de rádio ou televisão, deve ter uma pessoa responsável que não seja protegida por imunidades nem goze de foro especial.

Algumas dúvidas decorrem da interpretação do artigo 14 da Convenção Americana sobre Direitos Humanos, a saber:

1ª) É possível exercer-se o direito de resposta em relação a opiniões e a manifestação de juízos de valor?

2ª) Como se devem interpretar as expressões "imprecisas ou ofensivas"? É possível exercer-se o direito de resposta acerca de expressões meramente ofensivas?

3ª) Quem tem o direito de exercer o direito de resposta? Pode-se admitir a resposta a afirmações que atingem um grupo indeterminado de pessoas?

4ª) Qual é o alcance ou a interpretação que se deve dar a frase *"meios de comunicação legalmente regulamentados"*?

5ª) É necessário demonstrar a falsidade ou a inexatidão da notícia veiculada para se exercer o direito de resposta?

Tais questões necessitam ser esclarecidas, inclusive e principalmente para que se possa aprofundar a pesquisa no âmbito do direito comparado, assim como para a definição que se pretende alcançar no âmbito do direito constitucional brasileiro.

1ª) É possível exercer-se o direito de resposta em relação a opiniões e a manifestação de juízos de valor?

Quanto à primeira inquietação, imprescindível distinguirem-se afirmações fáticas das opiniões ou juízos de valor. Tal diferenciação é importantíssima, pois as primeiras dizem respeito à existência ou inexistência de um determinado fato que pode ser objetivamente comprovado, ao passo que as segundas consistem em manifestações de natureza essencialmente subjetiva. Logo, em relação aos juízos de valor e a opiniões exaradas, a apuração da veracidade não pode ser aferida, pois depende muitas vezes da posição política e ideológica daquele que se manifesta. Já as afirmações fáticas, as quais são reproduzidas através de notícias e informações veiculadas, em virtude de seu caráter essencialmente objetivo, está a exigir a veracidade como elemento nuclear a ser identificado, sendo suscetíveis, pois, a pronta reparação caso transmitidas de maneira equivocada ou mesmo inverídica.

Conforme antes se referiu, no direito francês a resposta pode ser oferecida tanto em relação a afirmações fáticas, vale dizer, matérias jornalísticas, como em relação a opiniões e juízos de valor publicados ou publicamente expressados. Diferente é a situação no âmbito do direito espanhol e alemão, onde se privilegia a retificação no que tange às questões fáticas, não merecendo ser acolhido o direito de resposta que tiver por propósito o enfrentamento de uma opinião ou juízo de valor, manifestado, por exemplo, por um cientista, acerca de determinada conduta.

É de se reconhecer que o art. 14 do Pacto de San Jose sugere, tudo indica, a aceitação dos modelos hoje aplicados na Espanha e na Alemanha, em detrimento da larga interpretação havida no direito francês. O dispositivo faz menção expressa a "informações", não alcançando os juízos de valor. Estes, por mais críticos e ásperos, não estariam a ensejar, por parte da Convenção, o legítimo direito de resposta.[204]

2ª) Como se devem interpretar as expressões "imprecisas ou ofensivas"? É possível exercer-se o direito de resposta acerca de expressões meramente ofensivas?

Quanto à possibilidade de se exercer o direito de resposta no que tange a ofensas e críticas, as quais adentrariam na aferição do juízo de valor, é de se valorizar, uma vez mais, a ideia de que o artigo está a proteger a correção da informação, e não o controle das opiniões e eventuais agressões decorrentes do exercício da liberdade de expressão. Evidentemente que o Direito não desprotege aqueles que moralmente restam ofendidos ou os que sofrem prejuízos materiais em virtude de uma manifestação, porém a Convenção, *a priori*, não oferece o direito de resposta como mecanismo hábil para a retratação de opiniões exaradas pelas pessoas.

Todavia, mister salientar que o art. 14 também está a tutelar a situação em que a informação é transmitida de maneira ofensiva (e não simplesmente equivocada). Nesse sentido, Néstor Pedro Sagués[205] ensina que há duas hipóteses através das quais informações ou notícias certas, porém ofensivas, estariam a justificar o exercício do direito de resposta por parte do atingido, a saber: quando atingem sua privacidade e quando, mesmo corretas, são transmitidas de maneira ofensiva ou agressiva.

---

[204] RIVERA, Julio Cesar. *El derecho de réplica, rectificación o respuesta*. E.D. 151-705. Apud RIVERA, Julio César. *La constitucionalidad del derecho de rectificación o respuesta*. Buenos Aires: Rubinzal-Culzoni Editores, 2004, p. 98.

[205] SAGÜÉS, Nestor Pedro. *Constitucionalidad y extensión del derecho de réplica*. J.A. 1988 – IV, p. 349. Apud RIVERA, Julio César. *La constitucionalidad del derecho de rectificación o respuesta*. Buenos Aires: Rubinzal – Culzoni Editores, 2004, p. 70.

Veja-se que tal interpretação abre uma brecha para que não apenas a informação seja passível do direito de retificação, mas também a forma como ela é transmitida o seja. Destarte, o fato de se noticiar algo objetivamente verídico, segundo os ensinamentos de Nestor Pedro Sagués pode justificar o pedido de resposta, se transmitido de maneira agressiva ou ofensiva. Com base na Convenção Americana sobre Direitos Humanos, Julio César Rivera[206] é categórico em não concordar com Sagués, pois, para aquele, o Direito disponibiliza outros mecanismos para corrigir abusos perpetrados na informação.

Entende-se, neste estudo, que à luz do que dispõe a Convenção Americana sobre Direitos Humanos, a informação, correta ou não, transmitida agressivamente ou ofensivamente está, sim, a ensejar a retificação, se solicitada, não quanto ao mérito da informação em si, mas quanto à maneira com que foi exteriorizada, o que, por si só, está a justificar a resposta. O art. 14 da referida Convenção é expresso ao referir-se à ofensividade, motivo pelo qual esta, uma vez constada, deve motivar o pedido a ser formulado perante a autoridade.

3ª) Quem tem o direito de exercer o direito de resposta? Pode-se admitir a resposta a afirmações que atingem um grupo indeterminado de pessoas?

Outra questão que precisa ser esclarecida diz respeito à legitimidade daquele que tem a pretensão de solicitar a retificação. Não há qualquer problema em se reconhecer àquela pessoa vítima da informação incorreta ou ofensiva o direito de resposta. A dúvida está na possibilidade de um terceiro, não referido na informação disseminada, em se sentindo atingido, poder exercer o direito de resposta. Lembra-se, uma vez mais, a permissibilidade admitida pelo direito francês, que reconhece aqueles representativos de classe, etnia, religião dentre outras, a possibilidade de exigir a reparação de determinada informação, inverídica ou ofensiva, mesmo não tendo sido citado expressamente.

Parece evidente que, inclusive como substitutos processuais, determinadas entidades representativas de classes, possam, em nome de seus associados ou sindicados, postular a retificação de uma informação que, mesmo não nominando diretamente a instituição, está a atingi-la. Nesse sentido, apenas a título ilustrativo, quando uma reportagem jornalística generaliza, identificando pejorativamente advogados como aqueles "de porta de cadeias", a Ordem dos Advogados do Brasil – OAB –, legitimada estaria para postular o direito de resposta.

---

[206] RIVERA, Julio César. *La constitucionalidad del derecho de rectificación o respuesta*. Buenos Aires: Rubinzal-Culzoni Editores, 2004, p. 70.

4ª) Qual é o alcance ou a interpretação que se deve dar à frase "meios de comunicação legalmente regulamentados"?

A quarta questão apontada diz respeito ao alcance que a expressão "meios de comunicação regulamentados" quer sugerir. A dúvida aqui resultaria da possibilidade de jornais, revistas e demais veículos gráficos serem alvos de pedidos de direito de resposta. Como se sabe, as regulamentações para tais espécies são bem menos densas do que as exigidas para as telecomunicações. Não há, por parte do Estado, a necessidade de uma outorga pública para a edição de jornais ou revistas. Não obstante, resta superada eventual dúvida no que tange ao alcance dos meios de comunicação. Como todos os outros, a mídia impressa, ao cometer equívocos ou abusos na atividade informativa, está sujeita à disciplina legal que enseja e autoriza o direito de retificação ou resposta. A proteção à honra e à reputação, previstos na Convenção, deve estender-se aos meios gráficos, até porque deles é que se originaram os direitos de resposta, motivo pelo qual, se fosse esta a pretensão do Pacto de San Jose, por certo haveria uma disposição mais clara e irrefutável quanto à não incidência deste direito em relação a jornais e revistas.[207]

5ª) É necessário demonstrar a falsidade ou a inexatidão da notícia veiculada para se exercer o direito de resposta?

A última dúvida que precisa ser esclarecida, considerando a vigência e aplicabilidade da Convenção Americana de Direitos Humanos, diz respeito à necessidade, por parte daquele que tem a legitimidade para exercer o direito de resposta, de demonstrar a falsidade ou a inexatidão da notícia que foi veiculada pela mídia. Esta situação é por demais importante, principalmente nos dias de hoje, com o avanço dos meios tecnológicos, em especial pela celeridade com que se disseminam as notícias e as informações nos mais diferentes ambientes de comunicação. Se o exercício do direito de resposta dependesse da prova de que a notícia veiculada é falsa, por certo o principal objetivo da retificação, que é o de repor os fatos, sob a ótica daquele atingido pela informação, restaria prejudicado. É que, não raras vezes, a comprovação exige um processo judicial, o qual, por mais célere que seja, jamais alcançará a velocidade através da qual se propagam as notícias veiculadas, notadamente aquelas que hoje são reverberadas no ambiente da internet (porém não apenas estas). Logo, é incompatível com o instituto do direito de resposta a prova da falsidade da notícia veiculada, advertindo-se, todavia, que se a retificação ofertada for inverídica, aquele que a emitiu também poderá ser objeto de processo e punição.

---

[207] RIVERA, Julio César. *La constitucionalidad del derecho de rectificación o respuesta*. Buenos Aires: Rubinzal-Culzoni Editores, 2004, p. 74.

6. O direito de resposta nas Constituições brasileiras

Como se sabe, a história constitucional brasileira é pródiga em circunstâncias que precederam a promulgação de suas respectivas Leis Fundamentais. Cada Constituição tem suas peculiaridades, as quais retratam a época em que foram elaboradas, bem como o regime em que vigeram, seja o imperial ou republicano. Ademais, há episódios políticos e administrativos que atribuíram a determinadas Cartas Políticas aspectos mais democráticos ou mais rígidos, conforme relatam os mais diferentes constitucionalistas brasileiros.[208] Houve períodos da história em que regimes democráticos foram proclamados e regrados por direitos consagrados pela *Lex Fundamentalis*, assim como esta mesma situação também ocorreu em relação aos chamados "anos de chumbo", períodos próprios de regimes ditatoriais, em que muitas garantias constitucionais eram radicalmente suprimidas.

A liberdade de expressão e os seus direitos correlatos, por certo, não passaram à margem de tais acontecimentos históricos. Ao mesmo tempo em que era possível vislumbrar a repercussão da democracia nos direitos e garantias fundamentais, proclamados pela Carta Magna, nos períodos em que vigoraram regimes autoritários tais prerrogativas eram restritas ou bruscamente sonegadas.

No que diz respeito ao exercício da atividade de imprensa, existem alguns fatos históricos dignos de registro, tais como o marco inicial da imprensa escrita no país, chamada *Imprensa Régia*, a qual foi fundada em 1808, no Rio de Janeiro. O primeiro jornal brasileiro foi a *Gazeta do Rio de Janeiro*, cujos propósitos eram similares aos que hoje são exercidos pelos diários oficiais, tais como a divulgação dos atos oficiais, à época patrocinados pela Coroa. Em 1821, Portugal proclamava a liberdade de impren-

---

[208] Ver BONAVIDES, Paulo. *Curso de direito constitucional*. São Paulo. 16. ed. Malheiros, 2001; MORAES, Alexandre de. *Direito constitucional*. 11. ed. São Paulo: Editora Atlas, 2002; SILVA, José Afonso da. *Curso de direito constitucional positivo*. 25. ed. São Paulo: Malheiros, 2008.

sa, o que foi recepcionado em seguida pelo Brasil.[209] Todavia, o imperador discricionariamente escolhia o que deveria ser publicado, enquanto aumentava no país a pressão pela independência nacional. Surgiu a ideia da vedação do anonimato, o que deu ensejo a uma portaria assinada pelo Ministro do Reino, José Bonifácio de Andrada e Silva, a qual determinava que não fossem "embaraçados" os escritos anônimos, pois pelos eventuais abusos praticados os autores seriam responsabilizados ou, na falta destes, o editor.[210] Em 1823, mais especificamente entre 17 de abril e 12 de novembro, o imperador assinou uma Carta de Lei, prévia a Constituição, estabelecendo a liberdade de imprensa como um dos pilares de sustentação do regime, porém que fossem toleradas "justas barreiras"[211] ao exercício da atividade.

Inaugura-se, então, com a promulgação da Carta de 1824, a história constitucional brasileira acerca da liberdade de expressão e do direito de resposta.

6.1. A Constituição de 1824

A primeira Constituição brasileira, promulgada em 25 de março de 1824, à época imperial, era considerada essencialmente democrática, privilegiando uma série de direitos e garantias individuais, tais como a estrita observância aos princípios da legalidade, da inviolabilidade do domicílio e da presunção de inocência. Em relação ao direito de resposta, não havia qualquer previsão expressa, embora garantido o direito de liberdade de expressão, *in verbis*:

> Art. 179. A inviolabilidade dos Direitos Civis, e Politicos dos Cidadãos Brazileiros, que tem por base a liberdade, a segurança individual, e a propriedade, é garantida pela Constituição do Imperio, pela maneira seguinte.
> [...]
> IV. Todos podem communicar os seus pensamentos, por palavras, escriptos, e publica-los pela Imprensa, sem dependencia de censura; com tanto que hajam de responder pelos abusos, que commetterem no exercicio deste Direito, nos casos, e pela fórma, que a Lei determinar.

A lei que regulamentou o referido dispositivo constitucional foi a decretada em 22 de novembro de 1823, ou seja, precoce em relação à pró-

---

[209] Dizia o Aviso assinado pelo príncipe regente: "que não embarace por pretexto algum a impressão que se quiser fazer de qualquer texto escrito". BARROSO, Liberato. Questões Práticas de Direito. In: *Estado de São Paulo*. São Paulo, 15.11.75, n. 46.

[210] Informações disponíveis em <http://www.casaruibarbosa.gov.br>. Acesso em: 6 jan. 2010.

[211] BELLO, José Maria. *História da República*. São Paulo: Nacional, 1959.

pria Constituição de 1824. A regulamentação privilegiava a liberdade de imprensa, rechaçava a censura, permitia a elaboração de livros e demais impressos, porém submetia eventuais excessos a julgamentos. Ela partia das mesmas premissas estatuídas pelo art. 11 da Declaração Universal dos Direitos, o qual dispõe que:

> Art. 11. A livre comunicação do pensamento é um dos mais preciosos direitos do homem. Todo cidadão pode, consequentemente, sem dependência de censura prévia, manifestar suas opiniões em qualquer matéria, contanto que haja de responder pelo abuso desta liberdade nos casos e na forma que a lei determinar.

Entretanto, por mais democrática que fosse, a lei dependia muito da vontade política do Imperador para ser observada. Recorda-se que, naquela época, antes da decretação da referida lei, o Imperador havia dissolvido uma Assembleia Constituinte, o que demonstra a instabilidade do próprio regime monárquico, especialmente se comparadas as gestões de Dom Pedro I e Dom Pedro II, sendo este último de perfil mais conciliador,[212] portanto mais simpático e respeitoso em relação à liberdade de imprensa. A Lei de 1823 vigeu praticamente por quase todo o regime imperial.

6.2. A Constituição de 1891

O início da Velha República dividiu-se entre as ordens do Marechal Floriano Peixoto, cujo propósito era o de revogar as leis imperiais, e a montagem de um novo ministério, no qual se destacavam dois jornalistas: Ruy Barbosa, diretor do *Diário de Notícias*, e Quintino Bocaiúva, de *O Pais*. Tendo sido proclamada em 15 de novembro de 1889, a República inaugurou uma fase conturbada na sua relação com a imprensa, pois editou, em 29 de março de 1890, o Decreto n° 295, o qual passou a ser chamado de *Decreto Rolha*, uma vez que tinha por propósito censurar todos aqueles folhetins, jornais e impressos de toda ordem que disseminassem boatos contra a República. Foi considerada, inclusive, a primeira lei de segurança nacional no país. Um dos fatos mais marcantes da época foi a depredação do jornal *A Tribuna*, havido em 29 de novembro de 1890, em virtude de seu comportamento contrário aos interesses do governo republicano. O Decreto de 11 de outubro de 1890, o qual instituiu o Código Penal da época, era draconiano. No que tange à imprensa, todos po-

---

[212] Dom Pedro II reconhecia o direito de greve e protestos como legítimos: "Entendo que se deve permitir toda a liberdade nessas manifestações. Os ataques ao Imperador, quando ele tem consciência de haver procurado proceder bem, não devem ser considerados pessoais, mas apenas o manejo ou desabafo partidário". TORRES, João Camilo. *A democracia coroada:* teoria política do Império. Rio de Janeiro, [s.d].

deriam ser responsabilizados solidariamente (escritor, editor, tipógrafo, proprietário etc.).

Dispunha a Constituição de 1891:

> Art. 72. A Constituição assegura a brasileiros e a estrangeiros residentes no País a inviolabilidade dos direitos concernentes à liberdade, à segurança individual e à propriedade, nos termos seguintes:
> [...]
> § 12. Em qualquer assunto é livre a manifestação de pensamento pela imprensa ou pela tribuna, sem dependência de censura, respondendo cada um pelos abusos que cometer nos casos e pela forma que a lei determinar. Não é permitido o anonimato.

Não há a menor dúvida do caráter democrático da Lei Fundamental, muito embora direitos e garantias individuais pudessem ser sobrestados, em casos de estado de sítio, o que implicaria reconhecer a supressão da liberdade de imprensa. De toda sorte, seriam hipóteses excepcionais.

Após o conturbado período inicial, na virada do século, a imprensa passou a ser respeitada enquanto importante ferramenta concretizadora da liberdade de expressão, embora tal preceito constitucional não pudesse ser realizado em termos fáticos, diante da existência de três leis regulamentadoras: o Decreto Legislativo n° 4.269, o qual regulava a repressão ao anarquismo; a Lei *Adolpho Gordo*,[213] de 1907, cujo propósito era o de reprimir os movimentos operários paulistas e promover a expulsão de estrangeiros envolvidos em greves em larga escala;[214] e a Lei Celerada, sendo esta última promulgada em 1927, por Washington Luís, tendo como característica a censura, a restrição ao direito de reunião e o enfrentamento ao movimento dos tenentes e operários.

6.3. A Constituição de 1934

A Constituição Federal de 1934, considerada avançada em relação ao seu tempo, inspirou-se na Lei Fundamental alemã de Weimar, a qual proclamava o Executivo como um Poder forte. Além de constitucionalizar o direito de voto às mulheres, reduziu a idade mínima para o exercício do sufrágio (de 21 para 18 anos). Através da Constituição de 1934, foram previstas a Justiça do Trabalho e a Eleitoral, assim como se proibiu o trabalho infantil e estabeleceu-se uma jornada regular de trabalho, prevista em oito horas diárias, além de folga semanal, férias remuneradas e indenização aos empregados demitidos sem justa causa.

---

[213] Adolpho Gordo denominava-se o Deputado que propusera a lei.

[214] BATALHA, Claudio. *O movimento operário na primeira república*. Rio de Janeiro: Jorge Zahar, 2000.

No que tange à liberdade de expressão, as diversas formas de pensamento foram privilegiadas, vedada apenas a divulgação de atos que proclamassem a guerra, a desordem pública ou a subversão da ordem social. Pela primeira vez uma Constituição brasileira fez menção expressa ao direito de resposta, porém sem remetê-lo a uma regulamentação específica. Assim dispôs o art. 113, inc. 9, daquela Carta Constitucional:

> Art. 113. A Constituição assegura a brasileiros e a estrangeiros residentes no País a inviolabilidade dos direitos concernentes à liberdade, à subsistência, à segurança individual e à propriedade, nos termos seguintes:
> [...]
> 9) Em qualquer assunto é livre a manifestação do pensamento, sem dependência de censura, salvo quanto a espetáculos e diversões públicas, respondendo cada um pelos abusos que cometer, nos casos e pela forma que a lei determinar. Não é permitido anonimato. É segurado o direito de resposta. A publicação de livros e periódicos independe de licença do Poder Público. Não será, porém, tolerada propaganda, de guerra ou de processos violentos, para subverter a ordem política ou social.

Embora democrática, os preceitos constitucionais da Carta de 1934 permitiam que o Poder Público impusesse a censura, especialmente em espetáculos públicos e escritos que pudessem colocar em risco os ideais que inspiravam o governo provisório. O direito de resposta, embora previsto, não era efetivo, pois permaneceu desvinculado na ordem constitucional. Sua aplicabilidade dependia do senso de discricionariedade e os parâmetros os quais eram imprecisos e ineficazes.

A Lei de Imprensa da época foi articulada através do Decreto nº 24.776, em 14 de julho de 1934, para revogar as disposições até então vigentes. O Decreto foi considerado positivo, embora a regulamentação à liberdade de expressão já fosse à época criticada.

Dentre os destaques, o retorno da competência do Júri, com Tribunal formado por cinco pessoas, as quais teriam a responsabilidade de julgar os delitos de imprensa. De toda forma, a censura prévia persistia, e a proteção às autoridades políticas também, tal como a possibilidade de aplicação de pena em dobro quando o delito fosse praticado contra o Presidente da República.

6.4. A Constituição de 1937

A Constituição de 1937 foi "outorgada" por Getúlio Vargas em 10 de novembro de 1937, inaugurando o período ditatorial que passaria à História como *Era Vargas*. Conhecida como *Polaca*, em virtude de sua semelhança com a também autoritária Constituição polonesa, a Lei Fundamental brasileira tinha também o propósito de fortalecer os poderes presidenciais, competindo ao Chefe do Executivo a nomeação dos interventores estaduais. Entre 1937 e 1945, o governo de Getúlio Vargas ficou conhecido como *Estado Novo*, lembrando a ditadura de Salazar em Portugal. Acerca das liberdades, dispunha assim a Carta de 1937:

> Art. 122. A Constituição assegura aos brasileiros e estrangeiros residentes no País o direito à liberdade, à segurança individual e à propriedade, nos termos seguintes:
> [...]
> 15) todo cidadão tem o direito de manifestar o seu pensamento, oralmente, ou por escrito, impresso ou por imagens, mediante as condições e nos limites prescritos em lei.

A lei pode prescrever:

> a) com o fim de garantir a paz, a ordem e a segurança pública, a censura prévia da imprensa, do teatro, do cinematógrafo, da radiodifusão, facultando à autoridade competente proibir a circulação, a difusão ou a representação;
>
> b) medidas para impedir as manifestações contrárias à moralidade pública e aos bons costumes, assim como as especialmente destinadas à proteção da infância e da juventude;
>
> c) providências destinadas à proteção do interesse público, bem-estar do povo e segurança do Estado.

A imprensa reger-se-á por lei especial, de acordo com os seguintes princípios:

> a) a imprensa exerce uma função de caráter público;
>
> b) nenhum jornal pode recusar a inserção de comunicados do Governo, nas dimensões taxadas em lei;
>
> c) é assegurado a todo cidadão o direito de fazer inserir gratuitamente nos jornais que o informarem ou injuriarem, resposta, defesa ou retificação;
>
> d) é proibido o anonimato;
>
> e) a responsabilidade se tornará efetiva por pena de prisão contra o diretor responsável e pena pecuniária aplicada à empresa;
>
> f) as máquinas, caracteres e outros objetos tipográficos utilizados na impressão do jornal constituem garantia do pagamento da multa, reparação ou indenização, e das despesas com o processo nas condenações pronunciadas por delito de imprensa, excluídos os privilégios eventuais derivados do contrato de trabalho da empresa jornalística com os seus empregados. A garantia poderá ser substituída por uma caução depositada no princípio de cada ano e arbitrada pela autoridade competente, de acordo com a natureza, a importância e a circulação do jornal;
>
> g) não podem ser proprietários de empresas jornalisticas as sociedades por ações ao portador e os estrangeiros, vedado tanto a estes como às pessoas jurídicas participar de tais empresas como acionistas. A direção dos jornais, bem como a sua orientação intelectual, política e administrativa, só poderá ser exercida por brasileiros natos;

Comentando o direito de resposta previsto na Constituição de 1937, Pontes de Miranda[215] ensinava que a sua inserção gratuita era direito daquele que foi atingido em sua honra, a quem chamava de *difamado* ou *injuriado*. Ademais, sustentava o causídico que embora nada se dissesse, deveria o legítimo titular do direito de resposta encaminhar sua demanda diretamente perante o veículo de comunicação responsável pela agressão moral. Caso não fosse atendido em suas pretensões, então o Poder Judiciário restaria como legitimado para determinar a obrigação de fazer.

Existem algumas considerações importantes relativas ao ordenamento constitucional sob comento. A primeira delas, a de que o texto era significativamente impositivo, pois legalizava a censura prévia, bem como as demais restrições ao exercício da liberdade de imprensa, permitindo que jornais e demais periódicos pudessem ser retirados de circulação. Ademais, consagrou a ideia de que a imprensa cumpria uma função de caráter público, o que, nos dias de hoje, deve ser considerado adequado, porém sem as limitações do passado. Em relação ao direito de resposta, a Carta Política de 1937 foi explícita, obrigando, inclusive administrativamente, os jornais a publicarem gratuitamente respostas ou retificações dos interessados acerca de matérias veiculadas e que estivessem potencialmente caracterizando a injúria de alguém. Tal premissa constitucional constituiu-se em uma regra de caráter normativo, impondo o dever ao órgão de imprensa de recepcionar pedidos que tivessem por propósito o exercício do direito de resposta. A resistência do veículo de comunicação em oferecer o espaço, ensejaria a possibilidade de petição perante o Poder Judiciário.

A Constituição de 1937, com tal preceito, buscava inibir a veiculação de determinadas matérias e opiniões. No entanto, a ideia de inserção gratuita da resposta é compatível com a proposição que aqui se faz, relativa ao exercício do direito fundamental. Agrega-se a tal elemento a proporcionalidade, inclusive no que tange à ocupação de espaço, seção, dia da semana em que foi publicada a matéria ou opinião que se pretende responder ou retificar, dentre outros elementos. No que diz respeito ao alcance, parece nítido que a Lei Fundamental do Estado Novo também tinha o propósito de relacionar eventuais publicações promovidas pela imprensa ao cometimento de crimes, fazendo expressamente menção à injúria. A abrangência do direito de resposta que ora se sustenta não se restringe a hipóteses em que se tipificam crimes, os quais deverão inclusive ser apurados apartadamente, mas a toda e qualquer motivação que possa dar ensejo à resposta de alguém.

---

[215] PONTES DE MIRANDA, Francisco Cavalcanti. *Comentários à Constituição Federal de 10 de novembro de 1937*. Tomo III. Rio de Janeiro: Irmãos Pongetti, 1938, p. 501-502.

6.5. A Constituição de 1946

A Constituição de 1946, promulgada à época do mandato do Presidente Eurico Gaspar Dutra, era essencialmente democrática, consagrando os direitos e as garantias individuais. Dentre os responsáveis por sua elaboração, constaram nomes de peso no cenário jurídico, como Aliomar Baleeiro e Clodomir Cardoso, além do sociólogo Gilberto Freire. O art. 141, § 5°, assim estabelecia a liberdade de expressão e garantia o direito de resposta:

> Art. 141. A Constituição assegura aos brasileiros e aos estrangeiros residentes no País a inviolabilidade dos direitos concernentes à vida, à liberdade, a segurança individual e à propriedade, nos termos seguintes:
> [...]
> § 5º É livre a manifestação do pensamento, sem que dependa de censura, salvo quanto a espetáculos e diversões públicas, respondendo cada um, nos casos e na forma que a lei preceituar pelos abusos que cometer. Não é permitido o anonimato. É assegurado o direito de resposta. A publicação de livros e periódicos não dependerá de licença do Poder Público. Não será, porém, tolerada propaganda de guerra, de processos violentos para subverter a ordem política e social, ou de preconceitos de raça ou de classe.

Explicando o sentido da *livre manifestação*, preconizado no art. 141, § 5°, da Carta de 1946, Pontes de Miranda[216] discursava que o seu alcance era extremamente abrangente, alcançando não apenas o que se diz ou o que se pensa, mas também o que se sente. Tal interpretação é precisa e atual. A liberdade do gesto e da mímica deve ser equiparada à liberdade da palavra, pois nem só esta potencialmente tem o poder de causar agravos.

No que tange ao direito de resposta, as palavras de Pontes de Miranda[217] são ainda mais conclusivas, afirmando que não é preciso, para que o direito de resposta exista, que tenha havido culpa do emitente do pensamento. *Se a lei ordinária deixa de regular o direito à resposta, nem por isso fica ele dependente da legislação ordinária; o art. 141, § 5°, 3ª parte, é bastante em si.* (Grifou-se).

---

[216] Ensinava Pontes de Miranda: "a expressão *liberdade de pensamento*, sem ser exata, é melhor do que 'liberdade de consciência'. Aliás, o que se exprime não é só o que a consciência dita (o têrmo 'consciência' já é, de si mesmo, ambíguo), nem só o que se pensa. Também exprime o que se sente. A liberdade é da psique, e não só da consciência ou do pensamento. [...]. A liberdade vai até o gesto. Tem-se esquecido a importância dos gestos, movimentos ora visíveis, ora invisíveis, ora conscientes, ora inconscientes, na conduta dos homens. [...]. A liberdade do gesto é inseparável da liberdade da palavra. Proibir que a gesticulação aprove o que se está vendo vale o mesmo que se vedar a provação, o aplauso, pela emissão de voz". PONTES DE MIRANDA, Francisco Cavalcanti. *Comentários à Constituição de 1946*. 3. ed. Tomo IV. Rio de Janeiro: Borsoi, 1960, p. 422-423.

[217] Idem, p. 435.

Destaca-se, a partir de tal manifestação, a ideia de que o direito de resposta, previsto constitucionalmente, independe de legislação ordinária que venha a regulamentá-lo. Uma convicção pretérita, porém hoje reafirmada pelo acórdão que declarou como incompatível com o atual ordenamento constitucional a revogada Lei de imprensa.

6.6. A Constituição de 1967

A Carta de 1967, vigente no âmbito do regime militar, foi precedida pelos Atos Institucionais e Complementares, os quais expressavam conteúdo normativo, antes da proclamação da nova Constituição. A ordem constitucional foi necessária legitimação do regime militar, bem como para propiciar a implantação de uma reforma administrativa, a qual necessitava de assento constitucional para ser operacionalizada e, posteriormente regulamentada pelo Decreto-Lei n° 200/67.

No que tange à liberdade de expressão, não diferiu muito das anteriores:

> Art. 150. A Constituição assegura aos brasileiros e aos estrangeiros residentes no País a inviolabilidade dos direitos concernentes à vida, à liberdade, à segurança e à propriedade, nos termos seguintes:
> [...]
> § 8º É livre a manifestação de pensamento, de convicção política ou filosófica e a prestação de informação sem sujeição à censura, salvo quanto a espetáculos de diversões públicas, respondendo cada um, nos termos da lei, pelos abusos que cometer. É assegurado o direito de resposta. A publicação de livros, jornais e periódicos independe de licença da autoridade. Não será, porém, tolerada a propaganda de guerra, de subversão da ordem ou de preconceitos de raça ou de classe.

Aconteceu, todavia, que em regime de exceção, a edição de Atos Institucionais (AI) foram uma constante. Através de tais comandos, mandatos políticos foram cassados, estudantes, professores e jornalistas foram presos e a censura imperou no país, destacando-se para o tema aqui desenvolvido, a edição do AI n°15, em 15 de setembro de 1969, determinando a prisão de jornalistas que divulgassem notícias falsas ou tendenciosas, ou fatos verídicos "truncados ou desfigurados"

Em 1967, surgiu uma nova Lei de Imprensa, através da Lei n° 5.250/67, regulamentando a liberdade de expressão. O mencionado estatuto vigeu até 30 de abril de 2009, quando definitivamente foi revogado pelo julgamento da ADPF n° 130, realizado pelo STF. Conforme antes se destacou, o entendimento de que não cabe regulação em matéria de liberdade de expressão e de imprensa, foi mais uma vez comentado por Pontes de Miranda, em relação à Constituição de 1967.[218]

6.7. A Constituição de 1988

A atual Carta Magna, promulgada em 05 de outubro de 1988, conhecida como a Constituição Cidadã, justamente pelo seu largo rol de direitos e garantias fundamentais, foi expressa ao prever o direito de resposta, proporcional ao agravo, estabelecido em seu inciso V do art. 5°, *in verbis*:

> Art. 5º Todos são iguais perante a lei, sem distinção de qualquer natureza, garantindo-se aos brasileiros e aos estrangeiros residentes no País a inviolabilidade do direito à vida, à liberdade, à igualdade, à segurança e à propriedade, nos termos seguintes:
> [...]
> V – é assegurado o direito de resposta, proporcional ao agravo, além da indenização por dano material, moral ou à imagem;

O direito de resposta se apresenta enquanto regra, de eficácia plena, imprescindindo de qualquer norma regulamentatória, motivo pelo qual a Lei de Imprensa não foi por ela recepcionada, de acordo com a decisão proferida pelo Pretório Excelso, nos autos da ADPF n° 130, ocorrido em 30 de abril de 2009.

A interpretação constitucional, realizada pelo STF, não deixa margem a qualquer dúvida, já que o regime democrático e o elenco dos direitos fundamentais, dentre os quais se destacam os de expressão, de informação e de pensamento, não admitem o cerceamento senão pela incidência de outros direitos, que com ele convivem harmonicamente, no âmbito do sistema jurídico brasileiro.

O STF proclamou a "livre circulação de ideias", o que quer dizer que a liberdade de expressão só pode ser regulada por ela mesma, considerando toda sociedade como a titular do direito, inadmitindo-se a restrição coativa, assim como a censura prévia. Para eventuais impropriedades, a *Lex Fundamentalis* reservou a possibilidade de indenização por dano material, moral ou à imagem, os quais poderão ser aferidos em ação própria e autônoma, sem que restem prejudicados em função do exercício do direito de resposta.

Pela atual Constituição, a resposta deve ser garantida a todos e assegurada a todos. Isso significa que o que foi atingido pela publicização de

---

[218] Reafirmava Pontes de Miranda: "não pode o legislador ordinário limitar a matéria, nem dar ensejo à inclusão de matéria estranha à ofensa". PONTES DE MIRANDA, Francisco Cavalcanti. *Comentários à Constituição de 1947*. Tomo V. São Paulo: RT, 1968, p. 155.

uma informação, notícia ou opinião, tem o direito, de pronto, de requerer perante a pessoa ou órgão responsável o exercício de seu direito de resposta. Em havendo a recusa, o Poder Judiciário poderá ser acionado, através de ação que suscite e sustente tal direito, tendo a sentença a ser proferida pela autoridade judicial efeito mandamental.

A plena eficácia do direito de resposta proporcional ao agravo é o objeto do presente estudo, em face da revogação da Lei de Imprensa, a qual, à luz da Lei Fundamental, era inconstitucional e, portanto, já não estava apta a regular um direito que, por sua natureza, não pode ser restringido por ordenamento jurídico qualquer.

7. O direito fundamental de resposta proporcional ao agravo

Elencado no inciso V do art. 5º da *Lex Fundamentalis*, o direito de resposta no âmbito da legislação brasileira sempre foi interpretado tendo como parâmetro a Lei de Imprensa, a qual, embora promulgada em período anterior à ordem constitucional vigente, disciplinava as hipóteses através das quais a resposta poderia ser exercida. De acordo com o art. 29 da Lei nº 5.250/67, julgada inconstitucional pelo STF, o direito de resposta poderia ser conceituado como o instituto jurídico pelo qual "toda pessoa, natural ou jurídica, órgão ou entidade pública, que for acusado ou ofendido em publicação feita em jornal ou periódico, ou em transmissão de radiodifusão, ou a cujo respeito os meios de informação e divulgação veicularem fato inverídico ou errôneo, tem direito a resposta ou retificação".

Há uma nítida vinculação do direito de resposta à atividade jornalística. Isso incorretamente o exercício de tal garantia a fatos, opiniões ou informações disseminadas pelos meios de comunicação, o que implicaria um reconhecimento apenas parcial do alcance de tal prerrogativa constitucional. Era como se o direito de resposta só pudesse ser requerido perante os órgãos de imprensa e não contra qualquer outro meio de divulgação de fatos, opiniões ou informações. Esta interpretação é discriminatória e não se coaduna com o preceito constitucional, o qual está a garantir o direito de resposta proporcional ao agravo, independentemente se a incorreção ou a ofensa tenha sido patrocinada pelos meios de comunicação social ou não.

A então chamada "lei da informação" caracterizava a ofensa como crime contra honra.[219] Nesse sentido, o seu conceito não destoa daquele consagrado pela própria Carta Magna, quando esta tutela os direitos de personalidade, notadamente à honra e à imagem, assim como não diverge daqueles tipos previstos no Código Penal brasileiro, entendidos como

---

[219] COSTELLA, Antonio. *Direito da comunicação*. São Paulo: Revista dos Tribunais, 1976, p. 208.

crimes de ação penal privada. Aqui, o que deve ser considerado, é que as penas então previstas pela Lei n° 5.250/67[220] eram mais graves[221] do que aquelas estipuladas pelo Código Penal,[222] o que deve ser considerado

---

[220] Os crimes de imprensa estavam previstos nos arts. 14 a 22 da Lei n° 5.250/67. A Lei de Imprensa estabelece hipóteses através das quais o suposto ofendido poderia vir a juízo propor um pedido de explicações, se de referências, alusões ou frases se constata calúnia, difamação ou injúria. O processo tramitava, onde existam, em varas criminais e estabelecia um prazo de 48 horas para que a pessoa esclarecesse o que lhe era perguntado, sob pena do processamento, pela Lei de Imprensa, por um crime contra honra. Indispensável considerar que tais explicações prestadas pelo demandado não poderiam ser aferidas pelo juiz, devendo ser encaminhadas ao autor para que este, diante do teor daquilo que lhe foi respondido, decidisse pelo ajuizamento da ação privada, quando então o magistrado poderia, diante das provas coletadas e apresentadas, bem como os demais atos e elementos do processo pudesse decidir acerca de uma punição a ser aplicada ao réu. Mister considerar que este pedido de explicações não era condição para a propositura da ação penal, mas simples faculdade, da qual, inclusive, se valia o autor para justificar as razões e coletar as provas que pudesse vir a instruir a ação penal, ou mesmo dar-se por satisfeito pelas explicações oferecidas pelo demandado.

[221] Art. 20. Caluniar alguém, imputando-lhe falsamente fato definido como crime: Pena: Detenção, de 6 (seis) meses a 3 (três) anos, e multa de 1 (um) a 20 (vinte) salários-mínimos da região. § 1º Na mesma pena incorre quem, sabendo falsa a imputação, reproduz a publicação ou transmissão caluniosa. § 2º Admite-se a prova da verdade, salvo se do crime imputado, embora de ação pública, o ofendido foi absolvido por sentença irrecorrível. § 3º Não se admite a prova da verdade contra o Presidente da República, o Presidente do Senado Federal, o Presidente da Câmara dos Deputados, os Ministros do Supremo Tribunal Federal, Chefes de Estado ou de Govêrno estrangeiro, ou seus representantes diplomáticos. Art. 21. Difamar alguém, imputando-lhe fato ofensivo à sua reputação: Pena: Detenção, de 3 (três) a 18 (dezoito) meses, e multa de 2 (dois) a 10 (dez) salários-mínimos da região. § 1º A exceção da verdade somente se admite: a) se o crime é cometido contra funcionário público, em razão das funções, ou contra órgão ou entidade que exerça funções de autoridade pública; b) se o ofendido permite a prova. § 2º Constitui crime de difamação a publicação ou transmissão, salvo se motivada por interêsse público, de fato delituoso, se o ofendido já tiver cumprido pena a que tenha sido condenado em virtude dêle. Art. 22. Injuriar alguém, ofendendo-lhe a dignidade ou decôro: Pena: Detenção, de 1 (um) mês a 1 (um) ano, ou multa de 1 (um) a 10 (dez) salários-mínimos da região. Parágrafo único. O juiz pode deixar de aplicar a pena: a) quando o ofendido, de forma reprovável, provocou diretamente a injúria; b) no caso de retorsão imediata, que consista em outra injúria. Art. 23. As penas cominadas dos arts. 20 a 22 aumentam-se de um têrço, se qualquer dos crimes é cometido: I – contra o Presidente da República, Presidente do Senado, Presidente da Câmara dos Deputados, Ministro do Supremo Tribunal Federal, Chefe de Estado ou Govêrno estrangeiro, ou seus representantes diplomáticos; II – contra funcionário público, em razão de suas funções; III – contra órgão ou autoridade que exerça função de autoridade pública. Art. 24. São puníveis, nos têrmos dos arts. 20 a 22, a calúnia, difamação e injúria contra a memória dos mortos. Art. 25. Se de referências, alusões ou frases se infere calúnia, difamação ou injúria, quem se julgar ofendido poderá notificar judicialmente o responsável, para que, no prazo de 48 horas, as explique. § 1º Se neste prazo o notificado não dá explicação, ou, a critério do juiz, essas não são satisfatórias, responde pela ofensa.

[222] Art. 138. Caluniar alguém, imputando-lhe falsamente fato definido como crime: Pena – detenção, de seis meses a dois anos, e multa. § 1º Na mesma pena incorre quem, sabendo falsa a imputação, a propala ou divulga. § 2º É punível a calúnia contra os mortos. § 3º Admite-se a prova da verdade, salvo: I – se, constituindo o fato imputado crime de ação privada, o ofendido não foi condenado por sentença irrecorrível; II – se o fato é imputado a qualquer das pessoas indicadas no nº I do art. 141; III – se do crime imputado, embora de ação pública, o ofendido foi absolvido por sentença irrecorrível. Art. 139. Difamar alguém, imputando-lhe fato ofensivo à sua reputação: Pena – detenção, de três meses a um ano, e multa. Parágrafo único. A exceção da verdade somente se admite se o ofendido é funcionário público e a ofensa é relativa ao exercício de suas funções. Art. 140. Injuriar alguém, ofendendo-lhe a dignidade ou o decoro: Pena – detenção, de um a seis meses, ou multa. § 1º O juiz pode deixar de aplicar a pena: I – quando o ofendido, de forma reprovável, provocou diretamente a injúria; II – no caso de retorsão imediata, que consista em outra injúria. § 2º Se a injúria consiste em violência ou vias de fato, que, por sua natureza ou pelo meio empregado, se considerem aviltantes:

uma incoerência ou excesso inadmissível e felizmente já afastados por decisões pretéritas do STF, as quais já afirmavam a incompatibilidade da Lei de Imprensa com os preceitos democráticos da Constituição de 1988, e definitivamente elididos com o julgamento da ADPF n° 130.

É de se perquirir o entendimento acerca de fato *inverídico ou errôneo*, como passíveis de resposta ou retificação. Nesse aspecto, a melhor compreensão deve ser aquela que abarca a ideia de que a informação transmitida não condiz com a realidade, ainda que a inverdade ou a incorreção sejam apenas parciais.[223]

Posto isso, o direito de resposta deve ser reconhecido como garantia fundamental de defesa, a qual se insere no âmbito do exercício da liberdade de expressão, como mecanismo capaz de corrigir uma informação equivocada ou de apresentar uma posição discordante da que fora divulgada, quando esta referir o nome ou atos atribuídos a determinada pessoa, física ou jurídica. O dispositivo contido no inciso V do art. 5° da Constituição Federal encontra guarida também na legislação infraconstitucional, tais como no Código Civil brasileiro, para fins de apuração da responsabilidade, assim como no Estatuto Penal, o qual estabelece, conforme anteriormente mencionado, eventuais crimes decorrentes do exercício da liberdade de expressão.

Pena – detenção, de três meses a um ano, e multa, além da pena correspondente à violência. § 3° Se a injúria consiste na utilização de elementos referentes a raça, cor, etnia, religião, origem ou a condição de pessoa idosa ou portadora de deficiência: Pena – reclusão de um a três anos e multa. Art. 141. As penas cominadas neste Capítulo aumentam-se de um terço, se qualquer dos crimes é cometido: I – contra o Presidente da República, ou contra chefe de governo estrangeiro; II – contra funcionário público, em razão de suas funções; III – na presença de várias pessoas, ou por meio que facilite a divulgação da calúnia, da difamação ou da injúria. IV – contra pessoa maior de 60 (sessenta) anos ou portadora de deficiência, exceto no caso de injúria. Parágrafo único. Se o crime é cometido mediante paga ou promessa de recompensa, aplica-se a pena em dobro. Art. 142. Não constituem injúria ou difamação punível: I – a ofensa irrogada em juízo, na discussão da causa, pela parte ou por seu procurador; II – a opinião desfavorável da crítica literária, artística ou científica, salvo quando inequívoca a intenção de injuriar ou difamar; III – o conceito desfavorável emitido por funcionário público, em apreciação ou informação que preste no cumprimento de dever do ofício. Parágrafo único. Nos casos dos ns. I e III, responde pela injúria ou pela difamação quem lhe dá publicidade. Art. 143. O querelado que, antes da sentença, se retrata cabalmente da calúnia ou da difamação, fica isento de pena. Art. 144. Se, de referências, alusões ou frases, se infere calúnia, difamação ou injúria, quem se julga ofendido pode pedir explicações em juízo. Aquele que se recusa a dá-las ou, a critério do juiz, não as dá satisfatórias, responde pela ofensa. Art. 145. Nos crimes previstos neste Capítulo somente se procede mediante queixa, salvo quando, no caso do art. 140, § 2°, da violência resulta lesão corporal. Parágrafo único. Procede-se mediante requisição do Ministro da Justiça, no caso do n° I do art. 141, e mediante representação do ofendido, no caso do n. II do mesmo artigo. Parágrafo único. Procede-se mediante requisição do Ministro da Justiça, no caso do inciso I do *caput* do art. 141 deste Código, e mediante representação do ofendido, no caso do inciso II do mesmo artigo, bem como no caso do § 3° do art. 140 deste Código.

[223] COSTELLA, Antonio. *Direito da comunicação*. São Paulo: Revista dos Tribunais, 1976, p. 208.

Nas palavras de Vital Moreira,[224] observando a característica e aplicabilidade do direito de resposta na Constituição portuguesa, trata-se de um direito fundamental diretamente aplicável, portanto de eficácia imediata. Não pode ser restringido, tampouco suspenso senão nas hipóteses constitucionalmente estabelecidas. E arrebata: "como direito fundamental, ainda, o direito de resposta não é irrenunciável. O interessado pode não o exercer; mas não pode comprometer-se antecipadamente a não usar no futuro".

No entendimento de Rubem Cione,[225] ainda se referindo ao conceito preconizado pela Lei n° 5.250/67, "o direito de resposta é uma segurança que a lei estabelece para o respeito efetivo e eficaz de um direito, considerando que a honra do indivíduo é um bem jurídico tutelado e deve ser protegido, resguardado, amparado", afirmação esta a que se adere prontamente.

7.1. O direito de resposta como direito fundamental de defesa

É preciso que se afirme, categoricamente, que o direito de resposta proporcional ao agravo, estatuído como garantia fundamental pela Constituição brasileira, deve ser compreendido como direito de defesa. É que, conforme preconizado pela Lei Fundamental, o direito de resposta é um mecanismo através do qual aquele que se sinta ofendido ou prejudicado pela veiculação de uma notícia ou informação, disseminada pelos meios de comunicação, possa, em relação a ela, apresentar as suas contraposições. Gilmar Mendes,[226] analisando os direitos de defesa enquanto direitos fundamentais, discorre "que asseguram a esfera de liberdade individual contra interferências ilegítimas do Poder Público, provenham elas do Executivo, do Legislativo ou, mesmo, do Judiciário".

---

[224] MOREIRA, Vital. *O direito de resposta na comunicação social*. Coimbra: Coimbra Editora, 1994, p. 74.

[225] CIONE, Rubem. *Do direito de resposta na lei de imprensa*. São Paulo: Saraiva, 1995, p. 4.

[226] Na lição de Gilmar Mendes, "se o Estado viola esse princípio, dispõe o indivíduo da correspondente pretensão que pode consistir, fundamentalmente, em uma: (1) pretensão de abstenção(Unterlassungsanspruch); (2) pretensão de revogação (Aufhebungsanspruch); (3) pretensão de anulação (Beseitigungsanspruch). (4) pretensão de consideração (Berücksitigungsanspruch), que impõe ao Estado o dever de levar em conta a situação do eventual afetado, fazendo as devidas ponderações; e (5) pretensão de defesa ou de proteção (Schutzanspruch), que impõe ao Estado, nos casos extremos, o dever de agir contra terceiros". MENDES, Gilmar. *Os direitos fundamentais e seus múltiplos significados na ordem constitucional*. Revista Diálogo Jurídico n° 10. Janeiro de 2002. Disponível em <http://www.georgemlima.xpg.com.br/mendes.pdf>. Acesso em: 25 de out. 2009.

Ainda comentando a lei de imprensa, Darcy Arruda Miranda[227] dispõe que o direito de resposta é "um verdadeiro estado de legítima defesa, pois o ofendido age imediatamente, antes que o dano da ofensa cause males maiores".

Verificam-se dois aspectos que precisam ser mensurados, para fins do que se investiga: o primeiro deles é a imposição ao Estado de intervir, nas hipóteses em que os direitos de personalidade passam a ser atingidos pela publicização de informações pertinentes a determinada pessoa ou agrupamento, ou mesmo diante da necessidade de reposição da verdade ou simplesmente do oferecimento de uma contraposição por parte daquele que fora atingido em virtude de uma reportagem jornalística ou da divulgação de fatos em relação aos quais tenha interesse em responder ou de prestar informações (sentido amplo do direito de resposta proporcional ao agravo); o segundo apontamento é o de que os direitos de defesa não se caracterizam, portanto, apenas através de condutas de abstenções do Poder Público, mas, sentido contrário, em uma possibilidade de ação do Estado com vistas à proteção dos direitos fundamentais de terceiros.[228] Desse modo, a defesa não diz respeito apenas ao enfrentamento do Poder Público enquanto eventual regulador de direitos individuais ou sociais, mas também à exigência de que este possa garantir que terceiros respeitem e observem os direitos dos cidadãos.[229]

---

[227] MIRANDA, Darcy Arruda. *Comentários à lei de imprensa*. 3. ed. São Paulo: RT, 1995. p 559.

[228] Cumpre-se destacar a doutrina de Georg Jellinek, entre nós estudada, dentre outros, por Gilmar Mendes, Ingo Sarlet e Paulo Bonavides. Para o estudioso alemão, as normas de direitos fundamentais cumprem diferentes funções (*status*), enquanto objetivam assegurar determinadas posições aos cidadãos. O status negativo diz respeito à liberdade na qual as pretensões essencialmente individuais encontram sua satisfação. Em sentido oposto, encontra-se o status passivo, onde o indivíduo situa-se em posição de sujeição ao Estado, estando adstrito a obrigações. Quanto maior o status passivo, menor o status negativo. Há, portanto, entre eles, uma relação de contradição. De outra banda, há o status positivo, através da qual o indivíduo encontra-se em uma posição jurídica que o autoriza a exigir do Estado prestações positivas, reclamando para si algo a que o Estado esteja obrigado a fazer ou a cumprir. No entendimento de Jellinek, o status positivo forma com o status passivo uma via de mão dupla, através da qual ora o indivíduo possui obrigações com o Estado (passivo), ora é o Estado que assume obrigações com o indivíduo (positivo). Por derradeiro, o jurista alemão faz referência ao status ativo, através do qual o cidadão exerce competências para participar do Estado, definindo a vontade estatal. Como exemplo, cita-se o exercício do voto.

[229] Destaca Gilmar Mendes que "a concepção que identifica os direitos fundamentais como princípios objetivos legitima a idéia de que o Estado se obriga não apenas a observar os direitos de qualquer indivíduo em face das investidas do Poder Público (direito fundamental enquanto direito de proteção ou de defesa – *Abwehrrecht*), mas também a garantir os direitos fundamentais contra agressão propiciada por terceiros (*Schutzpflicht des Staats*). A forma como esse dever será satisfeito constitui tarefa dos órgãos estatais, que dispõem de ampla liberdade de conformação. A jurisprudência da Corte Constitucional alemã acabou por consolidar entendimento no sentido de que do significado objetivo dos direitos fundamentais resulta o dever do Estado não apenas de se abster de intervir no âmbito de proteção desses direitos, mas também de proteger esses direitos contra a agressão ensejada por atos de terceiros. Essa interpretação do Bundesverfassungsgericht empresta, sem dúvida, uma nova dimensão aos direitos fundamentais, fazendo com que o Estado evolua da posição de "adversário" (*Gegner*) para uma função de guardião desses direitos (*Grundrechtsfreund oder Grundrechtsgarant*).

Este é um alicerce que precisa ser destacado a partir da análise do direito fundamental de resposta proporcional ao agravo. Compete ao Estado "advogar" em favor daquele que pretende exercer tal prerrogativa constitucional frente a terceiros, exercendo o Poder Público, neste caso, uma atuação positiva e não de abstenção, como os demais direitos de defesa impõem a comportamentos estatais, tal como aquele que reclama, como regra, a não intervenção no exercício da liberdade de expressão.

7.2. O direito de resposta como limite e restrição ao direito de liberdade de expressão

O direito de resposta insere-se dentro de um conceito maior de direito a informação. Este, por sua vez, integra o amplo espectro e alcance da liberdade de expressão, motivo pelo qual aquilo que aqui se estuda constitui-se, inexoravelmente, em direitos fundamentais, cuja eficácia, embora plena, não pode ser considerada absoluta,[230] devendo ser mediada e restringida no âmbito do próprio sistema jurídico, inclusive como mecanismo através do qual se valoriza o Estado Democrático. Registre-se, igualmente, que a dogmática constitucional brasileira restou silente quanto ao meio e forma através dos quais tais restrições seriam efetivadas, salvaguardando, todavia, a chamada "proibição do retrocesso", especialmente quanto à reforma constitucional. Nesse sentido, ensina Ingo Sarlet[231] que o legislador constituinte brasileiro, "optou por quedar silente (ao contrário do que ocorreu na Alemanha, Portugal e mesmo Espanha, para referir exemplos mais conhecidos) no que diz com o estabelecimento de um regime constitucional expresso e específico em matéria de limites e limites aos limites fundamentais, à exceção da previsão de reservas de lei

---

É fácil ver que a idéia de um dever genérico de proteção fundado nos direitos fundamentais relativiza sobremaneira a separação entre a ordem constitucional e a ordem legal, permitindo que se reconheça uma irradiação dos efeitos desses direitos (Austrahlungswirkung) sobre toda a ordem jurídica. Assim, ainda que se não reconheça, em todos os casos, uma pretensão subjetiva contra o Estado, tem-se, inequivocamente, a identificação de um dever deste de tomar todas as providências necessárias para a realização ou concretização dos direitos fundamentais". MENDES, Gilmar. *Os Direitos fundamentais e seus múltiplos significados na ordem Constitucional*. Revista Diálogo Jurídico nº 10. Janeiro de 2002. Disponível em <http://www.georgemlima.xpg.com.br/mendes.pdf.> Acesso em: 25 out. 2009.

[230] O absoluto aqui, como bem discorre Ingo Sarlet, deve ser compreendido no sentido de que os direitos fundamentais não são "absolutamente blindados contra qualquer tipo de restrição na sua esfera subjetiva e objetiva". SARLET, Ingo Wolfgang. *A eficácia dos direitos fundamentais*. 10. ed. Porto Alegre: Livraria do Advogado, 2009, p. 387.

[231] Idem, p. 386-387.

e da proibição de abolição efetiva e tendencial dos conteúdos protegidos contra reforma constitucional (Art. 60, § 4°, da Constituição de 1988)".

É de se interpretar a expressão "limites aos limites" como limites às restrições admitidas no âmbito da regulação da eficácia dos direitos fundamentais. Se, por um lado, aceita-se que estes direitos não possuem o caráter absoluto, por outro, o reconhecimento de que limites são admissíveis não pode, em hipótese qualquer, significar que tudo possa ser limitado.

A nossa Constituição não definiu hipóteses através das quais se aplicariam restrições à realização normativa dos direitos fundamentais. Diante disso, as soluções são encontradas a partir das próprias sinalizações do texto constitucional, tais como os princípios da reserva legal e o da proporcionalidade. No mais, o sistema atribuiu os poderes constituídos a fazê-los, notadamente através do Judiciário e, em especial, o STF.

Ainda que de forma sumária, cumpre-se destacar a existência de duas correntes que disciplinam as restrições à realização normativa dos direitos fundamentais. Não é preciso repetir que a origem de tais teorias se encontra notadamente na escola constitucional portuguesa e na alemã. Em rápidas palavras, para a teoria externa[232] (art. 18 da Constituição lusitana e art. 19 da Lei Fundamental de Bonn), a função precípua dos direitos fundamentais é a defesa do cidadão ante as atuações estatais, o que caracteriza um perfil liberal de tal concepção. Toda e qualquer intervenção, portanto, de acordo com tal teoria, deve ser excepcional e expressamente prevista no ordenamento constitucional, o que deve exigir do legislador constituinte uma capacidade para antever conflitos e antinomias os quais, indubitavelmente, não podem ser previstos. A teoria interna, por sua vez, parte do pressuposto de que o indivíduo deve ser considerado como parte integrante da sociedade e, em sentido comunitário,[233] desenvolve suas atividades não isoladamente, mas relacionando-se permanentemente com a coletividade. Nesse sentido, os conflitos devem ser sopesados, destacando-se a importante função do legislador na conformação da liberdade, bem como na ponderação da eficácia normativa dos direitos fundamentais, os quais não podem violar bens jurídicos de valor igual ou superior ao seu.

O direito de resposta como limite e restrição ao direito de liberdade de expressão representa a pluralidade de pensamentos e opiniões que devem coexistir em uma sociedade democrática. Nesse balizamento de

---

[232] NOVAIS, Jorge Reis. *As restrições aos direitos fundamentais não expressamente autorizadas pela Constituição*. Coimbra: Coimbra Editora. 2003, p. 292 e segs.

[233] MENDES, Gilmar Ferreira. *Hermenêutica constitucional e direitos fundamentais*. Brasília: Brasília Jurídica, 2000, p. 225.

ideias, a resposta tem o poder de relativizar os discursos unilaterais, possibilitando ao intérprete uma dicotomia capaz de estimular não apenas a reflexão, mas o próprio diálogo. No que tange à vigência e à eficácia dos direitos fundamentais, é de se destacar a preponderância da liberdade de expressão, na qual se inserem a liberdade de pensamento e de informação, como expoentes de uma ideologia constitucional, onde se privilegia a livre circulação de ideias e as demais atividades democráticas. Não se divorcia de tais misteres o direito de resposta, o qual se insere como elemento da própria liberdade de expressão, exigindo do operador do direito à valorização não apenas de seus conceitos jurídicos, os quais através da presente pesquisa se busca explicitar, mas à sua efetividade como mediador de eventuais conflitos que se sucedem no âmbito do sistema.

7.3. A resposta e a retificação

A Constituição Federal brasileira estabelece o direito de resposta proporcional ao agravo, o que deve ser compreendido tanto como um direito de se repor a verdade, diante da divulgação de uma notícia falsa, assim como o de correção, na hipótese de uma informação divulgada de maneira incorreta, imprecisa ou que enseje, por parte daquele que é citado, diretamente ou indiretamente, algum tipo de esclarecimento.

A distinção entre o direito de resposta e o de retificação não guarda relação com a história legislativa brasileira, no tocante ao exercício da liberdade de expressão e de imprensa. A superada Lei n° 5.250/67 também não fazia qualquer diferenciação em relação a tais institutos, equiparando a incorreção à inverdade, muito embora admitisse a retratação do interlocutor. Contudo, é evidente que não se trata de institutos iguais, porém afins. Nesse sentido, indispensável a lição de Vital Moreira,[234] o qual, com precisão, diferencia o direito de resposta do de retificação, ao estabelecer que o primeiro pode ter por objeto também os juízos de valor, além das referências de fato, ao passo que a simples retificação alcança tão somente as circunstâncias fáticas a serem corrigidas.

No entendimento de Isabel Moniz,[235] o direito de retificação é hoje uma modalidade ou componente do direito de resposta, em seu sentido

---

[234] MOREIRA, Vital. *O direito de resposta na comunicação social*. Coimbra: Coimbra Editora, 1994, p. 76.

[235] MONIZ, Isabel Helena. *Direito de resposta*: limite à liberdade de imprensa ou protecção do consumidor? Coimbra: Instituto Jurídico da Comunicação. Faculdade de Direito de Coimbra, 1993, p. 27-28. *Apud* MOREIRA, Vital. *O direito de resposta na comunicação social*. Coimbra: Coimbra Editora, 1994, p. 77.

mais amplo. A retificação é uma resposta que tem por propósito a correção de fatos, desmentindo-os ou simplesmente oferecendo, comprovadamente, uma versão diferente e verídica.

O direito de resposta decorre de uma manifestação agressiva, abusiva e ofensiva. Entende-se que a resposta, inclusive, imprescinde da comprovação de veracidade acerca do que alega e sustenta o ofendido, quando do oferecimento de suas razões. O que justifica o direito de resposta são as informações, notícias ou opiniões, estas últimas adentrando no juízo de valor de quem as expressa, manifestações estas que podem ensejar o exercício do direito de resposta por parte daquele que fora ofendido.

A retificação, cujo significado deve ser compreendido no âmbito do próprio direito de resposta, diz respeito a informações e matérias incorretas, as quais, da maneira como veiculadas, podem causar danos àqueles que foram citados ou nominados em seu contexto.

É de se considerar uma terceira figura, a qual, embora não se coadune com o exercício do direito de resposta, tem sido sistematicamente utilizada pelos jornais e demais periódicos: o denominado contraponto.

O contraponto é o exercício de uma simples contradição, normalmente oferecida por aquele que foi objeto de uma matéria jornalística, em relação às suas atividades e atitudes. Não pode, em hipótese qualquer, ser o contraponto considerado uma espécie de direito de resposta, pois ele não surge em momento posterior à notícia, mas sim concomitantemente a ela. Nesse sentido, o contraponto ganha quase sempre menor relevo em relação à matéria jornalística contra a qual ele se opõe, tornando-se um elemento subsidiário da reportagem. Não raras vezes, uma notícia é publicada ou divulgada nos meios de comunicação de maneira extensa e intensa, não alcançando, o contraponto, ao acusado ou atingido, a possibilidade de exaurir, com a devida proporcionalidade, o enfrentamento da matéria jornalística da qual foi alvo. Em telejornais ou notícias veiculadas pelo rádio, o contraponto vem ao final da matéria, sem que esteja caracterizada uma entrevista, tampouco a utilização de espaço adequado e viável à prestação de informações ou à realização da resposta.

O contraponto não se preocupa sequer com a efetiva oitiva da pessoa responsável pelo fato noticiado. Os jornais disponibilizam espaço ínfimo, normalmente em parte da página ou da matéria que não ganha maior expressão, caracterizando-se mais como um suposto dever de se ouvir o responsável, do que propriamente uma obrigação democrática de se ofertar espaço condizente com o corpo da matéria que se veicula.

O contraponto, portanto, não elimina o possível exercício do direito de resposta, tampouco está ele contemplado no preceito fundamental estabelecido pelo art. 5º, V, da Carta Política brasileira. Não obstante, tem sido um mecanismo insistentemente utilizado pelos meios de comunicação, muito embora, da maneira como veiculado, esteja mais a cumprir os interesses jornalísticos, no que tange à valorização da matéria, do que um mecanismo de contraposição ao teor da matéria noticiada.

7.4. Os fundamentos do direito de resposta

Vital Moreira[236] é categórico ao dizer que o direito de resposta, incluindo o de retificação, "é o direito de ripostar a declarações ou afirmações de outrem relativas à pessoa que responde".

Quando se estuda o direito de resposta, é indispensável interpretá-lo e compreendê-lo no contexto da liberdade de expressão. Conforme antes já se afirmou, o fato de que as liberdades consagradas pela Constituição devam ser interpretadas no sentido mais pleno possível, não as confere o caráter absoluto, devendo ser ponderadas diante da vigência de outros direitos fundamentais. Ignorar o direito de resposta no âmbito de um Estado democrático é repelir as próprias características que sedimenta este Estado, vale dizer, é conferir caráter inquestionável a pronunciamentos, notícias e informações, como se o contraditório não pudesse ser exercido.

Todavia, mister salientar que o direito de resposta não é simplesmente um elemento da liberdade consagrada na Constituição Federal. Ele é um direito fundamental e como tal se apresenta ao pleno exercício por quaisquer que dele se socorram. O direito de resposta é a própria liberdade de expressão.

O direito de resposta está intimamente ligado à defesa dos direitos vinculados à personalidade. O art. 5º, X, da Constituição Federal dispõe serem "invioláveis à intimidade, à vida privada, à honra e à imagem das pessoas, assegurado o direito à indenização pelo dano material ou moral decorrente de sua violação". A exemplo do direito de resposta proporcional ao agravo, na defesa dos direitos de personalidade também fica assegurada a possibilidade de a vítima postular, perante o agressor, indenização pelo dano material ou moral ocasionado em virtude da violação de seus direitos fundamentais, igualmente consagrados pela Carta

---

[236] MOREIRA, Vital. *O direito de resposta na comunicação social.* Coimbra: Coimbra Editora, 1994, p. 77.

Política. O Código Civil[237] regula as hipóteses de proteção dos direitos de personalidade.[238]

---

[237] Art. 11. Com exceção dos casos previstos em lei, os direitos da personalidade são intransmissíveis e irrenunciáveis, não podendo o seu exercício sofrer limitação voluntária. Art. 12. Pode-se exigir que cesse a ameaça, ou a lesão, a direito da personalidade, e reclamar perdas e danos, sem prejuízo de outras sanções previstas em lei. Parágrafo único. Em se tratando de morto, terá legitimação para requerer a medida prevista neste artigo o cônjuge sobrevivente, ou qualquer parente em linha reta, ou colateral até o quarto grau. Art. 13. Salvo por exigência médica, é defeso o ato de disposição do próprio corpo, quando importar diminuição permanente da integridade física, ou contrariar os bons costumes. Parágrafo único. O ato previsto neste artigo será admitido para fins de transplante, na forma estabelecida em lei especial. Art. 14. É válida, com objetivo científico, ou altruístico, a disposição gratuita do próprio corpo, no todo ou em parte, para depois da morte. Parágrafo único. O ato de disposição pode ser livremente revogado a qualquer tempo. Art. 15. Ninguém pode ser constrangido a submeter-se, com risco de vida, a tratamento médico ou a intervenção cirúrgica. Art. 16. Toda pessoa tem direito ao nome, nele compreendidos o prenome e o sobrenome. Art. 17. O nome da pessoa não pode ser empregado por outrem em publicações ou representações que a exponham ao desprezo público, ainda quando não haja intenção difamatória. Art. 18. Sem autorização, não se pode usar o nome alheio em propaganda comercial. Art. 19. O pseudônimo adotado para atividades lícitas goza da proteção que se dá ao nome. Art. 20. Salvo se autorizadas, ou se necessárias à administração da justiça ou à manutenção da ordem pública, a divulgação de escritos, a transmissão da palavra, ou a publicação, a exposição ou a utilização da imagem de uma pessoa poderão ser proibidas, a seu requerimento e sem prejuízo da indenização que couber, se lhe atingirem a honra, a boa fama ou a respeitabilidade, ou se se destinarem a fins comerciais. Parágrafo único. Em se tratando de morto ou de ausente, são partes legítimas para requerer essa proteção o cônjuge, os ascendentes ou os descendentes. Art. 21. A vida privada da pessoa natural é inviolável, e o juiz, a requerimento do interessado, adotará as providências necessárias para impedir ou fazer cessar ato contrário a esta norma.

[238] Conforme ensina o professor Sérgio Cavalieri Filho "ninguém questiona que a Constituição garante o direito de livre expressão à atividade intelectual, artística, científica, 'e de comunicação', independentemente de censura ou licença (arts. 5°, IX, e 220, §§ 1° e 2°). Essa mesma Constituição, todavia, logo no inciso X do seu art. 5°, dispõe que 'são invioláveis a intimidade', a vida privada, a 'honra' e a imagem das pessoas, assegurado o direito à indenização pelo dano material ou moral decorrente de sua violação'. Isso evidencia que, na temática atinente aos direitos e garantias fundamentais, esses dois princípios constitucionais se confrontam e devem ser conciliados. É tarefa do intérprete encontrar o ponto de equilíbrio entre princípios constitucionais em aparente conflito, porquanto, em face do 'princípio da unidade constitucional', a Constituição não pode estar em conflito consigo mesma, não obstante a diversidade de normas e princípios que contém [...]. À luz desses princípios, é forçoso concluir que, sempre que direitos constitucionais são colocados em confronto, um condiciona o outro, atuando como limites estabelecidos pela própria Lei Maior para impedir excessos e arbítrios. Assim, se ao direito à livre expressão da atividade intelectual e de comunicação contrapõe-se o direito à inviolabilidade da intimidade da vida privada, da honra e da imagem, segue-se como conseqüência lógica que este último condiciona o exercício do primeiro. Os nossos melhores constitucionalistas, baseados na jurisprudência da Suprema Corte Alemã, indicam o princípio da 'proporcionalidade' como sendo o meio mais adequado para se solucionarem eventuais conflitos entre a liberdade de comunicação e os direitos da personalidade. Ensinam que, embora não se deva atribuir primazia absoluta a um ou a outro princípio ou direito, no processo de ponderação desenvolvido para a solução do conflito, o direito de noticiar há de ceder espaço sempre que o seu exercício importar sacrifício da intimidade, da honra e da imagem das pessoas. Ademais, o constituinte brasileiro não concebeu a liberdade de expressão como direito absoluto, na medida em que estabeleceu que o exercício dessa liberdade deve-se fazer com observância do disposto na Constituição, consoante seu art. 220, 'in fine'. Mais expressiva, ainda, é a norma contida no § 1° desse artigo ao subordinar, expressamente, o exercício da liberdade jornalística à 'observância do disposto no art. 5°, IV, V, X, XIII e XIV'. Temos aqui verdadeira 'reserva legal qualificada', que autoriza o estabelecimento de restrição à liberdade de imprensa com vistas a preservar outros direitos individuais, não menos significativos, como os direitos de personalidade em geral. Do contrário, não haveria razão para que a própria Constituição se referisse aos princípios contidos nos incisos acima citados como limites imanentes ao exercício da liberdade de imprensa. Em conclusão: os direitos individuais, conquanto previstos na Constituição,

É de se reconhecer que a titularidade de tais direitos atrelados à personalidade não é apenas de pessoas naturais, mas também de pessoas jurídicas, as quais, por terem personalidade jurídica reconhecida pela legislação,[239] são dotadas de honra objetiva, direito este reconhecido pelos tribunais superiores.

Giuseppe Corasaniti[240] esclarece que a primeira função do direito de resposta é a proteção "ao direito à identidade pessoal, enquanto direito geral de personalidade, que se exprime na reivindicação de aparecer aos outros concidadãos numa dimensão que seja compatível com as exigências da dimensão do desenvolvimento social do indivíduo e que, portanto, assegure a representação fiel, correta e completa da sua imagem social".

É de se vislumbrar que o direito de resposta tem um caráter reativo, ainda que não tenha sido concretizada a ofensa aos direitos de personalidade da pessoa. A simples ameaça autoriza a sua postulação e exercício; porém, perceba-se, que para tanto há a necessidade de um ato prévio, o qual exigiu do titular do direito uma reação.

O direito de resposta deve ser exercido, como já referido, nas mesmas condições em que realizada a agressão aos direitos de personalidade, ocupando o mesmo espaço gráfico daquele que a originou (a ofensa). Todavia, nada impede que alguém, às suas expensas, pague pela utilização de um espaço e nele exerça o "contraditório". Não é o adequado, tampouco guarda relação com os elementos que compõem o direito de resposta, pois este está a reclamar a proporcionalidade e a gratuidade na ocupação do espaço onde será exercida a contraposição.

Na mesma esteira, há de se considerar que o direito de resposta não se presta ao patrocínio de ofensas por parte daquele que o exerce contra terceiros. Diante disso, o que legitimamente detém o direito torna ilegítima sua conduta se a utiliza com propósitos diversos do que aquele que diga respeito essencialmente à resposta, constitucionalmente assegurada.

---

não podem ser considerados ilimitados e absolutos, em face da natural restrição resultante do 'princípio da convivência das liberdades', pelo quê não se permite que qualquer deles seja exercido de modo danoso à ordem pública e às liberdades alheias. Fala-se, hoje, não mais em direitos individuais, mas em direitos do homem inserido na sociedade, de tal modo que não é mais exclusivamente com relação ao indivíduo, mas com enfoque de sua inserção na sociedade, que se justificam, no Estado Social de Direito, tanto os direitos como as suas limitações". CAVALIERI FILHO, Sérgio. *Programa de responsabilidade civil*. 6. ed. São Paulo: Malheiros, 2005, p. 129-131.

[239] Dispõe o art. 45 do Código Civil: "Começa a existência legal das pessoas jurídicas de direito privado com a inscrição do ato constitutivo no respectivo registro, precedida, quando necessário, de autorização ou aprovação do Poder Executivo, averbando-se no registro todas as alterações por que passar o ato constitutivo".

[240] CORASANITI, Giuseppe. *Rettifica (diritto di)*. Enciclopedia Giuridica (trecacani). XXVII, 1991, p. 459-568

Importante a relação entre o direito de resposta com o exercício do contraditório, princípio constitucional previsto pelo art. 5º, LV,[241] da *Lex Fundamentalis*. Embora o exercício da resposta não exija a instauração de um processo administrativo ou judicial, o exercício da contraposição é uma garantia inafastável, diante da eventual ofensa ou agressão aos direitos de personalidade, notadamente através de veiculações da mídia. Nesse sentido, Vital Moreira[242] esclarece que, por vezes, a imprensa, na sociedade contemporânea, castiga mais do que os próprios tribunais, podendo aquele que se sentir lesado ou ofendido, buscar de forma célere e em igualdade de condições, defender-se de acusações.

Entretanto, o direito de resposta, conforme já se asseverou, não está associado apenas à proteção dos direitos de personalidade, mas sim interligado ao exercício da liberdade de expressão, sendo esta um mecanismo de exteriorização das mais diferentes formas, pontos de vista e versões alternativas (*Gegendarstellungen*), apresentadas ao intérprete para que este possa extrair suas próprias conclusões. Cumpre assim o direito de resposta uma função plurifuncional, representando não apenas os direitos de personalidade, mas também a liberdade de expressão e informação.

7.5. O alcance do direito de resposta

No âmbito do direito constitucional brasileiro, o direito de resposta está a contemplar não apenas a proteção dos direitos de personalidade, mas também se constitui no próprio exercício da liberdade de expressão. Entretanto, indispensável considerar a proporcionalidade através da qual se dará a resposta a ser ofertada pelo ofendido ou pela vítima de uma informação equivocada e publicizada através dos meios de comunicação. É que tão ofensivo quanto o equívoco, é o abuso no exercício do direito de resposta. Ademais, cumpre destacar, este direito não se presta apenas a retificação, mas também ao oferecimento de versões alternativas àquelas publicadas, assim como mecanismo através do qual alguém exerce o contraditório diante de uma notícia ou informação que tenham sido divulgadas e que possuam pertinência ou relação à pessoa que delas tenha sido objeto.

---

[241] Art. 5º Todos são iguais perante a lei, sem distinção de qualquer natureza, garantindo-se aos brasileiros e aos estrangeiros residentes no País a inviolabilidade do direito à vida, à liberdade, à igualdade, à segurança e à propriedade, nos termos seguintes: [...] LV – aos litigantes, em processo judicial ou administrativo, e aos acusados em geral são assegurados o contraditório e ampla defesa, com os meios e recursos a ela inerentes; [...].

[242] MOREIRA, Vital. *O direito de resposta na comunicação social*. Coimbra: Coimbra Editora, 1994, p. 79.

Se a proporcionalidade é um elemento da disposição constitucional do art. 5º, V, da Carta Magna, o direito de resposta, de acordo com Vital Moreira,[243] é uma garantia que tem o seu titular "de fazer publicar ou emitir essa declaração no mesmo órgão de comunicação social onde foi proferida a declaração, gratuitamente e em prazo útil".

Evidentemente que tais exigências devam ser entendidas e aplicadas observando as peculiaridades e características de cada órgão de imprensa. No caso de jornais, cuja circulação é diária, a resposta a ser ofertada deve obedecer a proporcionalidade em relação ao espaço que foi ocupado pela matéria que se pretende responder, assim como a publicação tem que se dar em um período de tempo razoável, considerado este a edição seguinte ou, no máximo, duas ou três subsequentes. Acontece, entretanto, que a resposta deve ser postulada. Se esta não o for imediatamente, por certo o direito perderá sua força impositiva. Registre-se, todavia, que não há a necessidade de regra específica que estipule prazos certos e determinados para tal mister, devendo este ser considerado de acordo com os princípios da razoabilidade e proporcionalidade.

Na hipótese de publicações semanais ou mensais, o certo é que a resposta deve ser publicada na edição seguinte. Difícil é a situação pertinente a livros, cuja segunda edição depende da vendagem da primeira, além do interesse dos autores e da editora em lançá-las. Nesta hipótese, não há outro mecanismo senão tentar, por via administrativa ou judicial, impedir que a obra seja comercializada,[244] sem prejuízo do ressarcimento por eventuais danos morais e materiais causados àquele que foi objeto do livro.

Na radiodifusão, o exercício do direito de resposta, embora não tão comum, é viável. Evidentemente que, a exemplo dos periódicos, ela deve

---

[243] MOREIRA, Vital. *O direito de resposta na comunicação social*. Coimbra: Coimbra Editora, 1994, p. 82.

[244] Um dos exemplos contemporâneos foi a obra que narrava a biografia do cantor Roberto Carlos, não autorizada, escrita por Paulo Cesar de Araújo. Por maioria de votos, a 18ª Câmara do Tribunal de Justiça do Rio de Janeiro negou um recurso do autor do livro *Roberto Carlos em Detalhes*. No início do mês de março de 2009, dois dos três desembargadores da Câmara já haviam votado pela proibição, mas o julgamento foi suspenso por um pedido de vista do desembargador Jorge Luiz Habib. No dia 10 de março de 2009, o Desembargador Habib apresentou seu voto favorável ao recurso. Porém, os desembargadores Claudio Dell Orto e Pedro Freire Raguenet, este o relator do processo, não mudaram os seus votos originais. O livro, escrito por Paulo Cesar Araújo e lançado em 2006, foi objeto de ação judicial movida pelo cantor em janeiro de 2007. Roberto Carlos, que afirmou não ter lido a obra, alegou invasão de privacidade. Em maio de 2007, o juiz Maurício Chaves de Souza Lima, da 20ª Vara Cível da Comarca do Rio de Janeiro, decidiu que deveriam ser recolhidos todos os exemplares à venda. Eram aproximadamente 11 mil exemplares. A primeira edição, de 30 mil, estava esgotada. Em abril de 2007, a editora Planeta e o jornalista Paulo César de Araújo cederam a todas as exigências do cantor Roberto Carlos e se comprometeram a não mais publicar a biografia *Roberto Carlos em Detalhes*. O acordo judicial foi fechado em audiência, que durou cinco horas, e foi presidida pelo juiz Tercio Pires, titular da 20ª Vara Criminal de São Paulo. Em troca, Roberto Carlos abriu mão de pedir indenização. Disponível em < http://www.conjur.com.br>. Acesso em 12 out. 2009.

preencher algumas exigências, como o pedido devidamente formulado e encaminhado à emissora, em nome de seus diretores responsáveis, com a exposição dos motivos e a reprodução dos elementos e informações às quais se pretende responder ou que se quer retificar. O prazo para tal postulação também deve respeitar a razoabilidade e a proporcionalidade, os quais aparecem como princípios que vêm definitivamente suprir lacunas legislativas rumo à plena eficácia das normas constitucionais. O indeferimento administrativo não exaure o requerimento, que pode, por óbvio, ser proposto perante o Poder Judiciário, com pedido de antecipação de tutela, mediante apresentação da chamada verossimilhança, a qual autoriza a antecipação dos efeitos de uma possível sentença procedente.

O direito de resposta na internet, embora todo o dinamismo desta espécie de comunicação, também é possível, notadamente no que tange a *sites* devidamente estruturados e *blogs* de reconhecida seriedade. O problema maior são aqueles endereços eletrônicos que não se preocupam (e nem assim o desejam) com a possibilidade de contraposição de suas postagens, em especial aqueles que disseminam pela internet conteúdos ofensivos e agressivos em relação a fatos ou pessoas.[245]

Diante da possibilidade de se questionar tais informações e opiniões, rechaçam os pedidos formulados pelos ofendidos, não competindo a estes, alternativas, senão postular perante o Poder Judiciário o cancelamento de tais *home pages*. Diversas são as hipóteses diariamente veiculadas por esta mídia eletrônica, as quais redundam não apenas em informações falsas, mas também em ofensas pessoais e agressões ao direito de personalidade.[246]

---

[245] Nesse sentido, comentam Armas e Tobia que "a diferencia de los medios tradicionales, Internet puede implementar distintos modos de comunicación: de 'uno a muchos' y de 'muchos a muchos'. Un usuario puede pasar a ser de 'conferenciante' a 'oyente' y vice-verza. En cualquier momento un receptor de información puede convertirse en proveedor de información por sí mismo o a través del reenvío de la información realizado por un tercero. Internet es así 'radicalmente' diferente de los medios de comunicación tradicionales, de lo cual se deduce que su regulación y control deberá ser distinta e innovadora, ya que ocurre que en la prática no es tan simple ni eficaz aplicar el derecho tradicional en el ámbito del ciberespacio o de las redes digitales [...]". ARMAS, Gabriela; TOBIA, Rafael. La Libertad de Expresión en Internet, trabalho apresentado no seminário Derecho Del Ciberespacio, realizado na Uiversidad Catolica Andres Bello, Escuela de Derecho, Caracas, 18 de junho de 2001. Disponível em <http://www.crfma.elo.com.br>. Acesso em: 12 out. 2009.

[246] Um dos casos mais comentados foi o que envolveu a modelo e apresentadora de televisão, Daniela Cicarelli. Ela perdeu na Justiça paulista o processo que movia contra o site YouTube, que transmitiu um vídeo no qual a apresentadora protagoniza cenas tórridas com o ex- namorado Tato Malzoni em uma praia na Espanha. A modelo e o ex- namorado, autores da ação, pediam uma indenização ao YouTube e outros meios de comunicação pela exibição do vídeo e publicação de fotos extraídas dele. A Justiça considerou o pedido improcedente. A decisão, do juiz Gustavo Santini Teodoro, é a sentença do processo de 1ª instância, que corria na 23ª Vara Cível da Capital. Ficou revogada decisão anterior que proibia a exibição do vídeo. No entanto, de acordo com a Justiça do Estado de São Paulo, o vídeo não poderá ser colocado imediatamente no *site*. Em 18 de setembro de 2006, um vídeo mostrou cenas íntimas entre Cicarelli e o namorado em uma praia espanhola. As imagens foram feitas por um paparazzo e colocadas inicialmente no famoso *site* de compartilhamento de vídeos do Google.

7.6. Os pressupostos para o exercício do direito de resposta

O exercício do direito de resposta, no âmbito constitucional brasileiro, pressupõe a ocorrência de uma ofensa ou dano à imagem, à honra, ou mesmo a disseminação de uma notícia ou informação inverídica ou incorreta, em face de uma matéria jornalística ou de qualquer outro meio de comunicação social. Nesse sentido, o alcance de tal normativa é bastante amplo, muito embora se deva compreender e assegurar a crítica jornalística, pois esta integra a própria liberdade de expressão, de comunicação e de imprensa, direitos fundamentais igualmente assegurados pela Lei Fundamental. Nesse sentido, aquela informação verdadeira, não protegida por qualquer sigilo, pode ser devidamente noticiada, sem que tal publicação justifique um pedido de resposta, muito embora, em nome da democracia e da pluralidade de ideias, se deva oportunizar à parte objeto da matéria sua versão dos acontecimentos.

Todavia, este "contraponto" não corresponde ao direito de resposta, pois ambas possuem natureza distinta, uma vez que a resposta, constitucionalmente prevista, visa a assegurar a proteção de bens jurídicos que foram expostos em virtude de uma divulgação jornalística, ao passo que o "contraponto" é uma forma de se permitir que alguém que está sendo objeto de uma divulgação relativa a determinado fato ou acontecimento possa se pronunciar, de acordo com a sua compreensão, acerca do que está sendo publicizado.

Importante destacar uma hipótese muito comum, a qual não caracteriza o pleno equívoco de uma divulgação jornalística, tampouco a publicização de algo mentiroso ou inverídico: a divulgação de uma informação ou notícia cujo conteúdo esteja incompleto ou que tenha sido editado. Se

---

Por causa de uma ação judicial, o material foi retirado do ar, mas internautas insistiram em postar o vídeo em situações camufladas ou disfarçadas. Em janeiro, uma decisão judicial provocou uma suspensão temporária do serviço do site, devido à exibição do vídeo de Cicarelli, irritando usuários, que protestaram contra a modelo, que chegou a negar ser autora do processo judicial, mas depois pediu desculpas aos internautas. De acordo com o advogado do YouTube, Luiz Edgard Montaury, o *site* não havia sido informado da liminar pela Justiça, tendo tomado conhecimento pela imprensa. Montaury disse que a representação do *site* se apresentou então à Justiça brasileira, mas que não desacatou nenhuma ordem. Na decisão do dia 26 de junho de 2007, foi acolhido um dos argumentos do YouTube, o de que "quando (Tato e Daniella) resolveram namorar à luz do dia em famosa praia da Espanha, abriram mão do direito à intimidade e à privacidade, em prol talvez de uma fantasia ou algo do gênero". Como jurisprudência, o magistrado Gustavo Santini Teodoro utilizou um caso de *topless* em uma praia brasileira. Para Montaury, a decisão é "um precedente muito importante a nível mundial". "Pessoas públicas fazendo atos em locais públicos perdem aquela privacidade", disse o advogado ao comentar a decisão do juiz. Para o advogado, uma outra discussão que não precisou vir à tona no processo foi a responsabilidade dos réus. Pois as cenas foram tomadas por um *paparazzo*, colocadas na *web* por diferentes usuários e veiculadas por diversas mídias. Apesar das cenas de carícias explícitas presentes no vídeo, Montaury afirma que o *site* não costuma vetar este tipo de conteúdo. "O YouTube não autoriza nem desautoriza", afirmou. Notícia disponível em <http://www1.folha.uol.com.br>. Acesso em 12 out. 2009.

entender-se que a matéria, da maneira como editada jornalisticamente, não corresponder à verdade, dando ensejo a uma interpretação equivocada ou falsa dos acontecimentos divulgados, por certo o direito de resposta também deverá ser oportunizado, possibilitando-se que o esclarecimento possa espancar dúvida ou qualquer tipo de ilação maliciosa ou incorreta que da reportagem possa ser extraída.

Nesse sentido, parece claro que o que justifica o exercício do direito de resposta são ofensas diretas ou indiretas, assim como veiculação de fatos inverídicos ou incorretos que venham a afetar a reputação ou a imagem e a honra de determinada pessoa, seja ela natural ou jurídica. O Poder Público também pode se valer do direito de resposta, muito embora o interesse em se exercer tal direito esteja mais vinculado ao agente, público ou político, do que propriamente ao Estado. Não obstante, não raras vezes determinado ente público também é atacado ou agredido, através de matérias jornalísticas, as quais lhe venham trazer e ocasionar enormes prejuízos, de diferentes dimensões. Diante disso, o direito de retificação ou de resposta também deve ser alcançado ao Poder Público.[247]

É preciso reafirmar que, no âmbito do direito de resposta, previsto no inciso V do art. 5° da Constituição Federal, estão inseridas as hipóteses relativas à retificação, ou seja, o ato de corrigir uma informação ou notícia divulgadas de maneira equivocada ou com erros em seu contexto, assim como a resposta propriamente dita, a qual se refere a uma acusação ou afirmação que venha a atingir a reputação, mormente no que tange aos direitos de personalidade de alguém. Para haver legítimo interesse ao exercício do direito de resposta, portanto, não é necessário invocar qualquer prejuízo, bastando que demonstre o equívoco da informação publicizada, a qual poderá ou não ocasionar danos a determinada pessoa ou agrupamento. Não é condição que ocorram danos aos direitos de personalidade para o exercício do direito de resposta, tanto é que nossa Carta Magna, de maneira explícita, estatuiu que é "assegurado o direito de resposta proporcional ao agravo, além da indenização por dano material, moral ou à imagem".

Outro aspecto é a possibilidade de que opiniões e a manifestação de juízos de valor também possam ser objetos do direito de resposta e não apenas os aspectos de fato. De igual sorte, o dispositivo constitucional deve ser interpretado em largo sentido, pois a liberdade de expressão comporta uma via de duas mãos: da mesma forma que ela admite o livre exercício da crítica, também contempla a possibilidade de que seja reali-

---

[247] Uma matéria jornalística que exageradamente trate da violência em determinado Estado, apresentando números inverídicos acerca da criminalidade, enseja, por parte dos organismos públicos, o exercício do direito de resposta.

zada a contraposição por parte daquele que fora objeto de uma matéria jornalística. Nesse sentido, o instituto do direito de resposta não pode sofrer qualquer cerceamento, enquanto direito fundamental que é.

No direito português, Vital Moreira[248] comenta a dificuldade de compatibilização entre a lei de imprensa e os mandamentos da ordem constitucional, ao dispor que, segundo esta, as referências fáticas justificam o exercício do direito de resposta se atentatórias a "reputação e boa fama" de alguém, não importando a veracidade ou não dos fatos divulgados. Diferente é a disciplina da lei de imprensa, ao exigir além da incorreção ou falsidade do fato divulgado, que a notícia afete a "reputação e a boa fama da pessoa visada". Tal diferenciação, segundo Vital Moreira, expõe uma importante divergência, já que consagra a maior abrangência e alcance do direito de resposta da forma como prevista pela Constituição, do que a interpretação restritiva advinda da Lei da informação.

A preocupação do constitucionalista português tem absoluta pertinência e serve de elemento de compreensão para que se possa afirmar que o comando constitucional brasileiro prescinde de legislação regulamentatória, tal como o era a Lei nº 5.250/67, conhecida Lei da Informação ou de Imprensa.[249]

Diante disso, no âmbito do direito constitucional brasileiro, é de se reconhecer que os pressupostos para o exercício do direito de resposta estão vinculados a fatos inverídicos ou ofensivos, não importando se de tais divulgações publicizadas tenha efetivamente ocorrido dano material, à imagem ou à moral de alguém. Na hipótese da ocorrência do prejuízo, é necessário que a resposta a ser ofertada seja proporcional ao agravo, o que remete o estudo à incidência do princípio da proporcionalidade, o qual, definitivamente, deve também mediar a aplicabilidade do inciso V do art. 5º da Lei Fundamental brasileira.

De toda sorte, a resposta deve ser compreendida como a contraposição de fatos ou da exposição de juízos de valor. Tem legítimo interesse em exercê-la aquele que, tendo sido objeto de uma reportagem jornalística, de uma crítica literária ou de uma crônica, entende por bem a ela responder, expondo a sua versão dos fatos, assim como as incorreções

---

[248] MOREIRA, Vital. *O direito de resposta na comunicação social*. Coimbra: Coimbra Editora, 1994, p. 86.

[249] José Carlos de Vasconcelos apresenta um exemplo extremamente didático acerca da restrição absurda, oportunizada pela Lei de imprensa portuguesa: "um exemplo torna flagrante a diferença prática. Se for noticiado que um determinado escritor ganhou um prestigioso prémio literário, notícia que porém é falsa, é evidente que essa notícia pode não causar nenhum prejuízo àquele nem atentar contra o seu bom nome e reputação. Nos termos da lei, não há lugar para a correcção desta notícia pelo interessado, mas parece ser inquestionável que constitucionalmente o direito de rectificação não pode deixar de lhe ser reconhecido". VASCONCELOS, José Carlos de. *Lei de imprensa, liberdade de imprensa*. Lisboa. s/e, 1972, p. 91. Apud MOREIRA, Vital. *O direito de resposta na comunicação social*. Coimbra: Coimbra Editora, 1994, p. 82.

porventura identificadas na matéria. Exercer o direito de resposta deve ser, portanto, também um resguardo ao contraditório e à defesa, situação esta muitas vezes mal compreendida ou injustificadamente restringida no âmbito dos meios de comunicação. *Só tem legitimidade quem tenha relevante interesse em desmentir, contestar, refutar, corrigir ou clarificar a notícia ou a informação.*[250]

Ainda, importante destacar que, dentre os legitimados para o exercício do direito de resposta, não estão apenas aqueles que diretamente estejam sendo objeto de uma informação ou opinião contra as quais se pretende oferecer uma retificação ou contraposição. Alcança também aqueles que, indiretamente atingidos, se sintam interessados em exercer a resposta, bem como os eventuais sucessores, de acordo com as disposições previstas pelo Código Civil.

7.7. O conteúdo e os elementos que compõem o direito de resposta

Deveras, não há como o conteúdo do direito de resposta distanciar-se do princípio da proporcionalidade. A reação deve ser proporcional à agressão, se esta efetivamente for constatada. Há situações em que uma mera retificação[251] é suficiente para se recompor algum equívoco. Entende-se que, dentre nós, a plena eficácia do art. 5º, V, da Carta Política não está limitada a uma única situação estática, como se esta fosse capaz de atender ao preceito constitucional do direito de resposta. É preciso que se avalie a situação de fato, para que se admita a resposta, bem como sua extensão.

O direito constitucional brasileiro não restringe, portanto, o exercício do direito de resposta a determinadas situações, como se verifica na Itália e na Espanha, onde se reduz a questões de fato o direito a ser exercido por aquele que tem a legitimidade para a resposta. Todavia, há que se considerar que o nosso sistema jurídico também não tolera a realização do direito de resposta a partir da prática ou utilização de expressões que detraiam ou difamem aquele que fora responsável pela notícia equivocada ou maledicente. Contra estes, a própria Constituição garante e assegura mecanismos legislativos e processuais capazes de reparar danos morais e materiais. Para tanto, basta que o lesado busque no Código Civil

---

[250] MOREIRA, Vital. *O direito de resposta na comunicação social*. Coimbra: Coimbra Editora, 1994, p. 94.

[251] É o caso do famoso "erramos". Um jornal ou revista atribui o crédito de determinada acontecimento a uma pessoa, quando, na verdade, outra seria a responsável. Não se vislumbrando maiores prejuízos, a simples retificação restaura a situação disposta equivocamente. Entretanto, é preciso estar atento a possíveis danos materiais e morais, os quais justificariam não apenas a resposta proporcional ao agravo, mas indenização por danos materiais e morais.

e no Código Penal os artifícios legais capazes de ensejar e justificar a propositura de uma ação judicial.[252]

O pedido de direito de resposta, a ser exercido pelo pretenso ofendido ou por aquele que deseja apenas retificar uma informação, deve preencher alguns requisitos, tais como a proporcionalidade antes referida e a razoabilidade de tempo entre a publicação, o pedido e o oferecimento da resposta. Em relação aos veículos de mídia impressa, estas circunstâncias parecem adequadas e exequíveis, pois os periódicos, jornais e revistas se sucedem no tempo e no espaço, através de suas mais diversas edições. Entretanto, quando se trata da necessidade do exercício do direito de resposta perante os meios de telecomunicação e radiodifusão, é de reconhecer que se esbarra em outras dificuldades, tais como a própria instantaneidade da notícia ou informação. Esses fatos, todavia, não configuram óbices à pratica da garantia constitucional.

O exercício do direito de resposta, nessas hipóteses, exigirá, por parte do intérprete (julgador), adentrar em sua discricionariedade jurisdicional, mediada pelos princípios da proporcionalidade e da razoabilidade. Deverá, como mediador da lide, deliberar acerca da existência ou não do direito daquele que o postula, assim como estabelecer parâmetros capazes de, com equidade, contemplar as pretensões postas sob julgamento, deferindo-as ou não.

7.8. Da possibilidade de recusa do direito de resposta

Assim como o dispositivo constitucional que consagra o direito de resposta proporcional ao agravo permite, *per si*, uma ampla abrangência acerca do que pode ser respondido (fatos inverídicos noticiados, equivocadamente difundidos, informações distorcidas etc.), cumpre-se destacar que aquele que legitimamente é o titular de tal direito, não pode exercê-lo se desprovido das razões fáticas e jurídicas que autorizam a solicitação pretendida. Nesse sentido, há possibilidades em que o órgão de imprensa ou de comunicação social pode recusar a pretensão que lhe foi encaminhada, por um suposto ofendido, se este não exercê-la dentro dos limites permitidos no âmbito do sistema jurídico, notadamente no que tange aos princípios que norteiam a liberdade de expressão e de comunicação, que, como já foi enfocado, encontra limites a partir da vigência de outros princípios que com eles convivem no âmbito do sistema.

---

[252] Por isso, a defesa através desta tese da plena eficácia da norma constitucional que assegura o direito de resposta proporcional ao agravo.

O direito de resposta ou de retificação se traduz na obrigatoriedade de publicação ou difusão do texto correspondente, e a sua efetivação não depende, regra geral, da concordância do agente responsável pelo órgão de comunicação, assim como prescinde de autorização judicial para a sua efetivação.

De qualquer sorte, o que enseja a resposta é a exposição de um fato agressivo aos direitos de personalidade de alguém, ou inverídico, ou, ainda, equivocadamente difundido pelos meios de comunicação. É para que se faça a contraposição que a Constituição Federal assegura o direito de resposta proporcional ao agravo. Vale dizer: um fato a ser respondido ou retificado, assim como o agravo (lesão) sofrido por alguém (legitimado ou titular do direito) são os elementos do tipo constantes do inciso V do art. 5º da Lei Fundamental brasileira.

Entretanto, há hipóteses em que a resposta pretendida não tem vez, tampouco é abarcado no sistema constitucional brasileiro: quando ela não guarda relação direta com o escrito, falado ou produzido, difundidos pelos meios de comunicação; quando ela é desproporcional ao texto, tamanho ou tempo que foi utilizado em relação ao que se pretender responder; quando a resposta contém expressões detrimentosas; e quando ela dá ensejo a possível responsabilização civil ou penal daquele que a pleiteia. Tais situações não autorizam a pretensão articulada por aquele que supostamente se sinta atingido por uma veiculação da mídia e autorizam, de pronto, que o órgão responsável negue a pretensão encaminhada.

Destarte, não é necessário que exista qualquer lei que regulamente tais situações. A Constituição, assim como o Código Civil e o Código Penal, não autoriza tais condutas ou postulações. Se os fatos acima descritos forem identificados, não se estará diante de uma situação em que se legitime o exercício do direito de resposta, mas, em sentido contrário, de um interesse ilegítimo ou que caracteriza um abuso de direito, o que não autoriza a vigência e o exercício da resposta constitucionalmente assegurada.

Se por um lado não compete ao órgão de comunicação social "sindicar a verdade ou a falsidade da notícia ou a sua idoneidade para lesar a reputação de outrem",[253] por outro lado, o controle de limites ou a proporcionalidade de sua extensão (proibição do excesso) é uma variante plenamente aplicável.

Diferentemente da lei francesa e aproximando-se da portuguesa, o direito de resposta proporcional ao agravo no Brasil não autoriza a sua efetivação apenas e tão somente com a menção do nome de alguém em

---

[253] LODATO, Maria Gabriela. *Diritto di rettifica in matéria di stampa e tutela cautelare ex art. 700 Cod. Proc.Civ.* Il Diritto dell'informazione e dell'informatica, 1993, p. 680-688. MOREIRA, Vital. *O direito de resposta na comunicação social.* Coimbra: Coimbra Editora, 1994, p. 120.

determinada matéria jornalística. Aliás, relembra-se, quanto maior for o nível de exposição pública de alguém, mais vulnerável estará ao interesse da mídia, o que não lhe afasta, em hipótese qualquer, a possibilidade de postular e exercer o direito de resposta, preenchidos os requisitos.[254]

O que não pode ser prematuramente afastada é a possibilidade de o órgão de imprensa, ao seu livre arbítrio, negar o exercício da resposta, por entender que não há qualquer ofensa ou inverdade na matéria veiculada ou difundida. Aliás, esta é uma questão que não foge, *a priori*, do juízo de discricionariedade dos administradores dos veículos de comunicação, em especial os seus editores e responsáveis. Nada impede que alguém, sentindo-se ofendido pela veiculação de uma notícia, postule o seu direito de resposta. Entretanto, a concessão não se dá de maneira automática, posto adentrar no juízo de convencimento da entidade jornalística à sua deliberação.

Todavia, diante da eventual negativa, a Carta Magna não excluiu a possibilidade de o Poder Judiciário vir a ser chamado a solucionar o impasse, de acordo com o que preconiza o art. 5°, XXXV, *in verbis*:

> Art. 5º Todos são iguais perante a lei, sem distinção de qualquer natureza, garantindo-se aos brasileiros e aos estrangeiros residentes no País a inviolabilidade do direito à vida, à liberdade, à igualdade, à segurança e à propriedade, nos termos seguintes:
> [...]
> XXXV – a lei não excluirá da apreciação do Poder Judiciário lesão ou ameaça a direito;

O dispositivo constitucional acima reproduzido garante que alguém que se sinta prejudicado em função de uma negativa "administrativa", advinda do órgão responsável pela inserção de uma notícia ou fato jornalisticamente difundido, possa postular perante o Judiciário o que a própria Lei Fundamental lhe assegura, ou seja, a possibilidade de exercer o direito de resposta. Acontece, todavia, que tal deferimento não escapará também da análise e da vigência dos princípios da razoabilidade e da proporcionalidade, os quais serão aferidos pelo órgão jurisdicional.

Também deve ser enfrentada a questão pertinente à dúvida quanto à concessão ou não da resposta pleiteada. É possível que o editor jornalístico, o responsável pela inserção de notícia ou informação passível de resposta ou retificação, não esteja seguro de que tal direito deva ser reconhecido àquele que foi objeto da matéria. Nessa hipótese, a dúvida deve

---

[254] No item 3.4, denominado "Critérios de ponderação na hipótese de colisão dos direitos fundamentais. a proteção dos direitos de personalidade *versus* divulgação e publicização de acontecimentos. a eficácia do direito de resposta proporcional ao agravo não obstante o conflito", analisa-se a menor proteção jurídica das denominadas personalidades públicas em relação aos interesses da mídia, o que, por certo, interfere também no nível de proteção destas personalidades em relação aos fatos noticiados pela imprensa. De qualquer sorte, por certo, o direito de resposta proporcional ao agravo lhes é assegurado, na forma da *Lex Fundamentalis*, porém com as peculiaridades que são próprias dessas pessoas, as quais não podem ser equiparadas às comuns.

favorecer a vítima, sendo completamente descabida a resposta postulada. Assim como se reconhece que a liberdade de expressão, de comunicação e de imprensa são direitos compatíveis e caracterizadores do Estado Democrático, o seu eventual cerceamento deve ser pontualmente justificado. E, quando se estudam essas liberdades, é preciso que se avaliem não apenas os direitos de quem transmite ou veicula as informações, mas também daqueles que por ventura se sintam ofendidos por tais inserções e que, exatamente por isso, também possuem o legítimo interesse de contrapor o divulgado. É mais grave a recusa de uma resposta devida do que a publicação de uma resposta indevida.[255]

A retificação pressupõe a correção de uma informação que foi difundida pelos meios de comunicação, ensejando, por parte daquele que se sentiu prejudicado pela divulgação, a reposição da verdade. Entretanto, essa retificação corresponde a uma verdade objetiva, a qual prescinde da exatidão. Em relação à resposta propriamente dita, cumpre destacar que é irrelevante o fato de ela ser verídica. Aliás, registre-se, uma vez mais, que não é condição para o exercício do direito de resposta o equívoco ou a falsidade do que se contrapõe, mas sim o direito a contrapor, a se permitir que alguém tenha sido objeto de uma informação ou notícia possa exercer o seu legítimo direito de apresentar a sua versão dos fatos. A Carta Política brasileira não estabelece qualquer restrição ou condição para isso, valendo, aqui, o pronunciado pelo Ministro Celso de Mello, ao afirmar, em seu voto relativo a ADPF n° 130,[256] que "A liberdade de expressão não pode permitir gestos de intolerância que ofenda valores fundamentais, como dignidade da pessoa humana, já defendidos pela Constituição. A liberdade de imprensa não autoriza condutas incompatíveis com a Constituição, ela exige e deseja que esses valores sejam preservados".

Há que se considerar ainda três aspectos que autorizariam a recusa da resposta. O primeiro deles é o excesso no tamanho da resposta em relação à notícia ou informação divulgada. Um dos elementos fundamentais do art. 5°, V, da Constituição Federal é justamente a proporcionalidade. Nesse sentido, a resposta ou retificação não poderia ocupar espaço maior do que aquele utilizado pela informação a que se pretende responder. Todavia, a possibilidade de matéria paga é admissível, porém divorcia-se daquilo que aqui se discute, pois não teria relação direta à resposta proporcional ao agravo, mas sim um interesse a ser realizado por alguém que deseja satisfazer uma pretensão, sem prejuízo de que tal excesso possa ensejar a responsabilização de quem o exerce, se atingidos interesses juridicamente protegidos.

---

[255] MOREIRA, Vital. *O direito de resposta na comunicação social*. Coimbra: Coimbra Editora, 1994, p. 121.
[256] ADPF n° 130. Disponível em <http://www.stf.jus.br>. Acesso em: 1° nov. 2009.

Ainda, nessa esteira, é por todo conveniente analisar uma situação que é mais comum de ser verificada do que o eventual excesso: a insuficiência. Esta é uma situação que merecerá maior detalhamento mais adiante.

A proibição da utilização de expressões detrimentosas na resposta a ser ofertada possui vários óbices. O primeiro deles é o de que a resposta ou retificação não se prestam para isso. Aliás, o regime democrático é incompatível com lesões à personalidade, bem como danos morais e calúnias, injúrias ou difamações. Para todas essas espécies, existem os preceitos constitucionais e legais que as repudiam, alcançando, ao lesado, os instrumentos jurídicos capazes de lhes resguardar os seus direitos. Ademais, o próprio inciso V do art. 5º da Constituição Federal estabelece não apenas o direito de resposta proporcional ao agravo, mas também a possibilidade de o ofendido postular indenização por dano material, moral ou à imagem. Dessa maneira, inconcebível a resposta que tenha tal caráter, tornando-se plenamente viável a sua não aceitação.

Nessa mesma linha, se a resposta ou retificação ensejar a possibilidade de responsabilização civil ou penal, poderá ela ser negada. É que sua publicação ou divulgação poderá atingir direitos de terceiros, sujeitando, inclusive, o órgão de comunicação social a ser compelido a uma obrigação, de natureza civil, tal como o pagamento de uma pena pecuniária, ou mesmo os seus diretores serem responsabilizados criminalmente, sem prejuízo da perda de outorgas e licenças públicas, o que caracterizaria eventuais penalidades administrativas.

Respostas ou retificações intempestivas, postuladas em período distante da notícia ou informação que se pretenda contrapor ou retificar, também perecem com o tempo. É de se afirmar, uma vez mais, os princípios da razoabilidade e proporcionalidade a nortear a matéria. E esse decurso do tempo é de fundamental importância, inclusive, para que não se perca a oportunidade do direito de resposta, seja no âmbito administrativo, quando se requer o pedido diretamente perante o órgão de comunicação social, ou diante de uma postulação feita perante o Poder Judiciário, o qual deverá, com base no *periculum in mora, fumus boni iuris* e a verossimilhança, conceder, em sede de juízo cautelar ou antecipação de tutela, o direito que é requerido àquele que pretende a resposta.

7.9. Da impossibilidade constitucional do comentário à resposta. O desvirtuamento a partir da réplica ou contrarresposta

Tem sido muito comum os meios de comunicação associarem à resposta ofertada por alguém uma espécie de comentário ou juízo de valor, desvirtuando por completo o objetivo do direito que é constitucionalmente assegurado. Os jornalistas e demais atores que lidam com os meios de comunicação social, bem como com as empresas jornalísticas, não raras vezes, realizam aquilo que pode ser denominado de "réplica" ou "contrarresposta", práticas não condizentes com o instituto consagrado pela Lei Fundamental brasileira. Aqui não se está diante de uma breve anotação com o fim restrito de apontar qualquer inexatidão, erro de interpretação ou matéria nova contida na resposta. Acontece que o jornalista, redator ou editor, mormente, exercem verdadeiras réplicas simultâneas ao direito de resposta, uma vez que, ao receberem em suas redações ou locais de trabalho o texto que será utilizado ou publicado, a título de resposta, apuram-se em formatar uma contrarresposta, cujo objetivo é o de anular os efeitos da resposta apresentada, ao mesmo tempo em que fortalecem os seus juízos de valor, anteriormente manifestados, ou mesmo uma linha editorial adotada pela empresa jornalística.

Não obstante, o que deve ser observado, diante de tais práticas, é que se o autor da resposta se sentir ofendido com o conteúdo da "réplica", poderá postular novo direito de resposta, pois o comentário ou observação publicada simultaneamente podem sugerir uma nova agressão ao direito de personalidade, bem como reforçar algum equívoco que se tenha pretendido solucionar com a primeira retificação.

É de se repetir: a resposta proporcional ao agravo observa os limites estabelecidos pelo sistema jurídico, em especial o princípio da proporcionalidade, não podendo dela se aferir ofensa ou agressão a direitos de terceiros. Enquanto direito fundamental de defesa, deve ela limitar-se ao enfrentamento da questão a que se pretende responder, não cabendo, por parte do órgão de comunicação social, qualquer espécie de desvirtuamento, muito embora sejam aceitáveis pequenos comentários que tenham por objetos pequenas observações, sem qualquer intuito depreciativo ou demeritório da resposta ofertada.

7.10. As impertinências da revogada Lei de Imprensa frente às disposições da Constituição Federal

A Lei 5.250/67 disciplinava inconstitucionalmente a liberdade de expressão e de informação. Muitos de seus artigos, revogados pelo STF, encontravam-se em desacordo com a Constituição Federal de 1988 e, portanto, não poderiam ter validade no ordenamento jurídico. Destes, destacam-se alguns que se encontravam em absoluto descompasso com a Carta Magna, os quais comprovam o acerto do STF na "revogação" da legislação.

7.10.1. O prazo decadencial que constava no artigo 56 da Lei de Imprensa

Dispunha o art. 56 da Lei n° 5.250/67:

Art. 56. A ação para haver indenização por dano moral poderá ser exercida separadamente da ação para haver reparação do dano material, e sob pena de decadência deverá ser proposta dentro de 3 meses da data da publicação ou transmissão que lhe der causa.

Como se constata, o prazo decadencial da Lei de Imprensa era limitado a três meses. Todavia, há que se considerar o *caput* do art. 5° da Constituição Federal, o qual assegura a igualdade de todos perante a Lei, vale dizer, não pode haver discrepância entre o princípio constitucional e a legislação ordinária. O prazo de três meses já havia sido revogado implicitamente pela Carta Magna.[257]

Há que se considerar que a Carta Política brasileira, ao consagrar o direito de resposta proporcional ao agravo, não excluiu a possibilidade de o ofendido postular indenização por dano material, moral ou à imagem. Em sentido contrário, tal direito foi assegurado conjuntamente ao direito de resposta.

7.10.2. A indenização tarifária

A superada Lei de Imprensa estabelecia tarifamentos:

Art. 49. Aquele que no exercício da liberdade de manifestação de pensamento e de informação, com dolo ou culpa, viola direito, ou causa prejuízo a outrem, fica obrigado a reparar. [...]

Art. 51. A responsabilidade civil do jornalista profissional que concorre para o dano por negligência, imperícia ou imprudência, é limitada, em cada escrito, transmissão ou notícia:

I – a 2 salários-mínimos da região, no caso de publicação ou transmissão de notícia falsa, ou divulgação de fato verdadeiro truncado ou deturpado (art. 16, II e IV);

II – a cinco salários-mínimos da região, nos casos de publicação ou transmissão que ofenda a dignidade ou decôro de alguém;

III – a 10 salários-mínimos da região, nos casos de imputação de fato ofensivo à reputação de alguém;

---

[257] Nesse sentido, importante a lição de Darcy Arruda Miranda: "o art. 56 da Lei de imprensa limita a 3 meses da data da publicação ou transmissão que lhe deu causa, a ação para haver indenização por dano moral, prazo esse de decadência. Ocorre que a Constituição Federal de 1988, quando em seu art. 5°, no *caput*, estabeleceu a igualdade de todos perante a lei, e no inciso X, prescreveu a inviolabilidade da honra e da imagem das pessoas, também assegurou o direito à indenização pelo dano material ou moral decorrente de sua violação, igualando os dois efeitos, sem ressalvas, revogando, implicitamente o citado prazo decadencial. Nem seria compreensível um prazo tão restrito para um dado tão grave como é o dano moral em relação ao dano material que não tem prazo. Seria evidente cerceamento de defesa uma tal disposição, pois o indivíduo ofendido que estivesse ausente do local na data da publicação da ofensa, em viagem, e voltasse após transitado os 3 meses, ficaria sem defesa, marcado pela ofensa à sua honra, só podendo reclamar dano material que venha a existir". MIRANDA. Darcy Arruda. *Comentários à lei de imprensa*. 2. ed. São Paulo: RT. Tomo 2, 1995, p. 697.

IV – a 20 salários-mínimos da região, nos casos de falsa imputação de crime a alguém, ou de imputação de crime verdadeiro, nos casos em que a lei não admite a exceção da verdade (art. 49, § 1º).

Art. 52. A responsabilidade civil da empresa que explora o meio de informação ou divulgação é limitada a dez vezes as importâncias referidas no artigo anterior, se resulta de ato culposo de algumas das pessoas referidas no art. 50.

As disposições dos incisos V e X do art. 5° da Carta Política brasileira não estabelecem qualquer parâmetro de "tarifação", na hipótese de comprovado dano material ou moral à vítima. Em outras palavras, não há uma tipificação que conduza determinado ato ao pagamento de uma indenização específica, previamente calculada.

Nesse sentido, pronunciou-se Oduvaldo Donnini,[258] no sentido de que a Constituição Federal estabeleceu que "qualquer pessoa que seja agredida na sua honra, na sua dignidade, na sua intimidade, o direito de pleitear uma indenização por dano moral. Criou, destarte, um sistema próprio que possibilita a reparação dessa lesão, no direito comum, sem limitação de valor. Destarte, não foi recepcionada pela nossa lei maior o art. 51 da lei de imprensa".

Além disso, como se percebe, o legislador está restrito ao conceito de culpa e dolo para a reparação do dano, ou seja, a visão de uma responsabilidade subjetiva. O enfoque de hoje é a responsabilidade objetiva, pois a preocupação não está mais na figura do ofensor e sim na pessoa da vítima, nos seus sentimentos e dores.[259]

Destacam-se, nestes aspectos, as questões relativas aos direitos do consumidor, regulamentados pela Lei n° 8.078/90 e o próprio art. 37, § 6°, da Constituição, o qual consagra a responsabilidade civil objetiva do Estado e das empresas que prestam serviços públicos.

7.10.3. O arbitramento da indenização

A lei de imprensa estabelecia um critério geral para a quantificação de valores a serem alcançados às vítimas em virtude da ocorrência de dano moral. Assim dispunha:

---

[258] DONNINI, Oduvaldo. *Imprensa livre, dano moral, dano à imagem e sua quantificação à luz do novo Código Civil*. São Paulo: Método, 2002, p. 123.

[259] Discorrendo sobre a dignidade da pessoa humana, diante da responsabilidade civil, digna de registro é a lição de Maria Celina Bodin: "com o advento da Constituição de 1988, fixou-se a prioridade à proteção da dignidade da pessoa humana e, em matéria de responsabilidade civil, tornou-se plenamente justificada a mudança de foco, que, em lugar da conduta (culposa e dolosa) do agente, passou a enfatizar a proteção da vítima de dano injusto – daí o alargamento das hipóteses de responsabilidade civil objetiva, que independe da culpa, isto é, da prática de ato ilícito". MORAES, Maria Celina Bodin de. *Danos à pessoa humana: uma leitura civil-constitucional*. Rio de Janeiro: Renovar, 2007, p. 29.

Art. 53. No arbitramento da indenização em reparação do dano moral, o juiz terá em conta, notadamente:

I – a intensidade do sofrimento do ofendido, a gravidade, a natureza e repercussão da ofensa e a posição social e política do ofendido;

II – A intensidade do dolo ou o grau da culpa do responsável, sua situação econômica e sua condenação anterior em ação criminal ou cível fundada em abuso no exercício da liberdade de manifestação do pensamento e informação;

III – a retratação espontânea e cabal, antes da propositura da ação penal ou cível, a publicação ou transmissão da resposta ou pedido de retificação, nos prazos previstos na lei e independentemente de intervenção judicial, e a extensão da reparação por esse meio obtida pelo ofendido.

Esta situação não encontra qualquer razoabilidade, pois o estabelecimento de critérios que levariam à dosagem de pena no âmbito civil está completamente desalinhada em relação às punições civis concebidas, assim como invade a esfera penal, inclusive no que tange à reserva legal. Aliás, nesse sentido, Maria Celina Bodin[260] afirma, categoricamente, que "não se considera, comumente, que seja atribuível ao Direito Civil uma função punitiva, pertinente ao Direito Penal".

A Constituição Federal prevê a reparação civil primeiro através do exercício do direito de resposta, sem prejuízos dos danos materiais ou morais do ato lesivo decorrentes. Registre-se que a resposta ofertada pelo ofendido não exime o responsável de eventual reparação material ou moral. O que a Carta Magna pretendeu foi diferenciar as esferas, garantindo que o exercício do direito de resposta não exime a possibilidade de o ofendido, mediante prova, postular indenização por ofensas à sua honra e imagem.

O que a Lei de Imprensa ocasionou foi uma verdadeira fusão entre o direito penal e o direito civil, sendo que, no âmbito de cada qual dos próprios estatutos (civil e penal), a disciplina jurídica que tutela os acontecimentos, estabelecimento hipóteses em que se pode buscar a guarida dos respectivos direitos. Ademais, os Códigos Processuais próprios também estabelecem os procedimentos de cada qual das esferas, sendo que leis esparsas, tais como as proibitivas do fumo em locais fechados, com as devidas tipificações e punições, são plenamente toleráveis no âmbito do sistema jurídico.

Outra questão que causa espécie foi a tentativa da Lei de Imprensa graduar o tipo de dolo ou o grau da culpa, o que em nada interessa ao dano moral.

---

[260] MORAES, Maria Celina Bodin de. *Danos à pessoa humana*: uma leitura civil-constitucional. Rio de Janeiro: Renovar, 2007, p. 36.

Por último, o fato relativo às condições econômicas do ofensor como elemento que graduaria a pena a lhe ser aplicada. Não obstante o Código Penal fazer esta diferença, no âmbito civil tal situação não é condizente com as condutas por ele disciplinadas. A legislação de imprensa é absolutamente insubsistente e criticável sob este aspecto. Diante da incorreção ou da má-fé na divulgação de uma notícia ou informação, não há que se perquirir das condições do ofensor para se requerer e exercer o direito de resposta.

7.11. A Constituição Federal de 1988 e a garantia da livre circulação de ideias

Mais do que uma simples pretensão, a Constituição Federal de 1988, em seus mais variados dispositivos, em especial naqueles concernentes aos direitos fundamentais, teve por propósito garantir a livre circulação de ideias, inserindo-as nos mais diferentes mecanismos atinentes à democracia, dentre os quais se destaca o papel da imprensa. Todavia, não deve vir desacompanhada esta flexibilidade da devida responsabilização, nas hipóteses onde se constate equívocos e prejuízos aos direitos de personalidade, também consagrados e cultuados pela *Lex Fundamentalis*.[261]

Destarte, parece evidente que a Constituição Federal visa a garantir a "livre circulação de ideias", o que importa dizer que toda e qualquer regulamentação pode implicar, inconstitucionalmente, o cerceamento da liberdade de expressão e de imprensa. Nesse sentido, a imposição de determinadas circunstâncias, aliadas a penalidades que inclusive superavam aquelas dispostas no Código Penal, notadamente no que tange aos

---

[261] Nesse sentido, basilar é a lição de Menezes de Direito, em voto proferido no âmbito da Medida Cautelar decorrente da Arguição de Descumprimento de Preceito Constitucional – ADPF n° 130, a qual, mais adiante, com o julgamento do mérito, por maioria, havido em 30 de abril de 2009, revogou a Lei de Imprensa: "o que temos, portanto, é a questão imperativa de redefinir, neste feito, o descortinar de um novo tempo na jurisprudência constitucional brasileira em torno de padrões da democracia na perspectiva da livre circulação de idéias. É preciso redefinir com absoluta consciência de que a Constituição de 1988 construiu outro cenário para a prática democrática no Brasil. Não houve, então, uma simples mudança na disciplina constitucional quanto ao direito posto, mas, sim, pelo menos no meu entender, houve uma alteração substantiva da própria natureza da convivência democrática instaurada pelo constituinte dos oitenta. Isso me leva a compreender que a leitura moral da Constituição, considerando a especial prescrição constitucional da liberdade de imprensa e dos direitos de personalidade, exige interpretação compatível com essa nova realidade. [...] De fato, estou absolutamente convencido de que não se pode negar o direito da livre circulação das idéias. Essa livre circulação de idéias, por outro lado, no novo padrão imposto pela Constituição Federal, subordina-se ao que se contém no art. 5°, V e X, presente o disposto nos artigos 220 e seguintes que regulam a comunicação social. Assim, o comando ali presente é o de que nenhuma lei poderá conter dispositivo que constitua embaraço à plena liberdade de informação jornalística em qualquer veículo de comunicação social, observado o disposto no art. 5°, IV, V, X, XII e XIV".

crimes contra a honra, como pretendeu a Lei de Imprensa, encontra-se divorciada do espírito democrático constitucional, tendo sido, da maneira como se apresentava, banida do sistema jurídico brasileiro. Não se discutem aqui eventuais novas regulamentações que possam surgir; entretanto, afirmam-se, categoricamente, suas impertinências, pois o próprio sistema apresenta mecanismos através dos quais é possível a mediação e o equilíbrio entre o exercício da liberdade de comunicação e de imprensa, com a proteção dos direitos de personalidade, todos consagrados na Carta Política. Para tanto existem, dentre outros diplomas, o Código Civil, para regular a questão de responsabilidade civil, e o Código Penal, para disciplinar as situações vinculadas a ilícitos penais. Reafirma-se que tais legislações estabelecem não apenas as hipóteses, mas também os prazos prescricionais, bastando, por si só, para resolver as situações conflituosas.

Uma Lei de Imprensa é incompatível com o sistema jurídico-constitucional, porque nenhum diploma pode exaurir a diversidade de temas abarcados pela liberdade de comunicação. Entretanto, a possibilidade de leis monotemáticas e esparsas é plenamente admissível, pois não só bem convivem com o regime democrático, mas a ele se associam. Um dos exemplos contemporâneos é trazido pela Lei n° 9.294/96,[262] a qual dispõe sobre as restrições ao uso e à propaganda de produtos fumígeros, bebidas alcoólicas, medicamentos, terapias e defensivos agrícolas, nos termos do § 4° do art. 220 da Constituição Federal.

A livre circulação de ideias é o núcleo do que dispõe o art. 220 da Carta Magna:

> Art. 220. A manifestação do pensamento, a criação, a expressão e a informação, sob qualquer forma, processo ou veículo não sofrerão qualquer restrição, observado o disposto nesta Constituição.
>
> § 1º Nenhuma lei conterá dispositivo que possa constituir embaraço à plena liberdade de informação jornalística em qualquer veículo de comunicação social, observado o disposto no art. 5º, IV, V, X, XIII e XIV.

Trata-se, aqui, de um comando constitucional que garante o direito de informar, de se informar e de ser informado. Há, portanto, a exemplo da Constituição portuguesa, uma tríplice dimensão. E esta situação não deve e nem pode ser cerceada por qualquer dispositivo legal. Não deve qualquer entidade ou mesmo o Estado interferir nessa regulação, pois tal atitude caracterizaria uma interferência legislativa indevida.

---

[262] Tal diploma legal enfatiza a proibição do fumo em locais fechados, salvo em área privativa para tal finalidade, assim como regula a propaganda de produtos industrializados à base de tabaco, estabelecendo outras disciplinas pertinentes.

De outra banda, cumpre destacar que nenhum direito pode ser exercido de maneira absoluta, pois suas limitações e eventuais restrições encontram-se devidamente previstas e regulamentadas no bojo do sistema jurídico. Nesse sentido, a liberdade de expressão e de imprensa, consagradas no âmbito constitucional, se exercidas de maneira abusiva ou temerária, devem ser consideradas antijurídicas, portanto não abrigadas pelo Direito. Desse modo, vislumbram-se, na legislação ordinária, civil e penal, alternativas para a recomposição do dano causado, assim como, em sendo o caso, em situação excepcional e plenamente justificada, sob pena de inconstitucionalidade, a suspensão liminar da veiculação de informações e notícias que potencialmente possam causar prejuízos irreversíveis.[263]

Indispensável afirmar-se que o direito de resposta insere-se no amplo espectro do direito à informação, bem como da liberdade de imprensa e de comunicação. O exercício da resposta proporcional ao agravo, nos termos como preconizado pela Lei Maior, nada menos representa do que a amplitude que o legislador constituinte pretendeu alcançar à "livre circulação de ideias". Responder também é informar, logo o exercício de tal direito fundamental, caracterizado como de defesa e inserido no âmbito dos princípios da ampla defesa e do contraditório, deve ser saudado e respeitado tanto quanto o é a livre manifestação do pensamento. Evidentemente que um direito não pode ser utilizado para agredir outros, tais como os vinculados à personalidade de alguém, motivo pelo qual, anteriormente, se fez advertência em relação a impossibilidade do exercício da resposta quando esta vier a corromper o próprio sistema jurídico. Entretanto, o que deve ser consolidado, quando se estuda e se reconhece o direito de resposta, é que o seu núcleo fundamental equivale ao próprio exercício da liberdade de expressão, nos termos da Carta Política e entendido pelo Pretório Excelso.

Seja como for, a livre circulação de ideias deve ser interpretada nos estritos limites consagrados pela Constituição Federal, no sentido de que

---

[263] O ensinamento de Sérgio Cavalieri Filho, nesse aspecto, é digno de registro: "com efeito, ninguém questiona que a Constituição garante o direito de livre expressão à atividade intelectual, artística, científica ou de comunicação, independentemente de censura ou licença (art. 5º, IX, e 220, §§ 1º e 2º). Essa mesma Constituição, todavia, logo no inciso X do seu art. 5º, dispõe que "são invioláveis a intimidade, a vida privada, a honra e a imagem das pessoas, assegurando o direito à indenização pelo dano material ou moral decorrentes de sua violação". Isso evidencia que, na temática atinente aos direitos e garantias fundamentais, esses dois princípios constitucionais se confrontam e devem ser conciliados. É tarefa do intérprete encontrar o ponto de equilíbrio entre princípios constitucionais em aparente conflito, porquanto, em face do princípio da unidade constitucional, a Constituição não pode estar em conflito consigo mesma, não obstante a diversidade de normas e princípios que contém; deve o interprete procurar as recíprocas implicações de preceitos e princípios até chegar a uma vontade unitária na Constituição, a fim de evitar contradições, antagonismos e antinomias". FILHO, Sérgio Cavalieri. *Programa de responsabilidade civil*. 6. ed. São Paulo: Malheiros, 2005, p. 129-131.

a liberdade de comunicação e de imprensa deva ser observada e respeitada, sem que ocorram intercorrências legislativas que possam cerceá-las ou limitá-las, a não ser as próprias disposições da Carta Política, as quais exigirão, em um ambiente de tensão, no que tange à vigência de princípios e postulados, uma ponderação por parte do intérprete, com o intuito de que este possa solucionar o eventual conflito da maneira mais justa e uniforme possível. Ademais, a Carta Magna condiciona o exercício de tais direitos fundamentais, sem que sejam afastados eventuais prejuízos causados a terceiros, à luz do que dispõe o inciso V de seu art. 5°.

7.12. O primeiro elemento fundamental do direito de resposta: a proporcionalidade

Repete-se que a Lei Fundamental brasileira consagrou o direito de resposta proporcional ao agravo, sem prejuízo da indenização por dano material, moral ou à imagem da vítima, à luz do que preconiza o seu inciso V do art. 5°. A interpretação da norma constitucional é por demais evidente ao distinguir a resposta a ser exercida pelo prejudicado ou ofendido, que deve ser proporcional ao agravo sofrido, da possibilidade de esta mesma pessoa postular, perante os órgãos competentes, notadamente o Poder Judiciário, indenização correspondente aos abalos materiais, morais ou relativos à sua imagem, em virtude de uma matéria jornalística ou manifestação de opinião, devidamente publicizadas, as quais atingiram bens jurídicos tutelados pela Carta Política. Dessa maneira, indispensável reconhecer-se os dois comandos normativos existentes no âmbito do inciso V do art. 5°: a resposta proporcional ao agravo e a possibilidade de se postular uma indenização em virtude da comprovação de danos materiais, morais ou à imagem da vítima.[264]

---

[264] Importante o registro do voto proferido pelo Ministro Ricardo Lewandowski, quando do julgamento da ADPF n° 130, o qual assim manifestou-se acerca da plena eficácia do direito de resposta, previsto no inciso V do art. 5° da *Lex Fundamentalis*, bem como do ajuste da proporcionalidade que deverá mediar a ofensa ou equívoco e a resposta a ser ofertada: "com efeito, de um lado, a Constituição, nos arts. 5°, incisos IV e IX, e 220 garante o direito coletivo à manifestação do pensamento, à expressão e à informação, sob qualquer forma, processo ou veículo, independentemente de licença e a salvo de toda restrição ou censura. De outro, nos art. 5°, incs. V e X, a Carta Magna garante o direito individual de resposta, declarando, ainda, inviolável a intimidade, a vida privada, a honra e a imagem das pessoas, assegurado o direito a indenização por dano moral ou material decorrente de sua violação. São direitos de eficácia plena e aplicabilidade imediata – para usar a consagrada terminologia do Professor José Afonso da Silva – como foi acentuado pelo Deputado Miro Teixeira da tribuna, quando mais não seja, por força do que dispõe o art. 5°, § 1°, do texto magno. Não impressiona, data vênia, a objeção de alguns, segundo a qual, se a lei for totalmente retirada do cenário jurídico, o direito de resposta ficaria sem parâmetros e a indenização por dano moral e material sem balizas, esta última à falta de tarifação. É que a Constituição, no art. 5°, V, assegura o "direito de resposta, proporcional ao agravo", vale dizer, trata-se de um direito que não pode ser exercido

Mister, pois, que se encontre o equilíbrio e o ajuste dessa proporcionalidade, a qual representa um dos elementos do tipo previsto no inciso V do art. 5° da Lei Fundamental.

7.13. O ajuste da proporcionalidade

O ajuste da proporcionalidade talvez seja, de todas as circunstâncias, o elemento nuclear da normativa constitucional, sobre a qual se analisa e se discorre acerca do direito de resposta proporcional ao agravo. Indaga-se: qual será a resposta que efetivamente corresponderá à proporcionalidade prevista pela Constituição? Qual será a sua extensão? Em que prazo deverá ela ocorrer? Para tal solução, imprescindível que se afaste o espectro indenizatório, relativo ao dano material ou moral, bem como a ofensa à imagem, antes sucintamente analisadas. É indispensável que, do comando constitucional, perquira-se apenas da resposta a ser oferecida por aquele que, pela publicação de uma matéria ou manifestação de opinião, notadamente de cunhos jornalísticos, mas não só, tenha sido atingido em seus direitos e, em relação a tais publicizações, queira constitucionalmente exercer a sua resposta.

A proporcionalidade, enquanto princípio, alcança um amplo espectro de estudo, o qual, por razões óbvias, não são objeto desta pesquisa. De toda sorte, anteriormente foi abordada a questão pertinente à aplicação dos princípios da razoabilidade e o da proporcionalidade, enquanto hipóteses de solução de conflitos havidos no âmbito de um sistema jurídico.[265]

No que tange à proporcionalidade, é preciso que se reforcem alguns entendimentos que incidem sobre o ajuste que se pretende encontrar quando se está diante do exercício do direito de resposta. O princípio da proporcionalidade, cujo reconhecimento da doutrina e jurisprudência alemã serve de exemplo não apenas para o direito brasileiro, mas em

---

arbitrariamente, devendo o seu exercício observar uma estrita correlação entre meios e fins. E disso cuidará e tem cuidado o Judiciário. Ademais, o princípio da proporcionalidade, tal com explicitado no referido dispositivo constitucional, somente pode materializar-se em face de um caso concreto. Quer dizer, não enseja uma disciplina legal apriorística, que leve em conta modelos abstratos de conduta, visto que o universo da comunicação social constitui uma realidade dinâmica e multifacetada, em constante evolução. Em outras palavras, penso que não se mostra possível ao legislador ordinário graduar de antemão, de forma minudente, os limites materiais do direito de retorção, diante da miríade de expressões que podem apresentar, no dia-a-dia, os agravos veiculados pela mídia em seus vários aspectos".

[265] Ver item n° 2.5. A proporcionalidade e a razoabilidade como hipóteses de solução dos conflitos principiológicos e das regras jurídicas.

especial para o estudo do que aqui se pesquisa, implica a aceitação de que se veda taxativamente o excesso e o arbítrio, elementos incompatíveis com o Estado de Direito. Nisso se funda o direito de resposta, o qual tem por propósito justamente enfrentar uma opinião ou manifestação de fato que possa merecer, por parte de alguém, algum esclarecimento, resposta ou retificação. A contraposição de fatos, versões e opiniões é a tônica da liberdade de expressão, um dos direitos mais festejados da democracia.

O direito fundamental de resposta proporcional ao agravo contém em seu núcleo um parâmetro técnico que deve ser mediado para o seu efetivo exercício. A resposta ou retificação não pode ser exercida arbitrária ou excessivamente. A eventual opção por uma resposta menor ou menos incisiva do que a matéria ou informação a que se pretende responder constitui uma discricionariedade do titular do direito.[266]

Se a regra constitucional assegura o direito de resposta proporcional ao agravo, é de se afirmar que as restrições impostas a este direito não podem conduzi-lo à sua não efetividade, motivo pelo qual os critérios de ponderação devem ser sopesados nos estritos limites dos direitos e interesses que se visa proteger.

Se, por um lado, a noção de proporcionalidade tem por escopo a proibição do excesso, por outro, cumpre destacar-se, a sua compreensão não se esgota com tal interpretação. Há outra vertente, traduzida a partir da máxima da *proibição de insuficiência*.[267] Gilmar Mendes[268] assevera a

---

[266] No que tange à aplicabilidade do princípio da proporcionalidade, importante é a lição de Suzana de Toledo Barros: "nesse delicado procedimento, o princípio da proporcionalidade funciona como parâmetro técnico: por meio dele verifica-se se os fatores de restrição tomados em consideração são adequados à realização ótima dos direitos colidentes ou concorrentes. Afinal, o que se busca é a garantia dos indivíduos de uma esfera composta por alguns direitos, tidos por fundamentais, que não podem ser menosprezados a qualquer título". BARROS, Suzana de Toledo. *O princípio da proporcionalidade e o controle de constitucionalidade das leis restritivas de direitos fundamentais*. 3. ed. Brasília: Brasília Jurídica, 2003, p. 30.

[267] Nesse sentido, Dieter Grimm explica que as proibições do excesso ou da insuficiência constituem um mesmo núcleo contido no âmbito do princípio da proporcionalidade, o qual "se consolidou como uma técnica para decidir casos que envolvam direitos fundamentais clássicos. Com exceção da dignidade humana (Art. 1 da Grundgesetz [Lei Fundamental]), que é considerada uma fonte para todas as garantias que se seguem na Declaração de Direitos, a Corte Constitucional alemã não reconhece uma hierarquia de direitos fundamentais. Na ausência de tal hierarquia é difícil imaginar outro meio de resolver conflitos entre direitos diferentes senão com recurso à proporcionalidade e à ponderação. Se isso é verdade, a proibição de ir longe demais (Übermaβverbot) e a proibição de fazer muito pouco (Untermaβverbot) são o mesmo mecanismo, visto por diferentes ângulos". GRIMM, Dieter. *A função protetiva do Estado, a constitucionalização do direito*: fundamentos teóricos e aplicações específicas. Rio de Janeiro: Lumen Juris, 2007, p. 162.

[268] Gilmar Mendes disserta que "o conceito de discricionariedade no âmbito da legislação traduz, a um só tempo, idéia de liberdade e de limitação. Reconhece-se ao legislador o poder de conformação dentro de limites estabelecidos pela Constituição. E, dentro desses limites, diferentes condutas podem ser consideradas legítimas. Veda-se, porém, o excesso de poder, em qualquer de suas formas (*Verbot der Ermessensmissbrauchs; Verbot der Ermessensüberschreitung*). Por outro lado, o poder discricionário de legislar contempla, igualmente, o dever de legislar. A omissão legislativa (*Ermessensun-*

importância de que o princípio da proporcionalidade também deva ser interpretado no sentido de que se deva regular a insuficiência, vedando-se o excesso de poder, seja no que diz respeito a atividade ou mesmo em relação a omissão legislativa.

A lição de Ingo Sarlet,[269] referindo-se ao dever de proteção que deve ser assegurado pelo Estado contra a agressão a direitos fundamentais de terceiros (notadamente no que tange aos aspectos criminais), também merece destaque, já que para o professor a noção de proporcionalidade deve alcançar o dever que tem o Estado de desenvolver atividades que tenham por propósito garantir a observância dos direitos fundamentais, notadamente aqueles de cunho jurídico-penal, onde, mais uma vez, a insuficiência deve ser permanentemente enfrentada, em direção a um equilíbrio que possa favorecer a ordem democrática e os preceitos fundamentais da Carta Política.

As omissões constitucionais ou legislativas não podem conduzir o exercício de um direito fundamental pela metade. Em se tratando do direito de resposta proporcional ao agravo, o que aqui se pretende afirmar é que a proporcionalidade que consta no núcleo da regra constitucional não admite excessos ou insuficiências, devendo o direito de resposta situar-se em uma dimensão equilibrada, a qual possibilite que o ofendido ou aquele que tenha o legítimo interesse ou direito de responder possa exercer, com equidade e proporcionalidade, a sua contraposição.

Como a eficácia dos direitos fundamentais é de natureza horizontal, inclusive com ampla acolhida por parte do Pretório Excelso,[270] é de se

---

terschreitung; der Ermessensmangel) parece equiparável, nesse passo, ao excesso de poder legislativo". MENDES, Gilmar Ferreira. *Hermenêutica constitucional e direitos fundamentais*. Brasília: Brasília Jurídica, 2000, p. 247-248.

[269] Para Ingo Sarlet, "a noção de proporcionalidade não se esgota na categoria da proibição de excesso, já que abrange, [...], um dever de proteção por parte do Estado, inclusive quanto a agressões contra direitos fundamentais provenientes de terceiros, de tal sorte que se está diante de dimensões que reclamam maior densificação, notadamente no que diz com os desdobramentos da assim chamada proibição de insuficiência no campo jurídico-penal e, por conseguinte, na esfera da política criminal, onde encontramos um elenco significativo de exemplos a serem explorados.[...] A violação da proibição de insuficiência, portanto, encontra-se habitualmente representada por uma omissão (ainda que parcial) do poder público, no que diz com o cumprimento de um imperativo constitucional, no caso, um imperativo de tutela ou dever de proteção, mas não se esgota nesta dimensão (o que bem demonstra o exemplo da descriminalização de condutas já tipificadas pela legislação penal e onde não se trata, propriamente, duma omissão no sentido pelo menos habitual do termo)". SARLET, Ingo Wolfgang. Constituição e Proporcionalidade: o Direito Penal e os Direitos Fundamentais entre a Proibição de Excesso e de Insuficiência. *Revista da Ajuris*. Ano XXXII, n. 98, junho/2005, p. 107-132.

[270] RE 201.819/RJ "As violações a direitos fundamentais não ocorrem somente no âmbito das relações entre o cidadão e o Estado, mas igualmente nas relações travadas entre pessoas físicas e jurídicas de direito privado. Assim, os direitos fundamentais assegurados pela Constituição vinculam diretamente não apenas os poderes públicos, estando direcionados também à proteção dos particulares em face dos poderes privados".

admitir que as regras que possuam plena eficácia e que se disponham a regular diferentes relações, tais como informações publicadas e o legítimo interesse no exercício do direito de resposta, também possam ser mediadas pelo princípio da proporcionalidade, o qual alcançará o equilíbrio necessário à plena satisfação da justiça.

Destarte, não há como, de antemão, fixarem-se parâmetros que determinarão a proporcionalidade do direito de resposta. É preciso enfrentar o caso em concreto para afirmar-se: *a uma*, se está configurada ou não a hipótese do exercício do direito de resposta. Há o agravo? Qual a sua extensão? Quais foram os bens jurídicos atingidos? *A duas*, o que se pretender responder? Uma ofensa? Uma informação incorreta? *A três*, quais são as proporções alcançadas pela manifestação disseminada? Regionais, nacionais ou internacionais? *A quatro*, qual ou quais foram os veículos de comunicação utilizados para o exercício da manifestação que está a justificar o exercício do direito de resposta?

Enfim, trata-se apenas de questionamentos e simulações que deverão ser perquiridas para que se possa encontrar o tamanho do direito de resposta a ser realizado, de acordo com o previsto pela Constituição Federal.

Não há a menor dúvida de que os três subprincípios da proporcionalidade (adequação, necessidade e proporcionalidade em sentido estrito) devem ser aplicados para que se entenda o alcance do direito constitucional em exame. Como bem ensinou Robert Alexy,[271] os subprincípios da proporcionalidade conferem a fundamentação do princípio da proporcionalidade. Desconsiderá-los, implicaria desprezar o princípio como um todo, remetendo-o a um vazio interpretativo e a uma imprestabilidade jurídica.

Aplicando-se ao que aqui se pesquisa, o *subprincípio da adequação* tem o propósito de estabelecer se o exercício do direito de resposta é o meio adequado para se enfrentar uma ofensa disseminada por alguém, ou simplesmente o de corrigir a divulgação de informação que se deu de maneira incorreta. Na lição de Wilson Antônio Steinmetz,[272] "o juízo de adequação pressupõe que, conceitualmente, saiba-se o que significam meio e fim e que, empiricamente, identificam-se (sic) claramente o meio e o fim que estruturam a restrição de direito".

---

[271] ALEXY, Robert. *Teoría de los derechos fundamentales*. Madrid: Centro de Estudios Politicos y Constitucionales, 1993, p. 115.

[272] STEINMETZ, Wilson Antônio. *Colisão de direitos fundamentais e princípio da proporcionalidade*. Porto Alegre: Livraria do Advogado, 2001, p. 151.

De acordo com Carlos Bernal Pulido,[273] toda intervenção nos direitos fundamentais deve ser adequada com o propósito da obtenção de uma finalidade constitucionalmente legítima. A ofensa aos direitos de personalidade, assim como o desvirtuamento de fatos, não encontram guarida no sistema jurídico, ensejando, por parte do ofendido, a adoção de medidas capazes de não apenas restabelecer o *status quo*, mas de punir o responsável pela ilicitude. O direito de resposta não se apresenta como punição, mas como mecanismo de defesa, não podendo ser considerado uma sanção, pois não visa a punir o que está sendo respondido, mas apenas o de possibilitar ao que está a exercer o direito de resposta uma oportunidade de esclarecimento ou de contraposição dos fatos.[274]

Presentes os requisitos, o direito de resposta apresenta-se como adequado ao enfrentamento de uma ofensa aos direitos de personalidade, assim como para a correção de informações equivocadas ou falsas, que acabam sendo divulgados pelos mais diferentes veículos de comunicação, inclusive os de imprensa. Aliás, o direito de resposta não pode ser exercido com o propósito de causar outro agravo (a quem se responde ou a terceiro), mas de contrapor um abalo sofrido, motivo pelo qual a resposta é identificada como um direito fundamental de defesa. Ademais, a própria Constituição Federal consagrou outras possibilidades de reparação à imagem e à honra, assim como danos materiais ocasionados em virtude de informações agressivas ou equivocadas que foram disseminadas. Não obstante tais possibilidades, o direito de resposta proporcional ao agravo repousa no inciso V do art. 5º da Carta Política, caracterizando-se como dever autônomo.

O *subprincípio da necessidade* restringe a escolha de meios adequados à realização de um fim,[275] desprezando-se aquela via mais ofensiva em favor de uma mais benigna, desde que alcançado o objetivo proposto, qual seja, o oferecimento da resposta proporcional ao agravo sofrido. A necessidade precisa ser aferida nos estritos limites da satisfação do direito reivindicado, não servindo o princípio da proporcionalidade para contemplar excessos ou insuficiência, conforme antes explicado. Exemplificando, se o que se pretende responder é uma opinião publicada em um jornal, de circulação diária, o direito fundamental restará atendido com a explicação, retificação ou contraposição apresentada no mesmo espaço

---

[273] PULIDO, Carlos Bernal. *El principio de proporcionalidad y los derechos fundamentales*. Madrid: Centro de Estudios Políticos y Constitucionales, 2003, p. 687.

[274] Apenas a título de curiosidade, no direito norte-americano a agressão decorrente do exercício da liberdade de expressão enseja a responsabilização civil, podendo o ofendido postular indenização contra o responsável pela manifestação. Nesse sentido, o direito de resposta não surge como contrapeso, embora o prejudicado se encontre legitimado a buscar a devida reparação perante o ofensor.

[275] BRANCO, Paulo Gustavo Gonet. *Juízo de ponderação na jurisdição constitucional*. São Paulo: Saraiva, 2009, p. 174.

antes ocupado pela opinião à qual se pretende responder. Admissível, atendidas as demais condições editoriais, tais como o dia da semana em que ocorreu a publicação e o número de exemplares editados, a eventual publicação da resposta em espaço similar, desde que o direito de quem responde reste atendido.

O fato de que o sistema jurídico tem o dever de evitar é o de que, para a satisfação do direito de resposta, um princípio constitucional sobreponha-se desproporcionalmente a outro, tal como a hipótese em que o excesso de uma resposta venha a sufocar a liberdade de imprensa ou de informação.

O subprincípio da necessidade, sob o enfoque do direito fundamental de resposta, também precisa ser avaliado no que tange à rapidez de como a pretensão deve ser alcançada. A resposta proporcional ao agravo não admite grande dilação no tempo e no espaço, o que importaria no desvirtuamento do direito constitucionalmente assegurado. Todavia, mister destacar a importância de como se processam as informações no âmbito da comunicação social. O direito de resposta terá vez tanto no que diz respeito a uma reportagem jornalística, publicada em um jornal de circulação diária, como em uma revista semanal ou mensal, programas de rádio e televisão e demais veículos, tais como os visuais e os audiovisuais (*outdoors* e campanhas publicitárias, por exemplo). Embora o direito não pereça, certo é que, não atendido prontamente, se enfraquece, podendo ser convertido em indenização por perdas e danos. Da mesma forma, deve-se avaliar o comportamento do legitimado em relação ao seu exercício: *dormientibus non succurrit jus* (o Direito não socorre aos que dormem). Em se tratando do direito de resposta, o famoso ditado aplica-se com mais ênfase, pois, à medida em que o tempo passa, a pretensão do exercício do direito vai enfraquecendo, a tal ponto que, mesmo diante de uma matéria ou informação em relação à qual se tinha o legítimo direito de contraposição, com o passar do tempo, este sucumbe em relação a outros, que com ele concorrem, tornando-o intempestivo.

Por último, o *subprincípio da proporcionalidade em sentido estrito*. Nesse sentido, reportando-se à colisão de princípios, a lição de Paulo Gustavo Gonet Branco,[276] para quem "quando dois princípios básicos colidem, há duas ordens de otimização inconciliáveis entre si. A satisfação de um princípio depende da desestimação do outro. A realização de um se faz às custas do outro. Torna-se imprescindível apurar qual dos dois princípios tem maior peso para a solução do problema". Trata-se da indispensável ponderação, a máxima da proporcionalidade em sentido estrito.

---

[276] BRANCO, Paulo Gustavo Gonet. *Juízo de ponderação na jurisdição constitucional*. São Paulo: Saraiva, 2009, p. 177.

Aqui há de se ponderar a relação existente entre o direito de divulgar e os direitos de quem é atingido pela divulgação. O STF foi categórico, ao decidir pela inconstitucionalidade da Lei de Imprensa e pela valorização do direito de informar. Entretanto, embora reconhecida essa prioridade, o Pretório Excelso não desmereceu a proteção aos direitos de personalidade. Nesse sentido, ao mesmo tempo em que se reconhece a impropriedade e inconstitucionalidade da censura prévia, não se subtrai dos que foram eventualmente atingidos pela informação os seus legítimos direitos. É de se afirmar que o inciso V do art. 5° da Constituição Federal se caracteriza como uma regra jurídica, a qual se encontra perfeitamente balizada no sistema jurídico, amparada pelos princípios constitucionais vigentes. A atribuição do intérprete, diante disso, será a de analisar se o direito de resposta encontra suporte fático diante do caso em concreto, para que não venha a suprimir outros direitos fundamentais, maximizados a partir da revogação da Lei n° 5.250/67. Nesse aspecto, a função do subprincípio da proporcionalidade em sentido estrito: diante da ponderação, proporcionar a solução para eventuais conflitos havidos no sistema.

É de se considerar, por último, que o direito de resposta não inibe o exercício de outros direitos, tais como os da liberdade de informação e de imprensa. Como dever, ele surge autonomamente na Constituição Federal, o que não impede a indispensável presença de seus requisitos para que tenha efetividade.

7.14. O segundo elemento fundamental do direito de resposta: o agravo

A resposta precisa ser entendida como uma reação legítima; portanto, tem causa em fato, opinião ou informação que, uma vez divulgados, potencialmente estão a causar malefícios a alguém. Estes prejuízos não podem ser simetricamente comparados ao dano material, moral ou à imagem, pois, em relação a estes, uma vez configurados, o dispositivo constitucional, amparado pelo Estatuto Civil, assegura a possibilidade de indenização. Desse modo, o agravo preconizado no inciso V do art. 5° da Constituição Federal é algo que dispensa, por exemplo, o *animus injuriandi*, assim como a caracterização de um dano passível de indenização pecuniária, muito embora o direito de resposta não seja excludente de outras pretensões que possam ser postuladas pelo ofendido.

A resposta está inserida em um contexto em que se assegura o direito ao exercício de opiniões livres; onde concordar ou discordar de ideias, pronunciamentos ou informações integra o entendimento daquilo que o STF, nos autos do julgamento da ADPF n° 130, definiu como "livre circulação de ideias". Nesse sentido, a lição de Marc Carrilo[277] é esclarecedora, ao classificar o direito de resposta como "um complemento a la garantia de opinión pública libre. Es una via más para comunicar y recibir información".

É de se afirmar que o texto constitucional assegura o direito de resposta em qualquer hipótese de agravo, bastando, para tanto, que haja fundamentalmente algo a ser contraposto ou corrigido. Não se está, com isso, legitimando um círculo vicioso de opiniões e contraposições, o qual não encontraria qualquer solução no âmbito do sistema. Entretanto, é lícito reconhecer que uma informação possa ser contestada, encontrando-se o agravo (em sentido lato) como o elemento que fortalece o interesse em se fazer essa contraposição.

A liberdade de expressão, de pensamento e de informação autoriza que quaisquer meios possam ser utilizados em favor das mais diferentes manifestações. Nesse sentido, não só a palavra pode ser respondida. Um gesto, como bem discursou Pontes de Miranda, pode significar tanto quanto uma palavra, quiçá até mais. Uma peça de teatro, uma película cinematográfica, uma novela, um discurso, uma obra literária, um programa de televisão, um ato de desagravo, enfim, quaisquer formas através das quais se expressam ideias, palavras e sentidos, podem dar ensejo ao direito de resposta.

Evidentemente que as hipóteses de solução dos conflitos principiológicos e das regras jurídicas, já examinadas ao longo do capítulo II, também aqui se tornam imprescindíveis, quando se busca reconhecer a viabilidade do direito de resposta. O direito de informação tem prelazia no âmbito do Estado Democrático, sem que com isso se ignore o de contraposição ou retificação (também inseridos no contexto maior de informação). Ademais, a maior exposição de personalidades públicas a fatos noticiáveis, não as equiparando às comuns, no que tange ao nível de proteção às suas intimidades e privacidades, não significa que estejam elas à margem de tais misteres. Entretanto, reitera-se, para a caracterização do agravo, enquanto elemento do inciso V do art. 5° da Carta Política, basta que haja uma informação ou opinião em relação às quais alguém pretenda responder, pois, em seu foro íntimo, há o interesse em confrontá-la ou corrigi-la, proporcionalmente à sua necessidade de contraposição ou retificação. É de se afirmar que quanto maior for a pretensão de alguém em exercer o direito de resposta, maior terá sido o seu abalo em relação à informação, opinião ou notícia veiculada, a qual restou por legitimá-lo ao exercício da resposta. De igual sorte, nas hipóteses em que fatos inverí-

---

[277] CARRILO, Marc. *La cláusula de consciencia y el secreto professional de los periodistas*. Madrid: Civitas, 1993, p. 66.

dicos ou incorretos restam disseminados, não apenas pela imprensa, mas por todos e quaisquer meios de comunicação.

A ofensa à honra é outra circunstância que não pode ser desprezada quando se investiga o agravo enquanto elemento fundamental do direito de resposta. Nesse sentido, como ensinou Paulo Lúcio Nogueira,[278] "a honra é um atributo da pessoa, estando de tal modo ligado e vinculado à personalidade que lhe dá a dimensão moral do seu valor na sociedade. Pode assumir várias formas, pois se trata de verdadeira virtude, que destaca o caráter de dignidade da pessoa que tudo faz para viver com honestidade, conquistando apreço de seus concidadãos".

Nesse diapasão, indispensável a identificação de duas espécies, as quais são protegidas pelo ordenamento constitucional brasileiro: a honra subjetiva e a honra objetiva. Damásio de Jesus[279] conceitua ambas as espécies, ao dispor que "honra subjetiva é o sentimento de cada um a respeito de seus atributos físicos, intelectuais, morais e demais dotes da pessoa humana. É aquilo que cada um pensa a respeito de si mesmo em relação a tais atributos. Honra objetiva é a reputação, aquilo que os outros pensam a respeito do cidadão no tocante a seus atributos físicos, intelectuais, morais etc.".

O direito de resposta justifica-se a partir de ambas as ocorrências, sendo que o agravo, enquanto elemento do tipo previsto no inciso V do art. 5º da Carta Magna, também se materializa a partir de tais concepções. Não obstante, cumpre ressaltar, a exemplo do que se verifica no âmbito processual penal, o direito de resposta poderá ser postulado e exercido mediante o interesse da vítima, a qual pode preferir o silêncio[280] ou mesmo aceitar uma retificação ou pedido de desculpas por parte do agressor.

O dispositivo constitucional sob estudo agregou a possibilidade de se requerer, além do direito de resposta, indenização por dano material, moral ou à imagem. Evidentemente que se trata de institutos diferentes, pois o direito de resposta prescinde da carga probatória exigida para a caracterização do dano material, moral ou à imagem. Enquanto o agravo exigido para o pedido e o consequente exercício do direito de resposta se fundamenta na necessidade de contrapor um fato, notícia ou opinião que foram publicizados (de maneira restrita ou ampla), os danos a que faz menção a parte final do inciso V do art. 5º da Constituição encontram-se

---

[278] NOGUEIRA, Paulo Lúcio. *Em defesa da honra:* doutrina, legislação e jurisprudência. São Paulo: Saraiva, 1995, p. 5.

[279] JESUS, Damásio E. de. *Código Penal anotado.* 6. ed. ampl. e atual. São Paulo: Saraiva, 1996, p. 7.

[280] LAING, R. D. *The divided self: An existential study in sanity and madness.* Harmondsworth: Penguin. 1965. De acordo com o psiquiatra escocês, o silêncio pode ser resultado do receio, do próprio medo de ser absorvido por outra pessoa, levando-a ao isolamento e a depressão.

regulamentados pelo Código Civil, pendendo, no caso de seus reconhecimentos, o arbitramento da indenização por parte do magistrado, nos autos de um processo judicial, ou mediante acordo entre as partes. Seja como for, o certo é que não se está diante de novas modalidades de dano material, moral ou à imagem, mas apenas diante de um mecanismo facilitador do processo de reparação.

Se a mentira caracteriza crime contra a honra, cujas espécies estão previstas nos artigos 138 e seguintes do Código Penal brasileiro,[281] para fins do que aqui se estuda é insignificante. Evidentemente que uma notícia ou opinião mentirosa tem o seu grau de ofensa à honra, podendo ensejar a responsabilização penal, civil e, em sendo o caso, até administrativa. Todavia, a divulgação de fato ou de informação verdadeira não afastam o direito de resposta, pois tal garantia constitucional não exige a falsidade ou a dissimulação para o seu exercício. O agravo previsto, enquanto elemento do dispositivo constitucional, não tem origem apenas

---

[281] *Calúnia*: Art. 138. Caluniar alguém, imputando-lhe falsamente fato definido como crime: Pena – detenção, de seis meses a dois anos, e multa. § 1º Na mesma pena incorre quem, sabendo falsa a imputação, a propala ou divulga. § 2º É punível a calúnia contra os mortos. *Exceção da verdade*: § 3º Admite-se a prova da verdade, salvo: I – se, constituindo o fato imputado crime de ação privada, o ofendido não foi condenado por sentença irrecorrível; II – se o fato é imputado a qualquer das pessoas indicadas no nº I do art. 141; III – se do crime imputado, embora de ação pública, o ofendido foi absolvido por sentença irrecorrível. *Difamação*: Art. 139. Difamar alguém, imputando-lhe fato ofensivo à sua reputação: Pena – detenção, de três meses a um ano, e multa; *Exceção da verdade*: Parágrafo único. A exceção da verdade somente se admite se o ofendido é funcionário público e a ofensa é relativa ao exercício de suas funções; *Injúria*: Art. 140. Injuriar alguém, ofendendo-lhe a dignidade ou o decoro: Pena – detenção, de um a seis meses, ou multa. § 1º O juiz pode deixar de aplicar a pena: I – quando o ofendido, de forma reprovável, provocou diretamente a injúria; II – no caso de retorsão imediata, que consista em outra injúria. § 2º Se a injúria consiste em violência ou vias de fato, que, por sua natureza ou pelo meio empregado, se considerem aviltantes: Pena – detenção, de três meses a um ano, e multa, além da pena correspondente à violência. § 3º Se a injúria consiste na utilização de elementos referentes a raça, cor, etnia, religião, origem ou a condição de pessoa idosa ou portadora de deficiência: Pena – reclusão de um a três anos e multa. *Disposições comuns*: Art. 141. As penas cominadas neste Capítulo aumentam-se de um terço, se qualquer dos crimes é cometido: I – contra o Presidente da República, ou contra chefe de governo estrangeiro; II – contra funcionário público, em razão de suas funções; III – na presença de várias pessoas, ou por meio que facilite a divulgação da calúnia, da difamação ou da injúria. IV – contra pessoa maior de 60 (sessenta) anos ou portadora de deficiência, exceto no caso de injúria. Parágrafo único. Se o crime é cometido mediante paga ou promessa de recompensa, aplica-se a pena em dobro. *Exclusão do crime*: Art. 142. Não constituem injúria ou difamação punível: I – a ofensa irrogada em juízo, na discussão da causa, pela parte ou por seu procurador; II – a opinião desfavorável da crítica literária, artística ou científica, salvo quando inequívoca a intenção de injuriar ou difamar; III – o conceito desfavorável emitido por funcionário público, em apreciação ou informação que preste no cumprimento de dever de ofício. Parágrafo único. Nos casos dos nºs I e III, responde pela injúria ou pela difamação quem lhe dá publicidade. *Retratação*: Art. 143. O querelado que, antes da sentença, se retrata cabalmente da calúnia ou da difamação, fica isento de pena. Art. 144. Se, de referências, alusões ou frases, se infere calúnia, difamação ou injúria, quem se julga ofendido pode pedir explicações em juízo. Aquele que se recusa a dá-las ou, a critério do juiz, não as dá satisfatórias, responde pela ofensa. Art. 145. Nos crimes previstos neste Capítulo somente se procede mediante queixa, salvo quando, no caso do art. 140, § 2º, da violência resulta lesão corporal. Parágrafo único. Procede-se mediante requisição do Ministro da Justiça, no caso do inciso I do caput do art. 141 deste Código, e mediante representação do ofendido, no caso do inciso II do mesmo artigo, bem como no caso do § 3º do art. 140 deste Código.

na mentira, na incorreção, no dolo ou na má-fé. O agravo também pode surgir da exposição de um fato verdadeiro, o qual seja atentatório à dignidade humana, tal como a divulgação de uma doença ou de uma situação vexatória (aqui entendida aquela que expõe a pessoa ao ridículo). Aliás, a verdade[282] pode ser mais nociva do que a própria mentira, dependendo do que se divulga e da forma como se publiciza.

A resposta deve ser proporcional ao agravo. Esta previsão constitucional transcende o direito e busca repouso na ciência exata, mais especificamente na própria Matemática, na medida em que "proporção" é a igualdade de duas razões de mesma magnitude, a qual exige o equilíbrio entre a ação e a reação, vale dizer, entre o agravo sofrido e a resposta oferecida.

O agravo pode ser cientificamente analisado sob vários ângulos, uma vez que se materializa em diferentes situações fáticas, as quais podem potencialmente atingir direitos subjetivos e fundamentais, tais como a honra, a dignidade, a imagem, a privacidade e a moral. Acontece que a proteção do coletivo, da maneira como se constata na prática, sobrepõe-se ao interesse pelo individual, o qual, embora constitucionalizado, muitas vezes, sucumbe frente às pretensões plurais.[283]

---

[282] Alétheia, para os gregos da Antiguidade, significava verdade e realidade. Martin Heidegger, em suas pesquisas etimológicas, definiu o termo como "desvelamento", o que não significa a verdade enquanto conceito objetivo. O "desvelamento" é um processo que busca a verdade, podendo confirmá-la ou não. Em sua obra *A essência da verdade*, Heidegger interpreta a idealizada caverna de Platão, para questionar a autoridade da verdade. Pela metáfora, a verdade tem um tempo e um espaço. Quando o filósofo retorna à caverna, ele não pode anunciar a verdade, pois lhe faltam condições à sua comunicabilidade. Não é que a verdade não exista, porém ela não pode ser promulgada, diante da inexistência de condições para tanto (clarividência, luminosidade etc.). Isso significa que não basta a verdade existir; é preciso que ocorram condições para que ela seja desvelada e reconhecida. Ver HEIDEGGER, Martin. *Conferências e escritos filosóficos*. Trad. Ernildo Stein. São Paulo: Abril Cultural, 1983.

[283] Thomas J. Scheff, analisando o discurso de Robert Fuller, PhD em Física pela Princeton University, no ano de 1961, assim discorre sobre o tema: "o enfoque de Robert Fuller, ao que ele chama de posicionismo e para a dignidade pode ser uma primeira etapa para uma linguagem igualmente aplicável aos indivíduos e aos relacionamentos sociais. Tem a grande vantagem de ser mostrada tão claramente que qualquer um pode a compreender. É baseada em duas dicotomias: a dignidade-humilhação, e legitimidade versus o uso abusivo de posição, que ele chama de posicionismo. O trabalho de Lindner (2006) é baseado igualmente na dicotomia da dignidade-humilhação, mas não inclui o conceito de posicionismo. Como serão discutidos abaixo, estes conceitos são necessários para distinguir entre dois tipos diferentes de aceitação mútua: a solidariedade e a submersão da própria personalidade. O segundo passo de Fuller é o de nomear os sentimentos mais gerais que são associados com os específicos de ser alguém ou de ser ninguém: a dignidade é associada com o ser alguém, e a indignação com o ser ninguém. Como já indicado, esta etapa paraleliza exatamente com Goffman: o salvar a face mantém a própria dignidade, e perdê-la pode conduzir à humilhação". Indispensável que se possa discorrer breves palavras acerca do estudo de Fuller e a sua aplicação no direito de resposta. O chamado *posicionismo* resulta do abuso de posição, próprio daqueles que exercem (mal) o poder, pois assim o fazem distanciados da pluralidade de ideias, praticando abuso na realização prática do pensamento, o que conduz à unilateralidade e à imposição volitiva. O *posicionismo*, assim definido por Fuller, é o uso abusivo da posição, seja por parte dos meios de comunicação ou de quaisquer pessoas e entidades investidas do poder. SCHEFF, Thomas J. Robert Fuller: uma voz nova na sociologia.

O ser humano nasce *alguém*, mas pode morrer *ninguém*. O *alguém* é aquele que titula e exerce os seus direitos, especialmente os fundamentais, e os vê respeitados pelas estruturas de poder, tais como o Estado e todas as demais que possuem um nível de interferência social. Assim o são as universidades, as indústrias, as empresas e os meios de comunicação, incluindo todos os órgãos de imprensa, especialmente os mais contemporâneos, tais como os veiculados no ambiente da *web*, cuja diversidade de informações e opiniões multiplica-se a cada instante, em todos os continentes, perante todas as economias.

O ser *alguém* se relaciona à dignidade; o ser *ninguém* é a própria indignidade. O ser *alguém* se insere na sociedade e dela faz parte como integrante participativo e solidário, discursa e exerce os seus direitos, marcando posição política, respeitando e sendo respeitado enquanto ser. Porém o que é sufocado pela imposição de ideias e, em desigualdade, não pode confrontá-las, sucumbe ao discurso unilateral, o qual pode levá-lo ao isolamento e à submersão de sua própria personalidade.[284]

Nesse sentido, o agravo, senão respondido a contento, é avassalador. Diante disso, indispensável reconhecê-lo da forma mais ampla possível, o que inclui as questões subjetivas e as de foro íntimo, as quais só podem ser precisadas por quem sofre as agressões ou torna-se vítima de opiniões, comentários, informações e notícias equivocadas ou desabonatórias em relação ao seu ser.

Insiste-se: a resposta não pode dar ensejo a um círculo vicioso de agressões e respostas. Nesse sentido, e exatamente por isso, não se admitindo seu exercício fora dos objetivos da contraposição ao que foi publicizado, não podendo conter ofensas, acusações e informações despropositadas, assim como também não se tolera o comentário depreciativo à contra-argumentação apresentada.

7.15. O direito de resposta na legislação eleitoral

O direito de resposta no âmbito da legislação eleitoral é regulamentado pela Lei n° 9.504/97,[285] a qual estabelece normas para as eleições. Por

---

Trad. de Mauro Guilherme Pinheiro Koury. *RBSE – Revista Brasileira de Sociologia da Emoção*. v. 7 n. 21. Dez. 2008, p. 384-404.

[284] A partir de então, os fenômenos e as doenças psíquicas são constatadas, e a desmoralização cristaliza-se em direção à humilhação.

[285] Art. 58. A partir da escolha de candidatos em convenção, é assegurado o direito de resposta a candidato, partido ou coligação atingidos, ainda que de forma indireta, por conceito, imagem ou afirmação caluniosa, difamatória, injuriosa ou sabidamente inverídica, difundidos por qualquer veí-

culo de comunicação social. § 1º O ofendido, ou seu representante legal, poderá pedir o exercício do direito de resposta à Justiça Eleitoral nos seguintes prazos, contados a partir da veiculação da ofensa: I – vinte e quatro horas, quando se tratar do horário eleitoral gratuito; II – quarenta e oito horas, quando se tratar da programação normal das emissoras de rádio e televisão; III – setenta e duas horas, quando se tratar de órgão da imprensa escrita. § 2º Recebido o pedido, a Justiça Eleitoral notificará imediatamente o ofensor para que se defenda em vinte e quatro horas, devendo a decisão ser prolatada no prazo máximo de setenta e duas horas da data da formulação do pedido. § 3º Observar-se-ão, ainda, as seguintes regras no caso de pedido de resposta relativo a ofensa veiculada: I – em órgão da imprensa escrita: a) o pedido deverá ser instruído com um exemplar da publicação e o texto para resposta; b) deferido o pedido, a divulgação da resposta dar-se-á no mesmo veículo, espaço, local, página, tamanho, caracteres e outros elementos de realce usados na ofensa, em até quarenta e oito horas após a decisão ou, tratando-se de veículo com periodicidade de circulação maior que quarenta e oito horas, na primeira vez em que circular; c) por solicitação do ofendido, a divulgação da resposta será feita no mesmo dia da semana em que a ofensa foi divulgada, ainda que fora do prazo de quarenta e oito horas; d) se a ofensa for produzida em dia e hora que inviabilizem sua reparação dentro dos prazos estabelecidos nas alíneas anteriores, a Justiça Eleitoral determinará a imediata divulgação da resposta; e) o ofensor deverá comprovar nos autos o cumprimento da decisão, mediante dados sobre a regular distribuição dos exemplares, a quantidade impressa e o raio de abrangência na distribuição; II – em programação normal das emissoras de rádio e de televisão: a) a Justiça Eleitoral, à vista do pedido, deverá notificar imediatamente o responsável pela emissora que realizou o programa para que entregue em vinte e quatro horas, sob as penas do art. 347 da Lei nº 4.737, de 15 de julho de 1965 – Código Eleitoral, cópia da fita da transmissão, que será devolvida após a decisão; b) o responsável pela emissora, ao ser notificado pela Justiça Eleitoral ou informado pelo reclamante ou representante, por cópia protocolada do pedido de resposta, preservará a gravação até a decisão final do processo; c) deferido o pedido, a resposta será dada em até quarenta e oito horas após a decisão, em tempo igual ao da ofensa, porém nunca inferior a um minuto; III – no horário eleitoral gratuito: a) o ofendido usará, para a resposta, tempo igual ao da ofensa, nunca inferior, porém, a um minuto; b) a resposta será veiculada no horário destinado ao partido ou coligação responsável pela ofensa, devendo necessariamente dirigir-se aos fatos nela veiculados; c) se o tempo reservado ao partido ou coligação responsável pela ofensa for inferior a um minuto, a resposta será levada ao ar tantas vezes quantas sejam necessárias para a sua complementação; d) deferido o pedido para resposta, a emissora geradora e o partido ou coligação atingidos deverão ser notificados imediatamente da decisão, na qual deverão estar indicados quais os períodos, diurno ou noturno, para a veiculação da resposta, que deverá ter lugar no início do programa do partido ou coligação; e) o meio magnético com a resposta deverá ser entregue à emissora geradora, até trinta e seis horas após a ciência da decisão, para veiculação no programa subsequente do partido ou coligação em cujo horário se praticou a ofensa; f) se o ofendido for candidato, partido ou coligação que tenha usado o tempo concedido sem responder aos fatos veiculados na ofensa, terá subtraído tempo idêntico do respectivo programa eleitoral; tratando-se de terceiros, ficarão sujeitos à suspensão de igual tempo em eventuais novos pedidos de resposta e à multa no valor de duas mil a cinco mil UFIR. IV – em propaganda eleitoral na internet: (Incluído pela Lei nº 12.034, de 2009) a) deferido o pedido, a divulgação da resposta dar-se-á no mesmo veículo, espaço, local, horário, página eletrônica, tamanho, caracteres e outros elementos de realce usados na ofensa, em até quarenta e oito horas após a entrega da mídia física com a resposta do ofendido; (Incluído pela Lei nº 12.034, de 2009) b) a resposta ficará disponível para acesso pelos usuários do serviço de internet por tempo não inferior ao dobro em que esteve disponível a mensagem considerada ofensiva; (Incluído pela Lei nº 12.034, de 2009) c) os custos de veiculação da resposta correrão por conta do responsável pela propaganda original. (Incluído pela Lei nº 12.034, de 2009) § 4º Se a ofensa ocorrer em dia e hora que inviabilizem sua reparação dentro dos prazos estabelecidos nos parágrafos anteriores, a resposta será divulgada nos horários que a Justiça Eleitoral determinar, ainda que nas quarenta e oito horas anteriores ao pleito, em termos e forma previamente aprovados, de modo a não ensejar tréplica. § 5º Da decisão sobre o exercício do direito de resposta cabe recurso às instâncias superiores, em vinte e quatro horas da data de sua publicação em cartório ou sessão, assegurado ao recorrido oferecer contra-razões em igual prazo, a contar da sua notificação. § 6º A Justiça Eleitoral deve proferir suas decisões no prazo máximo de vinte e quatro horas, observando-se o disposto nas alíneas *d* e *e* do inciso III do § 3º para a restituição do tempo em caso de provimento de recurso. § 7º A inobservância do prazo previsto no parágrafo anterior sujeita a autoridade judiciária às penas previstas no art. 345 da Lei nº 4.737, de 15 de julho de 1965 – Código Eleitoral. § 8º O não-cumprimento

se tratar de matéria específica, a regulamentação aqui se impõe, inclusive como forma de estabelecer prazos para o ajuizamento de requerimentos perante a Justiça Eleitoral, assim como para disciplinar as formas através das quais o direito de resposta, no âmbito da legislação eleitoral, poderá ser pleiteado, examinado, deferido ou não pelo Poder Judiciário.

A pressuposição, articulada no art. 58 do Diploma Legal antes referido, não se divorcia dos aspectos e elementos ordinários que também justificam o exercício do direito de resposta, tal como consagrado pelo art. 5º, V, da Constituição Federal. Nesse sentido, "a partir da escolha de candidato em convenção, é assegurado o direito de resposta a candidato, partidos ou coligações por conceito, imagem ou afirmação caluniosa, difamatória, injuriosa ou sabidamente inverídica, difundidos por qualquer veículo de comunicação social".[286]

Informações inverídicas ou acusações[287] que ofendam a honra ou a imagem de candidatos, a partir de suas escolhas, devidamente procedidas em convenção partidária, são fatos que justificam o exercício do direito de resposta, não importando, para efeitos de sua viabilização, se foram procedidos no âmbito de horário eleitoral gratuito, em programação normal das emissoras de rádio e televisão ou através de órgão da imprensa escrita, diferenciando-se apenas as questões relativas aos prazos para tais postulações.[288]

Embora a liberdade de expressão deva ser reconhecida de maneira tão intensa no âmbito eleitoral, como na vida de cada cidadão, tanto aqui como lá, há limites que precisam ser respeitados, o que remete a análise,

---

integral ou em parte da decisão que conceder a resposta sujeitará o infrator ao pagamento de multa no valor de cinco mil a quinze mil UFIR, duplicada em caso de reiteração de conduta, sem prejuízo do disposto no art. 347 da Lei nº 4.737, de 15 de julho de 1965 – Código Eleitoral. Art. 58-A. Os pedidos de direito de resposta e as representações por propaganda eleitoral irregular em rádio, televisão e internet tramitarão preferencialmente em relação aos demais processos em curso na Justiça Eleitoral. (Incluído pela Lei nº 12.034, de 2009).

[286] Art. 58, *caput*, da Lei nº 9.504/97.

[287] Nesse sentido: O cabimento do direito de resposta no âmbito da legislação eleitoral pode ser compreendido a partir da seguinte decisão havida perante o Tribunal Superior Eleitoral – TSE: Candidato – Partido Político – Coligação – Notícia da Prática de Crime – Direito de Resposta – Objeto – Cabimento – Oportunidade. O direito de resposta, a ser atendido a tempo e a hora, é medida voltada ao equilíbrio da competição eleitoral, à manutenção do alto nível da campanha em que pesem interesses antagônicos, sendo observável uma vez atingidos candidato, partido ou coligação, ainda que de forma indireta, por conceito, imagem ou afirmação caluniosa, difamatória, injuriosa ou sabidamente inverídica, difundidos por qualquer veículo de comunicação. Compreensão da liberdade de expressão e de informação voltada ao coletivo. Inteligência do art. 58 da Lei nº 9.504/97. REsp nº 24.980.Ac. nº 24.980. Data: 10.3.2005. Rel. Min. Marco Aurélio Mello.

[288] Representação nº 1.194. Entrevista ao vivo através de rádio. Representação. Propaganda eleitoral. Direito de resposta. No âmbito eleitoral, as afirmações caluniosas, difamatórias e injuriosas não são reconhecidas como tais à luz dos conceitos de Direito Penal; aquilo que aparenta ofender já é proibido, porque o respeito entre os candidatos é indispensável ao processo eleitoral. Acórdão: 26.9.1996. Relator. Min. Ari Pargendler.

mais uma vez, à aplicação do princípio da razoabilidade e o da proporcionalidade. De antemão, não é possível se reconhecer até onde houve o livre exercício da crítica nem sua perigosa fronteira em relação à ofensa. O intérprete deve criteriosamente analisar os fatos postos à sua apreciação para decidir se agressões foram patrocinadas ou se a liberdade de expressão manteve-se dentro dos limites permitidos pelo sistema jurídico. Como anteriormente já se registrou, o ambiente eleitoral é propício a ataques pessoais e políticos, porém é dever do julgador discernir a crítica permitida da ofensa proibida.[289]

O discurso é inerente à política e ao que pretende nela militar. A crítica, muitas vezes efusiva, também é própria de quem exerce atividades político- eleitorais, o que se enquadra no livre espírito democrático, através do qual se disseminam ideias, projetos, manifestações e contestações. Desconhecer tais características seria ignorar uma das faces mais importantes da democracia: a pluralidade de ideias postas à discussão. Nesse sentido, também caberá ao intérprete discernir a crítica, muitas vezes veemente e incisiva, da falsa acusação ou mesmo da ofensa pessoal. O discurso de oposição é uma das bandeiras que caracterizam as formas e os meios através dos quais correntes políticas e ideológicas manifestam suas diferenças.[290]

---

[289] Eleições 2004. Direito de resposta. [...] Ofensa à imagem e à honra. [...] A propaganda que extrapola a simples crítica política dá ensejo a direito de resposta. Propaganda eleitoral gratuita de coligação, em televisão, com comentários sobre a rejeição de contas de campanha de candidato a prefeito e sobre a cassação da candidatura de seu vice-prefeito. [...] as afirmações extrapolaram os limites da crítica meramente política; antes, demonstram agressão à imagem e à reputação do agredido, mostrando-se apta a afetar a credibilidade dele perante o eleitorado. REsp nº 23.777. Data: 28.9.2004. Relator. Min. Humberto Gomes de Barros.

Propaganda eleitoral. Horário gratuito. Inserções. Ofensas. Insinuação de prevaricação e corrupção. Divulgação em emissora de reprodução de matéria veiculada em revista. [...] Quem repete assacadilha, lançada por terceiro, assume sua autoria, correndo o risco de eventual falsidade. A reprodução, na televisão, de texto publicado em jornal escrito aumenta imensamente o potencial deletério da injúria. A insinuação de que determinado candidato enriqueceu ilicitamente é injúria que dá ensejo a resposta.TSE Ac. nº 491. Data: 1º.10.2002. Relator. Min. Humberto Gomes de Barros.

Recurso Especial. Direito de Resposta. Expressão Injuriosa. 1. É assente nesta Casa de Justiça que as balizas impostas à propaganda eleitoral objetivam preservar a verdade dos fatos e assegurar a igualdade entre os contendores, sem prejuízo do exercício da liberdade de expressão. 2. As críticas – mesmo que veementes – fazem parte do jogo eleitoral, não ensejando, por si só, o direito de resposta, desde que não ultrapassem os limites do questionamento político e não descambem nem para o insulto pessoal nem para a increpação de conduta penalmente coibida. Além, claro, da proibição de se veicular fatos sabidamente inverídicos. 3. Propaganda eleitoral que transborda os limites do questionamento político ou administrativo e descamba para o insulto pessoal. Recurso a que se nega provimento. TSE. REsp nº 26.777. Ac. nº 26.777. Data: 02.10.2006. Relator. Min. Carlos Ayres Britto.

[290] Agravo Regimental. Negativa Seguimento. Recurso Especial. Direito de Resposta. Propaganda Eleitoral. Horário Gratuito. Alegações. Críticas. Desempenho. Governador. Ausência Hipótese Art. 58 da Lei nº 9.504/97. Não-Ocorrência de Ofensa. Fundamentos não Infirmados. – As críticas apresentadas em programa eleitoral gratuito, buscando a responsabilização dos governantes pela má condução das atividades de governo, consubstanciam típico discurso de oposição, não se enquadrando nas hipóteses do art. 58 da Lei nº 9.504/97. – Em sede de recurso especial, é vedado o reexame de

Diante disso, é preciso que se reafirme que o direito de resposta no âmbito da legislação eleitoral é um importante instrumento, cujo objetivo é o de equalizar os discursos de natureza política e ideológica, permitindo que o livre debate de ideias e de programas governamentais possa ser levado ao conhecimento da coletividade, a partir da pluralidade havida no âmbito de um Estado Democrático de Direito. A existência de uma lei que o regulamente é pertinente e imprescindível, uma vez que as características das atividades político-partidárias assim a exigem, estabelecendo notadamente prazos mais enxutos para o pedido de resposta, atendidos os requisitos, considerando os pleitos e as campanhas eleitorais, bem como as manifestações havidas nos horários de propaganda eleitoral gratuita,[291] ou mesmo no âmbito da divulgação de informações que guardem relação com processos eleitorais.

7.16. O direito de resposta após a revogação da Lei n° 5.250/67

Não se pode ter qualquer dúvida acerca da legitimidade para o exercício do direito de resposta: ela pertence ao ofendido, aquele que sofreu um agravo a partir de uma manifestação pública. Acontece, entretanto, que por anos o instituto do direito de resposta foi regrado pela revogada Lei de Imprensa, o que justificava a proposição de ações, perante o Poder Judiciário, com base em tal legislação, para que tal direito fosse deferido a quem o postulasse. Não vigorando mais o referido Diploma Legal, a dúvida que ora se suscita é se aquelas decisões, havidas com base na Lei de Imprensa, permaneceriam eficazes, com o intuito de produzir os efeitos, tais como a publicação de uma sentença ou uma retratação.

Na primeira oportunidade em que o STF teve de se pronunciar acerca do tema, inclinou-se, em sede de liminar, por suspender os efeitos de decisão fundamentada, supostamente, na superada Lei n° 5.250/67. A Reclamante, Editora Abril S.A, que foi obrigada a publicar sentença na qual fora condenada ao pagamento de indenização a Eduardo Jorge Caldas Pereira, com base no art. 75 da Lei n° 5.250/67, alegou que a revogação da

---

provas. A revaloração não pode confundir-se com um novo contraditório. Pressupõe tenha havido contrariedade a um princípio ou a uma regra jurídica no campo probatório. TSE. ARespe n° 26.780. Data: 26.9.2006. Relator. Min. Gerardo Grossi.

[291] Na verdade, a propaganda eleitoral gratuita não é tão gratuita assim. O que acontece é que o uso do espaço é remunerado, ainda que indiretamente, pela dedução do imposto de renda por parte das emissoras de rádio e televisão, o qual é calculado com base naquilo que ganhariam com a venda do espaço publicitário no horário em que é exibida a propaganda. Há nos termos do art. 52 da Lei n° 9.096/95 e do art. 99 da Lei n° 9.504/97 a previsão de compensação fiscal, o que permite que as permissionárias e concessionárias possam deduzir até 80% do imposto de renda, em relação ao que ganhariam com a venda do espaço publicitário.

Lei de Imprensa, havida em 30 de abril de 2009, surtiu efeitos *ex tunc*, ou seja, retroagindo à data de promulgação da Constituição de 1988. Logo, por esse raciocínio, todas as decisões havidas com base na Lei de Imprensa pendentes de concretização restariam prejudicadas. Não adentrando no mérito da questão, o relator da Reclamação, Ministro Carlos Ayres Britto, deferiu liminar para suspender os efeitos do acórdão proferido no Juízo *a quo*. Nesse sentido, a decisão liminar concedida:

RECLAMAÇÃO Nº 9362
RECLAMANTE: Editora Abril S.A
RECLAMADO: Desembargador Relator do Agravo de Instrumento nº 2009.00.2.014124-0, da 4ª Turma Cível do Tribunal de Justiça do Distrito Federal e Territórios
RELATOR: Ministro Carlos Ayres Britto
DECISÃO: Vistos, etc. Trata-se de reclamação constitucional, aparelhada com pedido de medida liminar, proposta pela Editora Abril S.A., contra ato do Desembargador Relator do Agravo de Instrumento nº 2009.00.2.014124-0, da 4ª Turma Cível do Tribunal de Justiça do Distrito Federal e Territórios. Ato consubstanciado em decisão que deferiu pedido de antecipação de tutela "para cumprimento imediato da obrigação de publicar a sentença condenatória em VEJA, independentemente de intimação pessoal". 2. Argui a autora que o ora interessado, Eduardo Jorge Caldas Pereira, propôs em face dela (reclamante) ação de indenização por danos morais. Ação em que foi condenada a: a) pagar indenização no valor histórico de R$ 150.000,00 (cento e cinqüenta mil reais); b) "publicar a sentença condenatória na edição impressa da revista [Veja], bem como mantê-la por três meses na internet, sob pena de multa diária de R$ 1.000,00, tudo com fundamento legal no artigo 75 da Lei 5.250/67". Alega que, "na fase de execução da sentença", o Juízo de primeira instância "determinou que a Reclamante fosse intimada pessoalmente para o cumprimento da parte cominatória" do título judicial. Decisão da qual o exequente (ora interessado) interpôs agravo de instrumento. Recurso em que foi deferida antecipação de tutela "para cumprimento imediato da obrigação de publicar a sentença condenatória em VEJA, independentemente de intimação pessoal".

3. Pois bem, diante desse panorama fático-jurisdicional, sustenta a reclamante desrespeito à decisão deste Supremo Tribunal Federal na Arguição de Descumprimento de Preceito Fundamental nº 130. É que a obrigação que lhe foi imposta – a de publicar a sentença condenatória na revista Veja – tem por fundamento o art. 75 da Lei de Imprensa. Lei que esta nossa Corte, na ADPF 130, declarou não-recepcionada pela Constituição Federal de 1988. Daí requerer a concessão de liminar para suspender imediatamente o ato impugnado.

4. Feito esse aligeirado relato da causa, passo à decisão. Fazendo-o, pontuo, de saída, que o poder de cautela dos magistrados é exercido num juízo prefacial em que se mesclam num mesmo tom a urgência da decisão e a impossibilidade de aprofundamento analítico do caso. Se se prefere, impõe-se aos magistrados condicionar seus provimentos acautelatórios à presença, nos autos, dos requisitos da plausibilidade do direito invocado (fumus boni juris) e do perigo da demora na prestação jurisdicional (periculum in mora), perceptíveis de plano. Requisitos a ser aferidos primo oculi, portanto. Não sendo de se exigir, do julgador, uma aprofundada incursão no mérito do pedido ou na dissecação dos fatos que lhe dão suporte, sob pena de antecipação do próprio conteúdo da decisão definitiva.

5. No caso, tenho como presentes os requisitos para a concessão da liminar. Assim como asseverou o Ministro Ricardo Lewandowski no MS 27.259-MC, "verifico que os argumentos

trazidos à baila pela [reclamante] demandarão uma análise mais aprofundada do alegado, inclusive à luz das informações a serem prestadas pela autoridade [reclamada]. [...] o perigo na demora está claramente evidenciado. Em outras palavras, o indeferimento da liminar, com a conseqüente [publicação da sentença na revista Veja], equivaleria a extinguir, no nascedouro, [a] presente [reclamação]". Ademais, a presente medida cautelar comporta revogação a qualquer momento, oportunidade em que a sentença condenatória será publicada na revista Veja, sem maiores prejuízos ao interessado.

6. Ante o exposto, defiro a liminar para suspender os efeitos da decisão reclamada, sem prejuízo de uma mais detida análise após a prestação das informações e quando do exame do mérito.

7. Solicitem-se informações ao reclamado. Comunique-se, com urgência. Publique-se. Brasília, 06 de novembro de 2009.

A decisão, em que pese ter se restringido a presença do *fumus boni iuris e do periculum in mora*, a fim de autorizar a concessão da medida liminar postulada, ensejou, por parte de advogados que atuam no âmbito das atividades jornalísticas e do direito à informação, algumas discussões de suma importância. Nesse sentido, dissertam que o direito de resposta pertence ao ofendido e não ao juiz.[292]

Para o advogado da Editora Abril S.A., Alexandre Fidalgo,[293] o trânsito em julgado da decisão, a qual condenou a *Revista Veja* a publicar em suas páginas a sentença que concedeu ganho de causa a Eduardo Jorge, prolatada antes da revogação da Lei de Imprensa, não é motivo para que a sua execução não seja suspensa, uma vez que a retroatividade da decisão proferida pelo STF, nos autos da ADPF n° 130, encontra-se evidente, a partir do reconhecimento de que a referida Lei n° 5.250/67 é incompatível com o atual ordenamento constitucional.

A advogada de Eduardo Jorge, por sua vez, Ana Luísa Rabelo Pereira, argumenta que a decisão que condenou a *Revista Veja* baseou-se no Código Civil, e não na Lei de Imprensa, caracterizando-se, com isso, uma obrigação de fazer:

A partir disso, algumas afirmações podem ser feitas de pronto: o direito de resposta não é de natureza sucumbencial, mas sim de natureza autônoma; a sentença que fundamenta uma condenação com base em lei

---

[292] Conforme entrevista concedida por Manoel Affonso Ferreira, advogado do *Estado de São Paulo*, concedida ao site CONJUR: "não são institutos iguais. A publicação da sentença prevista na Lei de Imprensa era uma sucumbência decorrente da condenação. Já o direito de resposta é uma reparação, que pode ser pedida antes mesmo de haver ajuizamento de processo". FERREIRA, Manoel Affonso. Entrevista concedida ao site CONJUR, em 6 de novembro de 2009. Disponível em <http://www.conjur.com.br>. Acesso em: 7 nov. 2009.

[293] Para Alexandre Fidalgo, "se um título judicial está sustentado em fundamento legal não recepcionado pelo atual sistema jurídico, como acontece com a publicação de sentença, ele não pode ser considerado exigível [...]. Isso não cria um ambiente de insegurança jurídica, mas confirma a essência da retroatividade da decisão do Supremo". FIDALGO, Alexandre. Entrevista concedida ao site CONJUR, em 06 de novembro de 2009. Disponível em <http://www.conjur.com.br>. Acesso em: 7 nov. 2009.

revogada remete a discussão a aspecto de natureza processual, e a obrigação de publicação da *decisum* nada tem a ver com o direito de resposta.

Seja como for, o fato, por ser o primeiro suscitado perante o STF, a partir da revogação da Lei de Imprensa, acarretará em ampla discussão acerca da necessidade ou não de regulamentação do direito de resposta, bem como de outras particularidades decorrentes do exercício da liberdade de comunicação e de imprensa. Acontece, entretanto, que o STF já decidiu que, no que tange à liberdade de expressão, quanto menos restrições existirem, mais próximo se estará dos princípios que regem o Estado Democrático de Direito.[294]

É de se afirmar que o direito de resposta proporcional ao agravo se apresenta no direito brasileiro como um dever autônomo, o qual dispensa uma legislação que venha a regulamentá-lo. Pelo contrário, qualquer incidência de caráter normativo que venha regulá-lo estará afrontando a Constituição Federal, tanto quanto a Lei de Imprensa o fez. O suporte jurídico para o seu exercício encontra-se no inciso V do art. 5º da Carta Magna, assim como os parâmetros que devem norteá-lo, em especial a proporcionalidade do agravo sofrido. A Carta Política brasileira, ao prevê-lo, não restringiu ou estabeleceu condições ao exercício do direito de resposta, consagrando-o em sua plenitude, preenchidos os requisitos que o autorizam: notícia ou informação (falsa ou verdadeira) ou ainda opinião que venha a causar prejuízo a alguém, legitimando-o a postulação e realização de sua resposta proporcional ao agravo.

Isso posto, o fato de a Lei de Imprensa ter sido revogada torna-se irrelevante. Como direito fundamental e dever autônomo, o direito de resposta possui plena eficácia, restando apenas a necessidade de se perquirir acerca da presença de seus requisitos, assim como da indispensável proporcionalidade à sua realização.

7.17. O direito de resposta em juízo e a eficácia imediata da decisão

Afirma-se que a resposta é um direito e um dever autônomo, motivo pelo qual sua pretensão e realização independem de sentença judicial

---

[294] Nesse sentido, ao justificar o seu voto pela inconstitucionalidade da Lei de Imprensa, no âmbito do julgamento da ADPF nº 130, assim se manifestou o Ministro Menezes de Direito: "não existe lugar para sacrificar a liberdade de expressão no plano das instituições que regem a vida das sociedades democráticas [...]. Quando se tem um conflito possível entre a liberdade e sua restrição deve-se defender a liberdade. O preço do silêncio para a saúde institucional dos povos é muito mais alto do que o preço da livre circulação das idéias [...]. A sociedade democrática é valor insubstituível que exige, para a sua sobrevivência institucional, proteção igual a liberdade de expressão e a dignidade da pessoa humana e esse balanceamento é que se exige da Suprema Corte em cada momento de sua história". Informação disponível em <http://www.stf.jus.br>. Acesso em: 18 nov. 2009.

condenatória, bastando que o legitimado requeira administrativamente, perante o órgão ou pessoa responsável, o exercício desta premissa constitucional. Entretanto, em muitas e diversas situações, inclusive perante os meios de comunicação, o direito de resposta ou não é alcançado ao ofendido, ou, se concedido, assim o é de maneira desproporcional, em afronta ao que prescreve a Lei Fundamental brasileira. Para tanto, em nome do art. 5º, XXXV, da Carta Magna, a qual consagra o acesso à justiça, não excluindo da apreciação do Poder Judiciário lesão ou ameaça a direito, assegura-se ao pretendente o direito de petição perante os órgãos jurisdicionais, os quais poderão determinar ao requerido a obrigação de publicar ou divulgar a resposta, caracterizando-se, portanto, uma obrigação de fazer, nos exatos termos preconizados pelo inciso V do art. 5º da Constituição Federal.

É de se afirmar que a eficácia da ação judicial que tem por propósito o exercício do direito de resposta é de natureza executiva imediata, o que lhe confere de pronto a realização dos efeitos da respectiva sentença, não se exigindo posteriormente a propositura de outra ação, de natureza executiva, conforme ensina Pontes de Miranda[295] "há sentenças que não são propriamente executivas, não têm tal força, mas algo sobrevém a seu efeito primordial. *Nas sentenças de eficácia executiva imediata não se precisa de propor outra ação: o elemento 4 de executividade permite que nos mesmos autos se execute o que resulta da eficácia executiva*". (grifou-se)

A lição de Teori Albino Zavascki,[296] comentando o art. 461 do CPC e citando o entendimento de Ada Pellegrini Grinover, é esclarecedora, no sentido de que "entre as consequências que se extraem do dispositivo, no seu entender, está a permitir medidas executivas imediatas, sem necessidade de execução *ex intervallo*: descumprindo o preceito da sentença ou de sua antecipação, passa-se às medidas executivas lato sensu, no mesmo processo de conhecimento já instaurado: se se tratar de obrigação de prestar declaração de vontade, aplica-se o sistema dos arts. 639-641 CPC, pois a sentença constitutiva já produz resultado equivalente ao ato da declaração".[297]

---

[295] PONTES DE MIRANDA, Francisco Cavalcanti. *Tratado das ações*. Tomo VII. São Paulo: RT, 1978, p. 51.

[296] ZAVASCKI, Teori Albino. *Comentários ao Código de Processo Civil*. Do processo de execução. 2. ed. v. 8. São Paulo: RT, 2003, p. 437.

[297] Nessa linha, o julgado do STJ: Processo Civil. Cumprimento de Obrigação de Fazer. Sentença Executiva *Lato Sensu* (CPC, art. 461). Descabimento de Embargos À Execução. Defesa por Simples Petição. Sentença Inconstitucional. Embargos À Execução. Exegese e alcance do parágrafo único do art. 741 do CPC. Inaplicabilidade às sentenças sobre correção monetária do FGTS. 1. Os embargos do devedor constituem instrumento processual típico de oposição à execução forçada promovida por ação autônoma (CPC, art. 736). Sendo assim, só cabem embargos de devedor nas ações de execução processadas na forma disciplinada no Livro II do Código de Processo. 2. No atual regime do CPC, em

Tal medida processual, a qual tem por propósito a imediata eficácia condenatória da sentença, prescindindo de novo processo ou mesmo não exigindo um provimento cautelar, foi denominada de *tutela inibitória*, por Luiz Guilherme Marinoni,[298] o qual dispôs que "a tutela inibitória deve ser compreendida como uma tutela contra o perigo da prática, da repetição ou da continuação do ilícito, compreendido como ato contrário ao direito que prescinde da configuração do dano".

Para tanto, é de se reconhecer a existência de uma fonte normativa prevista no referido art. 461 do CPC, *in verbis*:

> Art. 461. Na ação que tenha por objeto o cumprimento de obrigação de fazer ou não fazer, o juiz concederá a tutela específica da obrigação ou, se procedente o pedido, determinará providências que assegurem o resultado prático equivalente ao do adimplemento.
>
> § 1º A obrigação somente se converterá em perdas e danos se o autor o requerer ou se impossível a tutela específica ou a obtenção do resultado prático correspondente.
>
> § 2º A indenização por perdas e danos dar-se-á sem prejuízo da multa (art. 287).
>
> § 3º Sendo relevante o fundamento da demanda e havendo justificado receio de ineficácia do provimento final, é lícito ao juiz conceder a tutela liminarmente ou mediante justificação prévia, citado o réu. A medida liminar poderá ser revogada ou modificada, a qualquer tempo, em decisão fundamentada.
>
> § 4º O juiz poderá, na hipótese do parágrafo anterior ou na sentença, impor multa diária ao réu, independentemente de pedido do autor, se for suficiente ou compatível com a obrigação, fixando-lhe prazo razoável para o cumprimento do preceito.
>
> § 5º Para a efetivação da tutela específica ou a obtenção do resultado prático equivalente, poderá o juiz, de ofício ou a requerimento, determinar as medidas necessárias, tais como a imposição de multa por tempo de atraso, busca e apreensão, remoção de pessoas e coisas, desfazimento de obras e impedimento de atividade nociva, se necessário com requisição de força policial.
>
> § 6º O juiz poderá, de ofício, modificar o valor ou a periodicidade da multa, caso verifique que se tornou insuficiente ou excessiva.

Não há como negar que o dispositivo legal acima reproduzido, a partir da contemporânea reforma processual, a qual reestruturou a efetividade das ações que tenham por propósito o *fazer ou não fazer*, possibilita que se aumente o espectro das tutelas inibitórias, para além dos interditos possessórios e ações de novação de obra nova, para alcançar as denominadas tutelas atípicas, as quais também têm por objeto a preservação de outros direitos individuais e sociais. Nessa linha, ensina Ovídio Baptista

---

se tratando de obrigações de prestação pessoal (fazer ou não fazer) ou de entrega de coisa, as sentenças correspondentes são executivas lato sensu, a significar que o seu cumprimento se opera na própria relação processual original, nos termos dos artigos 461 e 461-A do CPC. Afasta-se, nesses casos, o cabimento de ação autônoma de execução, bem como, consequentemente, de oposição do devedor por ação de embargos. (Grifou-se)

[298] MARINONI, Luiz Guilherme. *Tutela inibitória*: individual e coletiva. 3. ed. São Paulo: RT, 2003, p. 45.

da Silva[299] que "para que a compreensão do campo de incidência da norma contida no art. 461 evidencie que, no conceito de obrigação com que labora este artigo, compreendem-se tanto as obrigações *strictu sensu*, do Direito das Obrigações, quanto genericamente os deveres sociais e os que nascem no campo do Direito Público".

Reafirmando a eficácia executiva da sentença e a desnecessária propositura de uma nova ação, manifesta-se Luiz Guilherme Marinoni[300] no sentido de que "a própria dicção da norma deste artigo indica que o objetivo do legislador foi criar uma ação onde o conhecimento e a execução se misturam, viabilizando a tutela do direito na ação inicialmente aforada, sem a necessidade de uma ação de execução".

É de se agregar, ao lado da eficácia executiva, a de natureza mandamental, quando se está diante de ações cujo objeto sejam prestações de fazer ou não fazer. Sem adentrar na classificação das ações, Ovídio Baptista da Silva[301] ensina que "o preceito do art. 461, concebido com sábia flexibilidade, poderá agasalhar tanto demandas executivas, quanto – o que é ainda mais significativo, em termos de Teoria Geral do Processo – as mandamentais que porventura decorram das pretensões fundadas em obrigações de fazer ou não fazer".

Uma última consideração pertinente à questão diz respeito às alternativas previstas no art. 461 do CPC, diante do descumprimento da ordem (executiva e mandamental): a possibilidade da imposição de multa (*astreinte*) como mecanismo através do qual se constrange psicologicamente o devedor ao cumprimento de sua obrigação. O § 4° do art. 461 do CPC assim possibilita ao juiz à sua aplicação, sem que tal incidência afaste a cominação de perdas e danos, desde que tais repercussões não constituam enriquecimento sem causa.

7.18. O direito de resposta do agente político

Dentre os agentes públicos, destacam-se os denominados agentes políticos, os quais assim são denominados em virtude de suas prerrogativas e atribuições, muitas delas constitucionalmente estabelecidas. Não obstante tais características iniciais, ainda hoje a qualificação de um agente público na qualidade de agente político está distante de uma unanimi-

---

[299] SILVA, Ovídio Baptista da. *Curso de Processo Civil*. v. 1. 3. ed. Porto Alegre: Fabris, 1996, p. 126.

[300] MARINONI, Luiz Guilherme. *Tutela Inibitória*: individual e coletiva. 3. ed. São Paulo: RT, 2003, p. 86.

[301] SILVA, Ovídio Baptista da. *Curso de Processo Civil*. v. 1. 3. ed. Porto Alegre: Fabris, 1996, p. 126.

dade. Entende-se que ao lado das premissas e atribuições constitucionais, o que vincula o agente ao Poder Público é uma relação de natureza política, passando a exercer os seus misteres independente de sua aptidão profissional.[302]

Em assim sendo, aqueles que exercem poderes atribuídos pelo voto popular, assim como os seus imediatos assessores, nomeados em cargos de sua confiança (comissionados) são considerados incontrovertidamente agentes políticos, ou designados simplesmente de "políticos" na acepção literal da palavra.

Em virtude de suas responsabilidades políticas e administrativas, os agentes políticos ou simplesmente "políticos" merecem, por parte da imprensa e dos meios de comunicação social um permanente acompanhamento de suas atividades e funções, inclusive como máxima expressão do princípio da publicidade que deve nortear as atividades públicas. Assim como o Presidente, Governadores e Prefeitos, chefes dos respectivos poderes executivos e seus imediatos assessores, os parlamentares integram indiscutivelmente a categoria de agentes políticos, devendo zelar, a exemplo de todos os gestores públicos, pela probidade administrativa e pela estrita observância dos princípios constitucionais. Por lidarem com o poder, inclusive na qualidade de administradores de contratos e convênios, além de responsáveis pelo desencadeamento de diversos processos administrativos, tais como os de natureza licitatória e o da realização de concursos públicos, seus atos são permanentemente fiscalizados pelos respectivos Tribunais de Contas e, no âmbito judicial, pelas justiças comum e especial.

Os meios de comunicação, em face de um saudável processo de democratização das relações públicas, tem destinado parcela significativa de seus noticiários, reportagens e documentários a acontecimentos que se sucedem no âmbito administrativo, repercutindo, não raras vezes, escândalos públicos em virtude de supostos ilícitos perpetrados por agentes políticos. Tais situação representam o atual processo de democratização da imprensa e dos meios de comunicação, o que deve ser saudado como importante conquista do Estado contemporâneo. Todavia, as repercus-

---

[302] Celso Antônio Bandeira de Mello assim os conceitua: "Agentes políticos são os titulares dos cargos estruturais à organização política do País, ou seja, ocupantes dos que integram o arcabouço constitucional do Estado, o esquema fundamental do Poder. Daí que se constituem nos formadores da vontade superior do Estado. São agentes políticos apenas o Presidente da República, os Governadores, Prefeitos e respectivos vices, os auxiliares imediatos dos Chefes de Executivo, isto é, Ministros e Secretários das diversas Pastas, bem como os Senadores, Deputados federais e estaduais e os Vereadores. O vínculo que tais agentes entretêm com o Estado não é de natureza profissional, mas de natureza política. Exercem um munus público. Vale dizer, o que os qualifica para o exercício das correspondentes funções não é a habilitação profissional, a aptidão técnica, mas a qualidade de cidadãos, membros da civitas e por isto candidatos possíveis à condução dos destinos da Sociedade". MELLO, Celso Antônio Bandeira. *Curso de direito administrativo*. São Paulo: Malheiros, 2004, p. 154 e segs.

sões públicas acerca de suposta malversação de dinheiro público e prática de atos de improbidade, muitos deles tipificados como crimes contra a Administração, em nome do pleno exercício da liberdade de expressão, deve contemplar proporcionalmente ao agravo, o direito de resposta daqueles políticos acusados, cuja imagem e a honra restam invariavelmente atingidas.

Não podem ser jamais esquecidos os princípios da ampla defesa e do contraditório, insculpidos no inciso LV do art. 5º da Lei Fundamental, bem como a presunção de inocência, estabelecida no inciso LVII do mesmo dispositivo constitucional.

O direito de resposta proporcional ao agravo, reafirma-se, também é um direito fundamental de defesa. E a essa resposta imprescindível que se assegure a indispensável proporcionalidade (adequação-necessidade-sentido estrito), com o intuito de que, por exemplo, uma repercussão jornalística possa contemplar, com dimensão semelhante, as razões e explicações do agente político, ao qual se atribui ou se suspeita a prática ilegal, ímproba ou desvirtuada dos propósitos públicos.

Descabe a resposta quando o fato, pela sua própria natureza, além de ser noticiável e de interesse público, contempla o contra peso das informações com as devidas explicações, esclarecimentos e defesa daquele a quem se atribuiu o ato supostamente reprovável, seja do ponto de vista ético ou legal. O grande desafio está no equilíbrio, portanto na proporcionalidade que se assegurarará a resposta, quando esta efetivamente tiver vez e lugar. A liberdade de expressão é a livre circulação de ideias consagrada pelo STF e isso assegura a equânime contraposição dos fatos, a reposição da verdade quando violada e a prestação dos devidos esclarecimentos, se cabíveis e pertinentes. O político encontra-se no epicentro das mais importantes discussões havidas em uma sociedade democrática, o que o qualifica como um "agente especial", pelos poderes que exerce e pelas responsabilidades que assume. Os políticos não ocupam os espaços jornalísticos apenas quando são alvos de investigações, suspeitas de atos ilícitos ou prática de improbidades e abuso de poder. O agente político é sempre notícia, seja quando pratica um ato contrário aos princípios constitucionais, seja quando realiza algo que deve ser saudado pela sociedade como um *múnus*. O agente austero será reverenciado pela imprensa e pelo povo por sua capacidade de bem gerir a máquina pública e administrar com probidade e responsabilidade os interesses públicos. Porém será objeto de matérias, debates e acusações quando divorciar-se de tais misteres, ensejando críticas que as vezes vão muito além de meras revelações, atingindo a moralidade e à sua imagem. Neste último caso, a Constituição assegura a devida reparação, sem prejuízo de outras cominações que o excesso e a irresponsabilidade jornalística puderem causar.

Quem assume responsabilidades públicas e políticas deve estar consciente de que as suas atribuições não são iguais a de um particular, assim como o seu comportamento também não é semelhante. Entretanto, embora tais diferenças, a Constituição Federal não deixou o político à margem do Direito, assegurando-lhe mecanismos de defesa, em nome de sua honra e de suas atividades. E assim como a responsabilidade política não é igual a nenhuma outra, em virtude de sua investidura e de suas atribuições constitucionais, o direito de resposta proporcional ao agravo do político também deve merecer especial tratamento, não se inibindo, em hipótese qualquer, a divulgação dos fatos que são importantes, inerentes às atividades administrativas e de interesse público,[303] mas observando-se, com a possível e necessária cautela, para que pessoas não sejam definitivamente agredidas, tampouco julgadas antecipadamente por profissionais sem a devida atribuição constitucional.[304]

O que o agente político indevidamente persegue é a censura prévia, absolutamente incompatível com o nosso ordenamento constitucional, já tendo sido rechaçada inúmeras vezes pelo Pretório Excelso, em especial no apreciado julgamento da ADPF nº 130. Evidentemente que inverdades, falsidades, dissimulações dentre outras impropriedades objetivas estão a merecer por parte do sistema jurídico eventuais restrições,[305] porém privilegia-se a informação e o direito de resposta proporcional ao agravo, à luz do que dispõe o inciso V do art. 5º da Lei Maior.

O político melhor conceberá os propósitos da *Lex fundamentalis* se puder ter respeitado o seu direito de resposta, nos estritos limites (proporcionais) previstos na Constituição. Se a simples informação não enseja o direito de resposta, o eventual conteúdo ideológico, manifestado

---

[303] O conceito de interesse público não é simples como muitos sugerem. O interesse público está em satisfazer os propósitos públicos, prestando informações à sociedade, mas também integra o seu núcleo o respeito e observância aos direitos fundamentais, dentre os quais destaca-se o direito de defesa proporcional ao agravo.

[304] Registre-se os episódios do ex-Ministro da Saúde, Alceni Guerra, envolvido em um suposto superfaturamento na compra de bicicletas, que foi intensamente repercutido pela mídia, restando o político absolvido; e o do ex-Secretário Geral do Presidente Fernando Henrique Cardoso, Eduardo Jorge, o qual foi aviltado sem sequer ter sido proposta uma única ação criminal. O primeiro, que não se distanciou da vida pública, ainda recrudesce, afirmando que "o veneno da destruição da minha imagem insiste em continuar ativo, aniquilando-me como pai, amargurando-me como marido e assombrando-me como cidadão. Será que é preciso dar fim à minha vida para chamar a atenção para o que aconteceu comigo?" Eduardo Jorge narra que perdeu "12 quilos em 20 dias", para depois afirmar que não havia "sequer um processo judicial aberto contra mim. Convivo com o pior de todas as sentenças: a mácula da minha honra por crimes que não cometi ou que sequer existiram". In: ROSA, Mário. *A era do escândalo*. São Paulo: Geração Editorial, 2007.

[305] A comprovada má-fé, erro, dolo e pretensões ilegítimas estão a exigir das autoridades públicas, notadamente do próprio Judiciário, intervenção proibitiva, porém jamais comprometendo-se a liberdade de expressão e de informação que também se apresentam como direitos fundamentais e que preponderam em relação a censura.

com evidente (escandalosa) conotação subjetiva está a exigir o reconhecimento do direito ao exercício da resposta por parte de todas e quaisquer autoridades, sejam jornalistas, empresários e membros do Poder Judiciário.

7.19. O direito de resposta e sua independência em relação à responsabilidade civil e penal

Embora não seja o foco do presente estudo, cumpre, brevemente, discorrer sobre as hipóteses de dano, principalmente no que tange à ofensa aos direitos materiais, morais ou à imagem, à luz do que preconiza o inciso V do art. 5º da *Lex Fundamentalis*. A possibilidade de tal pretensão indenizatória, além da previsão constitucional e de legislações ordinárias, também está regulamentada pelo Código Civil Brasileiro. Nesse sentido, o Estatuto Civil, já no Livro I, Título I, capítulo II, art. 12, é expresso quanto à proteção dos direitos da personalidade, *in verbis*:

> Art. 12. Pode-se exigir que cesse a ameaça, ou a lesão, a direito da personalidade, e reclamar perdas e danos, sem prejuízo de outras sanções previstas em lei.

No Livro III, Título III, capítulo III, arts. 186 e 187, o Diploma Civil conceitua e caracteriza os denominados atos ilícitos:

> Art. 186. Aquele que, por ação ou omissão voluntária, negligência ou imprudência, violar direito e causar dano a outrem, ainda que exclusivamente moral, comete ato ilícito.
> Art. 187. Também comete ato ilícito o titular de um direito que, ao exercê-lo, excede manifestamente os limites impostos pelo seu fim econômico ou social, pela boa-fé ou pelos bons costumes.

Por sua vez, na parte especial, Livro I, Título IX, capítulo I, o Código Civil estabelece, em seu art. 927, a responsabilidade civil e a obrigação de indenizar:

> Art. 927. Aquele que, por ato ilícito (arts. 186 e 187), causar dano a outrem, fica obrigado a repará-lo.
> Parágrafo único. Haverá obrigação de reparar o dano, independentemente de culpa, nos casos especificados em lei, ou quando a atividade normalmente desenvolvida pelo autor do dano implicar, por sua natureza, risco para os direitos de outrem.

Por último, na mesma parte especial, Livro I, Título IX, capítulo II, o Estatuto Civil disciplina a indenização, em especial, para os fins do que aqui se estuda, o que dispõem os arts. 944 e 953:

> Art. 944. A indenização mede-se pela extensão do dano.
> Art. 953. A indenização por injúria, difamação ou calúnia consistirá na reparação do dano que delas resulte ao ofendido.

Parágrafo único. Se o ofendido não puder provar prejuízo material, caberá ao juiz fixar, eqüitativamente, o valor da indenização, na conformidade das circunstâncias do caso.

Percebe-se, pois, que o Código Civil brasileiro tratou de disciplinar todas as questões pertinentes à responsabilidade civil, bem como a obrigação de indenizar a terceiro, atribuída àquele que cometer o ato passível de responsabilização. Destaca-se, de acordo com a inteligência do art. 944, antes reproduzido, que a indenização a ser paga à vítima deve compreender a extensão do dano causado, o que remete sua efetiva apuração e aplicação, uma vez mais, ao princípio da proporcionalidade.

Por último, cumpre destacar a responsabilidade civil do Estado, especialmente no que diz respeito a prestação de serviços públicos, de acordo com o que estabelece o art. 37, § 6°, da Carta Magna:

> Art. 37. A administração pública direta e indireta de qualquer dos Poderes da União, dos Estados, do Distrito Federal e dos Municípios obedecerá aos princípios de legalidade, impessoalidade, moralidade, publicidade e eficiência e, também, ao seguinte:
> [...]
> § 6º As pessoas jurídicas de direito público e as de direito privado prestadoras de serviços públicos responderão pelos danos que seus agentes, nessa qualidade, causarem a terceiros, assegurado o direito de regresso contra o responsável nos casos de dolo ou culpa.

De acordo com o dispositivo constitucional retro, a responsabilidade civil do Estado é de natureza objetiva, o que afasta a obrigação da vítima ou prejudicado comprovar a culpa do agente, bastando que se estabeleça o nexo causal entre a ação ou omissão do Poder Público e o dano (prejuízo) causado a terceiro em decorrência dessa atitude, para que surja o dever e a obrigação de indenizar.

O direito de resposta proporcional ao agravo não pode ser entendido como uma sucumbência decorrente de uma decisão advinda de um processo. É preciso que se reafirme a sua independência e autonomia, enquanto direito fundamental de defesa. As responsabilidades civis e penais podem vir a reboque, a partir de uma notícia, informação, opinião ou manifestação a que se pretenda responder. A previsão que continha o art. 29, § 3°, da Lei n° 5.250/67 era esdrúxula:

> Art . 29. Toda pessoa natural ou jurídica, órgão ou entidade pública, que for acusado ou ofendido em publicação feita em jornal ou periódico, ou em transmissão de radiofusão, ou a cujo respeito os meios de informação e divulgação veicularem fato inverídico ou, errôneo, tem direito a resposta ou retificação.
> [...]
> § 3º Extingue-se ainda o direito de resposta com o exercício de ação penal ou civil contra o jornal, periódico, emissora ou agência de notícias, com fundamento na publicação ou transmissão incriminada.

Conforme se assenta, o direito de resposta não pode ser confundido com a responsabilidade civil ou penal. Trata-se de institutos diferentes, não excludentes, *contrario sensu* do que dispunha o art. 29 da sepultada Lei de Imprensa. O que pode ocorrer, entretanto, é que a não concretização do direito de resposta em tempo hábil resulte em favor da vítima em indenização por perdas e danos, desde que não tenha sido ela a causadora da intempestividade. Evidentemente que cada situação exigirá uma análise em particular, pois poderá acontecer que mesmo extemporânea, o direito de resposta encontre vez e lugar.

Outra questão digna de registro é a possibilidade de que tanto o órgão que divulgou, assim como o seu proprietário ou aquele indivíduo, jornalista, colunista ou articulista a quem se atribuiu uma informação, opinião, comentário ou manifestação possam ser responsabilizados pelo conteúdo disseminado,[306] tese amplamente reconhecida jurisprudencialmente.[307]

Não há que se confundir, portanto, o direito de resposta com eventual condenação em sede de responsabilidade civil ou penal. Trata-se de institutos diferentes, com objetivos diversos. Enquanto o direito de resposta visa a assegurar a retificação ou contraposição de um fato, notícia, informação ou opinião que potencialmente possa ter trazido um agravo a determinada pessoa (ou mesmo a um agrupamento delas), a responsabilidade civil visa a reparar o dano causado, se comprovado, possibilitando que o responsável arque com o pagamento de uma indenização, assim como outras obrigações sucumbenciais, tal como os custos da publicação do dispositivo de uma sentença em jornal ou revista. Já a responsabilidade penal implica na tipificação de um crime, previsto no Código Penal e dependerá do devido processamento, podendo o responsável, de acordo com o crime apontado, a ser apurado na instrução criminal, ser absolvido ou condenado a uma das penas previstas no respectivo Estatuto penal.

---

[306] O STJ editou súmula nesse sentido, *in verbis*: Súmula 221 do STJ: São civilmente responsáveis pelo ressarcimento de dano, decorrente de publicação pela imprensa, tanto o autor do escrito quanto o proprietário do veículo de divulgação. Disponível em < http://www.stj.jus.br>. Acesso em: 23 nov. 2009.

[307] PROCESSUAL CIVIL – RECURSO ESPECIAL – DIVERGÊNCIA JURISPRUDENCIAL – RESPONSABILIDADE CIVIL – LEI DE IMPRENSA (nº 5.250/67, art. 49, § 2º) – DANOS MORAIS – PÓLO PASSIVO – PESSOA FÍSICA OU JURÍDICA – POSSIBILIDADE – Escolha do autor, tanto contra a empresa titular do veículo de comunicação, como ao jornalista ou contra aquele que a tanto deu margem – RECURSO ESPECIAL CONHECIDO E PROVIDO. É parte legitimada, no pólo passivo da lide, respondendo pelos danos morais causados, aquele que presta informações a imprensa ou fornece documentos que não correspondem à realidade, ensejando a divulgação de matéria jornalística inverídica e lesiva à honra da vítima, o qual pode ser demandado escoteiramente, ou em conjunto com o jornalista responsável pela matéria, como in casu ocorreu, e a empresa responsável pelo veículo de comunicação. A pessoa entrevistada que fez afirmação injuriosa veiculada em programa televisivo, de que decorreu a ação indenizatória de dano moral promovida pelo que se julga ofendido em sua honra, tem legitimidade para figurar no seu pólo passivo. REsp 188.692/MG, Rel. Min. ALDIR PASSARINHO JUNIOR, QUARTA TURMA, julgado em 05.11.2002, DJ 17.02.2003.

Conclusão

O direito de resposta, cuja origem ideológica remete-se à Revolução Francesa, é uma conquista da democracia, estruturada a partir do Direito. Aliás, trata-se de uma das descobertas jurídicas mais festejadas, principalmente quando se propõe o estudo dos direitos fundamentais relacionados à liberdade de expressão, de comunicação, de informação e de imprensa. É um meio célere e não oneroso, o qual dispensa a propositura de qualquer ação perante o Poder Judiciário para que seja exercido, salvo diante de resistência administrativa injustificada. Através do exercício do direito de resposta, alguém, atingido por uma notícia, informação ou expressão disseminada de maneira pública ou mesmo restrita, poderá oferecer a sua contraposição, ensejando, com isso, um equilíbrio de forças na realização dos misteres fundamentais e democráticos.

Surgido na França, em 1822, o direito de resposta rapidamente expandiu-se pelos países europeus, para, posteriormente, alcançar os países anglo-saxões. Entretanto, não se aplica uniformemente em todos os países. Nesse sentido, há dois sistemas basiladores: o francês, o qual admite o direito de resposta em sentido amplo, abarcando tanto os fatos como as opiniões expressadas; e o alemão, mais restritivo, pois admite apenas a contraposição às referências de fato. No Brasil, é de se admitir o alargamento das hipóteses, pois a plena eficácia do inciso V do art. 5° da Constituição não enseja limitações, bastando, para tanto, que haja a pretensão de alguém em responder proporcionalmente a algo que lhe tenha ocasionado um agravo.

As experiências procedentes de outros países consideram, modo geral, os agravos advindos dos meios de comunicação como aqueles que seriam mais nocivos aos direitos de personalidade, o que ocasionou o surgimento de legislações infraconstitucionais, com o intuito da regulamentação de situações através das quais a contraposição poderia vir a ser exercida. Não obstante tais considerações, o espectro do direito de resposta é bem mais amplo, não podendo ser restrito às hipóteses de danos ocasionados a partir do que é veiculado pelos meios de comunicação.

Todas as normas infraconstitucionais que se propuserem a regular a liberdade de expressão sofrem o risco de desrespeitarem a ordem constitucional vigente no âmbito de um país (salvo daqueles que desprezam os princípios democráticos). Nesse sentido, é de se considerar o importante avanço ocorrido no sistema jurídico brasileiro, a partir da revogação da Lei de Imprensa, o que veio a valorizar os dispositivos constitucionais que asseguram a liberdade de expressão (art. 220) e o direito de resposta proporcional ao agravo (inciso V do art. 5°).

O direito de resposta constitui-se em um dos mecanismos mais importantes à defesa da honra, da intimidade e dos demais direitos de personalidade, relacionando-se diretamente ao exercício da liberdade de expressão, no qual se insere como elemento indissociável. Indispensável identificar o direito de resposta como um dos fundamentos à prática do contraditório público, caracterizando-se, portanto, como um direito fundamental de defesa.

É de se afirmar que o direito de resposta é uma espécie de corretivo, não importando a origem dos equívocos, dissimulações ou ofensas ocorridas, desde que estas efetivamente tenham causado agravos aos direitos fundamentais de uma pessoa, natural ou jurídica, pública ou privada.

O direito de resposta proporcional ao agravo tem sido muito pouco estudado no âmbito da ciência jurídica, em especial no direito brasileiro. Isso ocorre em virtude de alguns fatores, dentre os quais a vigência, por mais de quarenta anos, da Lei de Imprensa, a qual regulava a liberdade de manifestação do pensamento e de informação. Nesse sentido, a revogada lei regulamentava as hipóteses através das quais o direito de resposta poderia ser realizado, disciplinando desde seus legitimados até prazos que deveriam ser cumpridos para que o mencionado direito pudesse ser exercido. O STF, no julgamento da ADPF n° 130, consolidado em 30 de abril de 2009, sepultou a Lei n° 5.250/67 e enalteceu a liberdade de manifestação e pensamento, consagrando o art. 220 da *Lex Fundamentalis*, ao reconhecer que tal dispositivo "radicaliza e alarga o regime de plena liberdade de atuação da imprensa", não se prestando o seu exercício a qualquer restrição de natureza legal. Diante de tal decisão, promulgada pelo Pretório Excelso, de maneira tão larga e ampla, tornou-se imperioso reconhecer que no que tange ao direito de informação, as limitações e os cerceamentos da livre expressão, modo geral, são inconstitucionais, sem prejuízo de se postular, entretanto, em momento posterior, pelo ofendido, a proteção de seus direitos de personalidade, a partir da divulgação de fatos e opiniões que venham a atingi-los.

Embora o julgamento que culminou com o reconhecimento da inconstitucionalidade da Lei de Imprensa, proferido pelo STF, não tenha sido unânime, é de se reiterar a total impertinência de uma lei que se dispusesse a regular a liberdade de informação e de comunicação. Trata-se de direitos que não podem ser regulamentados de antemão, através de leis infraconstitucionais. Se o excesso for patrocinado por quem se manifestou de maneira equivocada, culposa ou dolosa, ou mesmo disseminou uma informação inadequada sob o ponto de vista legal, o responsável deverá arcar com os prejuízos que causou a terceiros, nos estritos limites dos agravos cometidos, de acordo com os dispositivos do ordenamento civil e penal vigentes. A liberdade de imprensa, em especial, mantém uma mútua causalidade com a democracia e com o Estado Democrático, correspondendo a um patrimônio imaterial do povo. Através da imprensa, a Constituição Federal materializa-se, constituindo-se os meios de comunicação como um dos principais vetores de expansão dos direitos constitucionalmente consagrados.

A liberdade, entretanto, é uma via de duas mãos: ao mesmo tempo em que deve ser resguardada como alicerce da democracia, possibilitando a todos a livre expressão do pensamento, também a eles atribui responsabilidades. Nesse sentido, aquele que deliberadamente decide por divulgar um fato cuja veracidade é duvidosa ou ofensiva aos direitos de personalidade de outrem, deve arcar com as consequências decorrentes desse ato. A responsabilidade decorre dos próprios valores e princípios constitucionais, em que se deve priorizar, dentre outros, os direitos humanos e os direitos e garantias fundamentais dos cidadãos.

Indispensável que se reconheça no direito de resposta proporcional ao agravo algumas características que lhe são peculiares. A primeira delas diz respeito ao direito fundamental de defesa que o dispositivo constitucional contempla. O direito de resposta integra a própria liberdade de expressão, sendo também, portanto, um direito fundamental. Nesse sentido, deve ser estudado como um mecanismo através do qual se exerce a ampla defesa e o contraditório, direitos consagrados no âmbito do inciso LV do art. 5º da Carta Política. A segunda peculiaridade diz respeito à sua autonomia. O direito de resposta não depende de outros elementos do sistema para ser exercido, bastando que estejam presentes os requisitos à sua efetivação. Trata-se, pois, de uma regra constitucional, cuja aplicabilidade é plena e imediata. Registre-se que a resposta não é apenas um direito, mas também é um dever, obrigação esta que se impõe àquele que, manifestando-se publicamente, a partir do que expressou, dá causa para que alguém possa se explicar, corrigir ou mesmo contrapor as informações disseminadas. Cumpre-se destacar, ainda, que o que justifica o exercício do direito de resposta não é apenas uma ofensa ou agressão aos direitos de personalidade, mas também o interesse de se retificar uma notícia ou informação que fora divulgada, contendo imprecisões ou incorreções.

O direito de resposta pode ter causa em diferentes meios de comunicação. Normalmente, são os órgãos de imprensa, bem como os jornalistas, editores, colunistas e opinantes aqueles que, através de seus misteres, acabam por dar ensejo ao exercício da resposta, uma vez que o número de destinatários das informações, notícias e opiniões por eles patrocinadas é suficientemente mais expressivo. Todavia, existem outros veículos que não podem ser ignorados, tais como os sites e blogs hospedados em ambiente da web, campanhas publicitárias através de *outdoors*, a manifestação pública em seminários e congressos, a disseminação de ideias e opiniões em livros e demais obras literárias, assim como discursos e ofensas patrocinadas no âmbito eleitoral. Aqui, registre-se, há lei que regulamenta o exercício do direito de resposta, pois se está diante de uma situação *sui generis*, a qual exige uma mediação temporal e extensiva acerca do que se processa em período de eleições, bem como nos programas de natureza partidária.

O universo de hipóteses que podem originar o direito de resposta é significativo. Tanto uma informação disseminada pelos veículos de comunicação, assim como uma obra literária, uma palestra ou uma simples reunião podem dar causa a um pedido de resposta, bastando que haja um agravo a ser superado ou corrigido. Diante disso, pronunciamentos públicos ou privados, no âmbito de seus respectivos alcances, podem ser respondidos, no âmbito do preconizado pelo inciso V do art. 5º da Constituição Federal.

O direito de resposta não deve ser visto como uma sucumbência, uma condenação advinda do Poder Judiciário. Primeiro, porque deve ser requerido diretamente à entidade, à pessoa ou a quem as represente, enquanto direito autônomo, diante da constatação de um fato ou informação publicizada, possibilitando ao atingido o direito de retificá-la ou mesmo confrontá-la, apresentando sua versão dos fatos ou acontecimentos divulgados. Se não houver o assentimento daquele que a patrocinou, então o ofendido poderá postular perante o Poder Judiciário a garantia e a efetivação de seu direito, fulcrado na Constituição Federal e também no Estatuto Civil, impondo-se à parte que recusou a resposta, a obrigação de aceitá-la ou fazê-la. Percebe-se, portanto, que o substrato jurídico à efetivação do exercício da resposta também encontra guarida no Código Civil, não como um regulamentador da livre circulação de ideias, mas como diploma de concretização, o qual assegura o cumprimento de uma obrigação.

Em se tratando dos órgãos de imprensa, imprescindível considerar o descaso com que alguns lidam com o direito de resposta. Primeiro, pela prevalência do direito de informação em relação a outros que conjuntamente com ele convivem, no âmbito do sistema jurídico, esquecendo-se, todavia, que o direito de resposta também se insere como direito à informação. Segundo, pelo seu tímido exercício, em virtude de causas diversas, dentre elas a de natureza cultural. Terceiro, pelo desrespeito como é tratado pelos órgãos e pessoas que teriam o dever, em sede extrajudicial, de observá-lo e cultuá-lo, enquanto legítimo direito integrante de um Estado Democrático de Direito e indispensável à realização da própria liberdade de expressão. Não raras vezes, uma revista estampa na capa e em sucessivas páginas de uma edição matéria que enseja a resposta por parte de terceiro. Entretanto, na semana seguinte, embora solicitada, a resposta é publicada, quando muito, apenas em uma determinada coluna ou espaço, em flagrante desrespeito à proporcionalidade que deve mediar o exercício do direito fundamental. A propositura de uma ação judicial que viesse assegurar a proporcionalidade, tal como preconiza a Constituição Federal, acaba sucumbindo em favor do interesse pelo esquecimento, ou mesmo em razão da vulnerabilidade ou hipossuficiência do atingido, que passa a ter receio de uma retaliação, pois não dispõe de uma mídia impressa, emissora de rádio ou canal de televisão para fazer um enfrentamento, ao qual ele estará sujeito enquanto agente da sociedade. Identifica-se um desequilíbrio de forças, na qual é dever do operador do direito salvaguardar os interesses daqueles que se encontram em posição hierarquicamente inferior.

É preciso se diferenciar o denominado "contraponto" do direito de resposta. Trata-se de institutos diferentes, que não se substituem. O contraponto surge simultaneamente ao fato ou notícia que se está divulgando, porém não em mesma escala ou proporção, apresentando-se significativamente menor, seja no tempo ou seja espaço, não tendo a mesma importância jornalística do que a matéria ou informação divulgada. A resposta, tal como estabelecida pela *Lex Fundamentalis*, deve ser possível e proporcional ao agravo. A própria etimologia da palavra pressupõe uma situação precedente, a qual dá ensejo a uma reação, a resposta propriamente dita.

A ideia é de que essa resposta a ser oferecida pelo interessado deva ocorrer contemporaneamente ao fato ou informação que se pretende contrapor ou retificar, a tempo de reparar o mal causado. Isso significa que quanto antes puder ser exercido o direito de resposta, mais próximo ela estará daquilo que a Constituição Federal buscou proteger, qual seja, a preservação dos direitos de personalidade, assim como a plena efetividade do inciso V do art. 5°. Evidentemente que as questões relacionadas à periodicidade, espaço ocupado, dia da semana em que ocorre a veiculação, dentre outros, são imprescindíveis para que se mensure a razoabilidade da resposta, princípio também indispensável à disciplina jurídica, a qual se apresenta em conjunto com o da proporcionalidade. Nesse sentido, por exemplo, um programa diário de rádio ou televisão deve dar ensejo a resposta, se postulada a demanda em sua próxima edição; um periódico ou jornal deve dispor do mesmo espaço ocupado pela notícia ou opinião à qual se pretende responder, em condições semelhantes àquela que deu causa ao direito, observando-se o número de exemplares impressos, o dia da semana em que foi publicada, dentre outros fatores. Só assim a proporcionalidade, tal como insculpida pela Carta Política, será efetivamente alcançada.

Um dos fatores controversos é a reiterada conduta dos órgãos de imprensa de buscar se isentar de qualquer responsabilidade pelo conteúdo divulgado através de opiniões de comentaristas ou articulistas, e inseridas em espaços franqueados ou contratados junto aos veículos de comunicação. Nos meios impressos, inclusive, os denominados colunistas, muitas vezes são chamados de colaboradores, sendo que na página ou caderno onde são expostos seus artigos, opiniões e colunas, consta uma advertência de que o órgão de imprensa não se responsabiliza pelas manifestações ali publicadas. Entende-se que esta total isenção de responsabilidade, pelo menos no que tange ao direito de resposta, não pode prosperar, quanto menos pelo fato de que o meio de comunicação deve assegurar espaço proporcional à matéria ou opinião àquele que pretende responder. Não pode o veículo de imprensa isentar-se de tal obrigação, a partir do fácil discurso de que os articulistas ou colunistas possuem entendimento próprio, o qual não se confunde com o da instituição. Se houve a cessão de espaço, há uma concordância implícita, a qual, se não conduz a uma responsabilidade penal ou mesmo civil, no que diz respeito ao adimplemento de uma futura indenização, obriga o órgão de imprensa a garantir o mesmo local para que se ofereça a contraposição. Registre-se, uma vez mais, que o direito de resposta não se imiscui nas questões relacionadas à responsabilidade, pois se constitui em um direito autônomo, independente de qualquer regulamentação. A Lei Fundamental brasileira inclusive resguarda, no próprio inciso V do art. 5º a possibilidade de indenização por dano material, moral ou à imagem, caracterizando institutos diferentes, os quais se encontram presentes no mesmo dispositivo constitucional.

O direito de resposta é regra constitucional de aplicabilidade imediata, e insere-se dentro de um contexto maior, denominado liberdade de expressão, o qual se apresenta no sistema jurídico enquanto princípio balizador das liberdades individuais e coletivas. É de afirmar que esta liberdade de expressão jamais existirá caso não se assegure o exercício do direito de resposta proporcional ao agravo, nos exatos termos do preconizado pela Carta Política, assim como de acordo com a adequada exegese constitucional. Nesse sentido, não sendo observado o direito de resposta, não há que se falar em liberdade de expressão, pois a tensão dialética entre a ofensa e a resposta encontra repouso neste mesmo princípio, ressaltando-se a proporcionalidade como condição ao exercício equilibrado deste direito. Aliás, a própria liberdade de imprensa só poderá ser assim caracterizada se observado o direito de resposta proporcional ao agravo. A liberdade, em linhas finais, só encontra os seus limites na resposta democraticamente respeitada e proporcionalmente oferecida.

Quando se estuda criteriosamente o inciso V do art. 5° da Constituição brasileira, encontram-se três elementos nucleares que efetivam a regra ali estabelecida: o agravo (ação ou omissão), causador da ofensa; o dano (resultado), o qual legitima o exercício da resposta; e a indenização, a qual decorre da agressão a bens juridicamente protegidos e independe da resposta a ser exercida.

O direito de resposta também deve ser interpretado como indispensável à realização da própria dignidade humana, isso porque satisfaz pretensões que caracterizam o *alguém* (titular de direitos) em detrimento do *ninguém* (ignorado pelo sistema jurídico).

Por derradeiro, é de se postular o maior respeito e observância ao direito de resposta proporcional ao agravo, enquanto preceito constitucional e fundamental dos cidadãos. Se o que tanto se reivindica é a garantia do direito a liberdade de expressão, da forma mais ampla possível, a fim de se valorizar a vigência dos princípios democráticos de um Estado, assim como os direitos fundamentais que a Constituição Federal proclama, o maior estudo e o reconhecimento do direito de resposta, enquanto corolário do direito à informação é de substancial importância. A inexistência de leis regulamentatórias, as quais, inconstitucionalmente, cerceavam a liberdade de expressão, de comunicação, de informação e de imprensa deve ser saudada e interpretada como um significativo avanço, abarcando o direito de resposta, pois, sem este, não há que se falar em liberdade de expressão, tampouco em democracia ou Estado de direito.

Em síntese, podemos concluir articuladamente:

1. O direito de resposta proporcional ao agravo é direito subjetivo público individual e social, atribuído pelo direito posto, a um sujeito determinado ou a pluralidade deles por inflexão.

2. Constitui-se em importante direito humano na ordem internacional, e direito fundamental na ordem constitucional local, de aplicação imediata.

3. É também uma garantia e uma ação constitucional, objetivando reparar lesão, que dispõe aquele que sofre o agravo.

4. Como direito, garantia e ação, a resposta proporcional ao agravo se explica pela intima conexão com a liberdade de expressão em sentido amplo (atos, ideias, pensamentos, opiniões e informações), pois encerra em seu núcleo duro igual garantia do livre trânsito comunicacional, formando, deste modo, um conjunto semântico unitário, todavia independente.

5. O direto à liberdade de expressão e informação é comum em qualquer manifestação linguística, contudo não é absoluto (encontrando seu limite na proteção constitucional à privacidade, à honra, à intimidade e à imagem das pessoas e no respeito aos valores éticos e socioculturais), como de resto qualquer direito, tendo como perímetro de arbítrio a dignidade humana em tanto que se veja confrontada pelo exercício abusivo da declaração emitida.

6. O direito de resposta proporcional ao agravo apresenta dupla dimensão:

Dimensão singular. O direito de resposta garante ao agravado sua liberdade de expressar contrariedade, por declaração, opinião ou informação inexata e que lhe acarreta prejuízo.

Dimensão plural. O direito de resposta revela-se, também, como um direito social, pois permite que a sociedade (e a cada um dos seus integrantes) a conhecer uma nova perspectiva dos fatos narrados e difundidos que contradizem o conteúdo expressado pelo agravante.

7. O direito de resposta proporcional ao agravo, como direito social, está teleologicamente destinado ao restabelecimento de simetria na informação (qualquer seja o modo pelo qual esta tenha sido vinculada) condição única para a formação da opinião pública em uma sociedade democrática assentada em um Estado de Direito.

8. O direito de resposta proporcional ao agravo, como direito individual, pode ser exercido independentemente da propositura de outros remédios jurídicos que objetivem compensações por ressarcimento de danos, bem como de providências de natureza penal próprias para sancionar delitos.

9. O direito de resposta pode ser exercido pelo prejudicado de modo direto ou indireto por intermédio de representação, pelo cônjuge ou ascendentes e descendentes, ainda por terceiros eventualmente atingidos pelo agravo.

10. A resposta deve guardar simetria com a ofensa, não a excedendo, utilizando os mesmos meios pelos quais foi divulgada a informação geradora do agravo.

11. A publicação ou por qualquer meio a difusão da resposta será sem ônus para o agravado, sempre que exercida a retificação nos limites da ofensa.

12. Descabe resposta quando:

O conteúdo da resposta for contrário à moralidade pública, ou confronte o direito, ou que por sua vez possa agravar o ofensor ou terceiros.

A retificação tenha por objeto simples opiniões ou relatos imprecisos que não consubstanciem ofensa.

Se o agravado teve ocasião de responder imediatamente e não o fez.

Se a resposta contenha objeto ou referências alheias ao agravo.

Se a resposta for dirigida a crítica literária, artística, desportivas de caráter meramente subjetivo e mundano.

13. O direito de resposta proporcional ao agravo em circunstância alguma pode caracterizar censura de caráter moral, jurídico ou político.

14. No âmbito de aplicação do direito a colisão entre os direitos de liberdade de expressão e informação e outros direitos fundamentais do indivíduo, grupo social ou a coletividade, deve ser resolvido pela técnica da ponderação na forma constitucional que assegura a proibição da censura, mas impõe responsabilidade pelo abuso da liberdade.

15. Como corolário desta articulação, importa afirmar que a *publicidade da palavra* exige o respeito e a responsabilidade dos atores de qualquer locução cujo cenário seja o da *liberdade comum* em um Estado Social e Democrático de Direito.

Bibliografia

ACKEL FILHO, Diomar. *Writs Constitucionais:* "habeas corpus", mandado de segurança, mandado de injunção, "habeas data". São Paulo: Saraiva, 1988.

AIETA, Vânia Siciliano. *A garantia da intimidade como Direito Fundamental*. Rio de Janeiro: Lumen Juris, 1999.

ALEXY, Robert. *Derecho y razón practica*. México: Fontamara, 1993.

———. *Teoria da argumentação jurídica:* teoria do discurso racional como teoria. 2.ed. São Paulo: Editora Landy, 2005.

ARAÚJO, Luiz Alberto Davi e JÚNIOR, Vidal Serra Nunes. *Curso de Direito Constitucional*. São Paulo: Saraiva, 1998.

ARMAS, Gabriela; TOBIA, Rafael. La Libertad de Expresión en Internet, trabalho apresentado no seminário Derecho Del Ciberespacio, realizado na Uiversidad Catolica Andres Bello, Escuela de Derecho, Caracas, 18 de junho de 2001. Disponível em <http://www.crfma.elo.com.br>. Acesso em: 12 out. 2009.

ATALIBA, Geraldo. *República e* Constituição. 2. ed. São Paulo: Malheiros, 2004.

AUBY, Jean Marie. *Droit de l'information*. 2. ed. Paris: Dalloz, 1982.

AUGRAS, Monique. À procura do conceito de opinião pública. In: Opinião pública: teoria e processo. Petrópolis: Vozes, 1970.

ÁVILA, Humberto. *"Neoconstitucionalismo":* Entre a "ciência do Direito" e o "Direito da ciência". Disponível em <http://www.direitodoestado.com/revista>. Acesso em: 17 mar. 2009.

———. *Repensando o princípio da supremacia do interesse público sobre o particular*. Disponível em <http://www.direitodoestado.com/revista>. Acesso em: 09 jul. 2008.

———. *Teoria dos princípios* – da definição à aplicação dos princípios jurídicos. 5.ed. São Paulo: Malheiros, 2006.

AZEVEDO, Plauto Faraco de. *Aplicação do Direito e contexto social*. 2. ed. São Paulo: Ed. RT, 1998.

BARBOSA, Ruy. *Comentários à Constituição Federal Brasileira*. Volume II. Rio de Janeiro: Saraiva, 1933.

BARROS, Suzana de Toledo. O princípio da proporcionalidade e o controle de constitucionalidade das leis restritivas de direitos fundamentais. 3.ed. Brasília: Brasília Jurídica, 2003.

BARROSO, Liberato. Questões Práticas de Direito. In: *Estado de São Paulo*. São Paulo, 15.11.75, N° 46.

BARROSO, Luís Roberto. *Liberdade de expressão versus direitos de personalidade. Colisão de Direitos Fundamentais e Critérios de Ponderação*. In Direitos Fundamentais, Informática e Comunicação. Algumas aproximações. Sarlet, Ingo (coord.). Porto Alegre: Livraria do Advogado, 2007.

——. *O Direito constitucional e a efetividade de suas normas*. 5. ed. Rio de Janeiro: Renovar, 2001.

——. *Temas de Direito Constitucional*, Tomo III. Rio de Janeiro: Renovar, 2005.

BARROSO, Porfírio; TALAVERA, Maria Del Mar López. *La libertad de expressión y sus limitaciones constitucionales.* Madrid: Editorial Fragua, 1998.

BASTOS, Celso. *Curso de Direito Constitucional*. São Paulo: Saraiva, 1997.

BATALHA, Claudio. *O movimento operário na Primeira República*. Rio de Janeiro: Jorge Zahar Editor, 2000.

BÉNOIT, Francis Paul. *Les conditions d'existence des libertés*. Paris: La Documentation Française, 1985.

BETTI, Emílio. Teoria generalle della interpretazione. Milano. Giuffrè, 1995.

BINENBOJM, Gustavo. *Da Supremacia do interesse público ao dever de proporcionalidade:* um novo paradigma para o Direito Administrativo. In *Interesses públicos versus interesses privados:* desconstruindo o princípio de supremacia do interesse público. SARMENTO, Daniel (Org). 2. Tiragem. Rio de Janeiro: Lumen Juris, 2007.

——. *Meios de comunicação de massa, pluralismo e democracia deliberativa*. As liberdades de expressão e de imprensa nos Estados Unidos e no Brasil. Disponível em <http://www.mundojuridico.adv.br>. Acesso em: 12 set. 2009.

BITTAR, Carlos Alberto. *Os direitos da personalidade*. 7. Ed. São Paulo: Forense Universitária, 2004.

BLÁZQUEZ, Niceto. *Ética e meios de comunicação*. Traduzido por Rodrigo Contrera. São Paulo: Paulinas, 1999.

BOBBIO, Norberto. *A era dos direitos*. 6. ed. Rio de Janeiro: Editora Campos, 1992.

——. *Estado, governo e sociedade*. Rio de Janeiro: Paz e Terra, 1987.

——. *Teoría general del derecho*. Colombia: Editorial Temis S.A, 1999.

BONAVIDES, Paulo. *Curso de Direito Constitucional*. 16. ed. São Paulo: Malheiros, 2001.

——. *Do Estado liberal ao Estado social*. 6. ed. São Paulo: Malheiros, 1996.

——. Palestra proferida na abertura do VIII Semana do Defensor Público do Estado do Ceará, realizada em Fortaleza-CE, em 15 de maio de 2007.

BRANCO, Paulo Gustavo Gonet. *Juízo de ponderação na jurisdição constitucional*. São Paulo: Saraiva, 2009.

BRANT, Carlos Augusto Barros. *Direito de personalidade x Direito da coletividade*: a liberdade de imprensa. Disponível em <http://www.direitonet.com.br/artigos>. Acesso em: 28 jun. 2008.

BUZAID, Alfredo. Anais do VI Encontro dos Tribunais de Alçada do Estado de Minas Gerais-BH, 31 de maio a 3 de junho de 1983.

CAETANO, Marcello. *Manual de Ciência Política e Direito Constitucional*. 6 ed. Coimbra: Editora Almedina, 1996. Tomo I, p. 405

CAMPBELL, Joseph; MOYERS, Bill. *O Poder do mito*. São Paulo: Palas Athena, 1993.

CANARIS, Claus-Wilhelm. *Pensamento sistemático e conceito de sistema na ciência do direito*. 2. ed. Lisboa: Fundação Calouste Gulbenkian, 1996.

CANOTILHO, J. J. Gomes e MOREIRA, Vital. *Constituição da República Portuguesa anotada*, 3 ed. rev. Coimbra: Coimbra Editora, 1993.

——. Gomes. *Direito Constitucional e teoria da Constituição*. 4. ed. Coimbra: Almedina, 2000.

——. Gomes. *Direito Constitucional*; 5. ed. Coimbra: Almedina, 1992.

CARRILO, Marc. La cláusula de consciencia. y el secreto professional de los periodistas. Madrid: Civitas, 1993.

CARVALHO, Luis Custavo Grandinetti Castanho de. *Liberdade de informação e o direito difuso à informação verdadeira*. Rio de Janeiro: Renovar, 1994.

——. *Direito de informação e liberdade de expressão*. Rio de Janeiro: Renovar, 1999.

CASTEL, Robert. O mundo e o trabalho. Rumos (Entrevista). Rio de Janeiro: ABDE, n. 148. Maio de 1998.

CATTONI, Marcelo. *Direito Constitucional*. Belo Horizonte: Mandamentos, 2002.

CAVALIERI FILHO, Sérgio. *Programa de responsabilidade civil*. 6. ed. São Paulo: Malheiros, 2005.

CERRONI, Umberto. *Reglas y valores en la democracia*. México: Alianza Editorial, México, 1991.

CHEVALIER, Jean-Jacques. *Létat de droit*. In Revue du droit public et de la science politique em France et à l´etranger, março/abril de 1988. v.2.

CIONE, Rubem. *Do direito de resposta na Lei de Imprensa*. São Paulo: Saraiva, 1995.

CIVITA, Victor. *Os Pensadores:* Espinoza. 3. ed. São Paulo: Abril Cultural, 1983.

CONTI, Matilde Carone Slabi. *Os sistemas jurídicos contemporâneos*. Disponível em <http://www.conti.pro.br. Acesso em: 10 mar. 2010.

COOLEY, Thomas. Princípios gerais de Direito Constitucional dos Estados Unidos da América do Norte. 2. ed. São Paulo: RT, 1982.

CORASANITI, Giuseppe. Diritto di accesso, diritto di rettifica, impresa di informazione. Milano: Giufré Editore, 1986.

COSTELLA, Antonio. *Direito da comunicação*. São Paulo: RT, 1976.

CRISAFULLI, Vezio. *La Constitucione e le sue disposizioni di principi*. Milano: Giuffrè, 1952.

DANZ, Erich. *La interpretación de los negocios jurídicos*. 3. ed. Madrid: Editorial Revista de Derecho Privado, 1955.

DE GIORGI, Raffaele. *Direito, democracia e risco*. Porto Alegre: Sergio Antonio Fabris Editor, 1998.

DE PLÁCIDO e SILVA. *Vocabulário Jurídico*. Vol. III. Rio de Janeiro: Forense, 1987.

——. *Vocabulário Jurídico*. Vol. IV. Rio de Janeiro: Forense, 1997.

DEBBASCH, Charles; ISAR, Hervé; AGOSTINELLI, Xavier. *Droit de la Communication*. PARIS: Dalloz, 2002.

DERIEUX, Emmanuel. *Droit de la communication*. 3. ed. Paris: L.G.D.J., 1999.

DIAZ, Elias. *Estado de derecho y sociedad democratica*. Madrid: Editorial Cuadernos para el Dialogo, 1975.

DICEY, Carl de. Introduction to the study of the law the constitution. Londres: MacMillan, 1981.

DINIZ, Maria Helena. *Norma constitucional e seus efeitos*. São Paulo: Saraiva, 1989.

DIREITO, Carlos Alberto Menezes. *Estudos de Direito público e privado*. Rio de Janeiro: Renovar, 2006.

DONNINI, Oduvaldo; FERRAZ, Rogério. Imprensa livre, dano moral, dano à imagem e sua quantificação à luz do novo código civil. São Paulo: Método Editora, 2002.

DOS ANJOS, Luís Henrique; DOS ANJOS, Walter Jone. *Manual de Direito Administrativo*. Porto Alegre: Livraria do Advogado, 2001.

DWORKIN, Ronald. *Levando os direitos a sério*. São Paulo: Martins Fontes, 2002.

——. *O Direito da liberdade*. São Paulo: Martins Fontes, 2006.

——. *O império do Direito*: O que é o Direito. São Paulo: Martins Fontes, 1999.

ECABERT, Gayle. The demise of the fairness doctrine: a constitucional reevaluation of content – based broadcasting regulations. 56 University of Cincinnati Law Review, p. 999, 1998.

EREIRA, Guilherme Döring Cunha. *Liberdade e responsabilidade nos meios de comunicação*. São Paulo: RT, 2002.

FARIAS, Edilsom Pereira de. Colisão de Direitos – a honra, a intimidade, a vida privada e a imagem versus a liberdade de expressão e informação. 2. ed. Porto Alegre: Sergio Antonio Fabris Editor, 2000.

FÉDER, João. *Os crimes da comunicação social*. São Paulo: Revista dos Tribunais, 1987.

FERRAJOLI, Luigi. Derecho y razón , Teoria del garantismo penal. Madrid: Ed. Trotta, 1995.

FERREIRA, Aurélio Buarque de Holanda. Mini Aurélio. 6. ed. Curitiba: Editora Positivo, 2004.

FERREIRA, Jorge; DELGADO, Lucília(orgs). *O Brasil republicano: o tempo da ditadura* – regime militar e movimentos sociais em fins do século XX. Rio de Janeiro: Civilização Brasileira, 2003.

FERREIRA FILHO, Manoel Gonçalves. *Estado de Direito e Constituição*. 4. ed. São Paulo: Saraiva, 1997.

FISS, Owen M. *A life lived twice*. Vol. 100. N. 5. *Yale Law Journal*. 1991, p. 1117 e segs. Disponível em <http://www.law.yale.edu/documents/pdf/alifelives_twice.pdf>. Acesso em: 10 mar. 2010.

——. *Why the State?* Vol. 100. Harvard Law Review. p. 781 e segs. Disponível em <http://www.law.yale.edu/documents/pdf/whythestate.pdf1987>. Acesso em: 11 mar. 2010.

FORSTHOFF, Ernest. *Stato di diritto in transformazione*. Milano: Giuffrè, 1973.

FRANCO, Graça. *A censura à imprensa* (1820-1974). Lisboa: Imprensa Nacional – Casa da Moeda, 1993

FREITAS, Juarez. *A interpretação sistemática do Direito*. 4. ed. São Paulo: Malheiros, 2004.

——. A substancial inconstitucionalidade da lei injusta. Porto Alegre: EDIPUCRS, 1989.

——. *O controle dos atos administrativos e seus princípios fundamentais*. São Paulo: Malheiros, 1997.

——. *Princípio da precaução: vedação de excesso e de inoperância*. In Interesse Público, Vol. 35; Editora Nota Dez, 2006.

FREITAS, Sidinéia Gomes. *Formação e desenvolvimento da opinião pública*. Disponível em <http://www.portal-rp.com.br/bibliotecavirtual/opiniaopublica>. Acesso em: 16 jul.2008.

FREITAS, Vladimir Passos de. *Conduta Administrativa*. Disponível em <http://www.ajufesp.org.br/paginas.php?id=14 >. Acesso em: 10 mar. 2010.

GADAMER, Hans Georg. *Verdade e método*. I – Traços fundamentais de uma hermenêutica filosófica. Petrópolis:Vozes, 1997.

GERMANO, Luiz Paulo Rosek. *Os jornalistas e o Direito*. Artigo publicado no Jornal *O Correio*, de Cachoeira do Sul. Editado pela Gráfica Progresso Ltda. Edição nº 3.410, 26 de julho de 2008. p. 07.

GOMES, Joaquim Barbosa. In: ROSAS, Roberto. *Direito Sumular*. 4.ed. São Paulo: Revista dos Tribunais, 1986.

GORDILLO, Agustín. *Tratado de Derecho Administrativo*.Tomo I Buenos Aires: Fundación de Derecho Administrativo, 1998.

GRIMM, Dieter. *A função protetiva do Estado, a constitucionalização do Direito:* fundamentos teóricos e aplicações específicas. Rio de Janeiro: Lumen Júris, 2007.

GUASTINI, Riccardo. *Distinguiendo*. Barcelona: Gedisa Editorial, 1999.

HÄBERLE, Peter. A dignidade humana e a democracia pluralista – seu nexo interno. Traduzido por Peter Naumann. In: *Direitos fundamentais, informática e comunicação*. Algumas aproximações. SARLET, Ingo (coord). Porto Alegre: Livraria do Advogado, 2007.

HABERMAS, Jürgen. *Between facts and norms:* contributions to discourse theory of law and democracy. Cambridge: The MIT, 1996.

——. *Direito e democracia:* entre a faticidade e validade. Tradução: Flávio Beno Siebeneichler. Vol I. Rio de Janeiro: Tempo Brasileiro, 1997.

HART, Herbert L.A. *Positivism and the separation of law and morals*. Harvard Law Review, Vol. 71, 1958.

HEIDEGGER, Martin. *Conferências e escritos filosóficos*. Tradução Ernildo Stein. São Paulo: Abril Cultural, 1983.

HENRIQUES, Afonso, *Ascensão e queda de Getúlio Vargas*. São Paulo: Editora Record, 1964.

HERKENHOF, João Baptista. *O direito dos códigos e o direito da vida*: atores do mundo jurídico estudados sob o ângulo da sociologia do direito. Porto Alegre: Sergio Antonio Fabris Editor, 1993.

HOBBES,Thomas. *Leviatã*. parte 1, cap. 14. Greats Books of Western World, Chicago: Encyclopaedia Britannica, 1952.

HOLMES JR., Oliver Wendell. *The essential Holmes*. Chicago: Chicago University Press, 1992. Texto interpretado pelo professor Arnaldo Sampaio de Moraes Godoy. Disponível em: <http://jus2.uol.com.br/doutrina/texto.asp?id=10217&p=2>. Acesso em: 23 jun. 2008.

JESUS, Damásio E. de. *Código Penal anotado*. 6. ed. ampl. e atual. São Paulo: Saraiva, 1996.

KANT, Immanuel. Fundamentação da metafísica dos costumes. Madri: Tecnos, 1989.

——. Resposta à pergunta: Que é esclarecimento [Aufklärung]. In: *Textos seletos*. Petrópolis: Vozes, 1974.

KELSEN, Hans. *Teoria pura do Direito*. São Paulo: Martins Fontes, 1997.

KEYNES, John Maynard. *Teoria geral do emprego, do juro e da moeda*. Tradução de Mário Ribeiro da Cruz. São Paulo: Editora Atlas. 1992.

KREUTZER, Karl F. *Persönlichkeitsschutz und Entgegnungsansprunch – Ein Beitrag zum Medienrecht. In* Leibholz, Gerhard/Faller, Hans Joachim/Mikat, Paul ET AL (Eds). Festschrift f. Willi Geiger zum 65. Geburtstag. Tubinga: J.C.B Mohr.

KUHN, Thomas. *A estrutura das revoluções científicas*. São Paulo: Perspectiva, 2000.

LAING, R.D. *The divided self*: an existential study in sanity and madness. Harmondsworth: Penguin, 1965.

LARENZ, Karl. *Metodologia da ciência do Direito*. 6.ed. Lisboa: Calouste Gulbenkian, 1997.

LAX, Pierluigi. *Il Diritto di rettifica nell'edittoria e nella radiotelevisione*. Pádua: Cedam.

LEAL, Rosemiro Pereira. *Teoria processual da decisão jurídica*. São Paulo: Landy, 2002.

LIMA, Francisco Meton Marques de.*Hermenêutica ou Interpretação?* Disponível em: <http://www.pi.trf1.gov.br/Revista/revistajf2_cap3.htm>. Acesso em: 13 jul. 2008.

LIMA, George Marmelstein. *Proteção judicial dos direitos fundamentais*: diálogo constitucional entre o Brasil e a Alemanha. Fortaleza, 2007. Disponível em <http://georgemlima.blogspot.com/2007/08/doutrinando_02.html>. Acesso em: 09 nov. 2008.

LOCKE, John. *Dois tratados sobre o governo civil*. São Paulo: Martins Fontes, 1998.

LODATO, Maria Gabriela. Diritto di rettifica in matéria di stampa e tutela cautelare ex art. 700 Cod. Proc.Civ. Il Diritto dell´informazione e dell´informatica. 1993.

LUÑO, Antonio Enrique Pérez. *Derechos humanos, estado de derecho y Constitucion*. 6. ed. Madrid: Tecnos, 1999.

MACHADO, Jónatas. *Liberdade de expressão:* dimensões constitucionais da esfera pública no sistema social. Coimbra: Coimbra Editora. 2002.

MADIOT, Yves. *Droits de l'homme*. Paris: Masson, 1991.

MANDEL, Ernest. *Introdução ao Marxismo*. Tradução de Mariano Soares. Porto Alegre: Movimento, 1982.

MARBURY, William. *The limitation upon the amending power*. Vol. 33. Harvard Law Review, 1919.

MARINONI, Luiz Guilherme. *Tutela inibitória:* individual e coletiva. 3. ed. São Paulo: RT, 2003.

MATA-MOUROS, Maria de Fátima. *Direito à inocência:* ensaio de processo penal e jornalismo judiciário. Estoril: Princípia, 2007.

MEDEIROS NETO, Xisto Tiago. *Os interesses jurídicos transidividuais:* coletivos e difusos. Revista do Ministério Público do Trabalho do Rio Grande do Norte. Vol. 2. Disponível em: <http://www.prt21.mpt.gov.br/sumario2.htm.>. Acesso em: 28 jun. 2008.

MEIKLEJOHN, Alexander. *Political freedom:* the constitutional powers of the people. Nova Iorque: Harper, 1960.

MELLO, Celso Antônio Bandeira. *Curso de Direito Administrativo*. São Paulo: Malheiros, 2004.

MENDES, Gilmar Ferreira. *Colisão de direitos fundamentais:* Liberdade de expressão e de comunicação e direito à honra e à imagem. In: Revista de Informação Legislativa, Vol. 31, nº 122, abril/junho – 1994.

——. *Direitos fundamentais e controle de constitucionalidade*. 3. ed. São Paulo: Saraiva, 2004.

——. *Hermenêutica constitucional e direitos fundamentais*. Brasília: Brasília Jurídica, 2000.

——. In: Rodolfo de Camargo Mancuso. *Divergência jurisprudencial e súmula vinculante*. 2. ed. São Paulo: RT, 1999.

——. *Os direitos fundamentais e seus múltiplos significados na ordem constitucional*. Revista Diálogo Jurídico nº 10. Janeiro de 2002. Disponível em: <http://www.georgemlima.xpg.com.br/mendes.pdf>. Acesso em: 25 out. 2009.

MERRYMAN, John Henry. "Lo 'stile italiano': 'Interpretazione'", in *Rivista trimestrale di diritto e procedura civile*. Milano: Giuffrè, 1968.

MIDDLETON, Kent R; TRAGER, Robert; CHAMBERLIN, Bill F. *The law of public communication*. Nova Iorque: Longman, 2000.

MIRABETE, Julio Fabbrini. *Código de Processo Penal interpretado* – referências doutrinárias, indicações legais e resenha jurisprudencial. 5. ed. São Paulo : Atlas, 1997.

MIRAGEM, Bruno. *Responsabilidade civil da imprensa por dano à honra*. Porto Alegre: Livraria do Advogado, 2005.

MIRANDA, Darcy Arruda. *Comentários à Lei de Imprensa*. 3. ed. São Paulo: RT, 1995.

MIRANDA, Jorge. *Manual de Direito Constitucional*. Coimbra: Coimbra Editora, 2000.

MOLINARO, Carlos A. *Direito Ambiental e Proibição de Retrocesso*. Porto Alegre: Livraria do Advogado, 2007

MONIZ, Isabel Helena. *Direito de resposta:* limite à liberdade de imprensa ou protecção do consumidor? Coimbra: Instituto Jurídico da Comunicação. Faculdade de Direito de Coimbra, 1993.

MONTESQUIEU, Charles de Secondat, Baron de. *O espírito das leis*. São Paulo: Martins Fontes, 1996.

MORAES, Alexandre de. *Direito Constitucional*. 11. ed. São Paulo: Editora Atlas, 2002.

MORAES, Maria Celina Bodin de. *Danos à pessoa humana:* uma leitura civil-constitucional. Rio de Janeiro: Renovar, 2007

MOREIRA NETO, Diogo de Figueiredo. *Curso de Direito Administrativo*. 11. ed. Rio de Janeiro: Forense, 1996.

MOREIRA, Vital. *O Direito de resposta na comunicação social*. Coimbra: Editora Coimbra, 1994.

NATALE, Michele. *Catechismo reppublicano per l'istruzzione del popolo e la rovina de tiranni*. Vico Equense, 1978.

NETTO, Menelick de Carvalho. Requisitos paradigmáticos da interpretação jurídica sob o paradigma do Estado democrático de direito. *Revista de Direito Comparado*, Belo Horizonte, n. 3. maio, 1999.

NOGUEIRA, Paulo Lúcio. *Em defesa da honra:* doutrina, legislação e jurisprudência. São Paulo: Saraiva, 1995.

NOVAIS, J. Reis. *As restrições aos direitos fundamentais não expressamente autorizadas pela Constituição*. Coimbra: Coimbra Editora, 2003.

——. *O Estado de Direito*. Coimbra: Coimbra, 1987.

OSÓRIO, Fábio Medina. *Teoria da improbidade administrativa*. São Paulo: Revista dos Tribunais, 2007.

OWEN, Fiss. *A Ironia da Liberdade de Expressão – Estado, Regulação e Diversidade na Esfera Pública*. Rio de Janeiro: Renovar, 2005.

PASQUALINI, Alexandre. *Hermenêutica e Sistema Jurídico*. Porto Alegre: Livraria do Advogado, 1999.

PIMENTA, Lidiane Malagota. *A formação da opinião pública e as inter-relações com a mídia e o sistema político*. Disponível em: <http://www.fafich.ufmg.br/compolitica/anais2007/sc_jp-lidiane.pdf> Acesso em: 16 jul. 2008.

PIOVESAN, Flavia. Ações afirmativas da perspectiva dos direitos humanos. *Cadernos de Pesquisa*, Vol. 35, n. 124, jan./abr, 2005.

——. *Direitos humanos e o direito constitucional internacional*. 7. ed. São Paulo: Saraiva, 2006.

PONTES DE MIRANDA, Francisco Cavalcanti. *Comentários à Constituição Federal de 10 de novembro de 1937*. Tomo III. Rio de Janeiro: Irmãos Pongetti Editores, 1938.

——. *Comentários à Constituição de 1946*. 3. ed. Tomo IV. Rio de Janeiro: Borsoi, 1960.

——. *Tratado das ações*. Tomo VII. São Paulo: RT, 1978.

PULIDO, Carlos Bernal. *El principio de proporcionalidad y los derechos fundamentales*. Madrid: Centro de Estudios Políticos y Constitucionales, 2003.

RAINEY, Randall. The public's interest in public affairs discourse, democratic, governance, and fairness in broadcasting: a critical review of the public interest duties of eletronic media. *Georgetown Law Jornal* n. 269, 1993.

REALE, Miguel. *Direito e cultura*. In: Horizontes do Direito e da História. 3. ed. São Paulo: Saraiva, 2000.

——. *Filosofia do Direito*. 18. ed. São Paulo: Saraiva, 1998.

RIBEIRO, Maria Teresa de Melo. *O princípio da imparcialidade da administração pública*. Coimbra: Almedina, 1996.

RIVERA, Julio Cesar. *El Derecho de réplica, rectificación o respuesta*. E.D. 151-705.

——. *La constitucionalidad del derecho de rectificación o respuesta*. Buenos Aires: Rubinzal – Culzoni Editores, 2004.

ROCHA, Cármen Lúcia Antunes. *Princípios constitucionais da administração pública*. Belo Horizonte: Del Rey, 1994.

ROSA, Mário. *A era do escândalo*. São Paulo: Geração Editorial, 2007.

ROSANVALLON, Pierre. *La crise de l'état providence*. Paris: Seuil, 1981 e 1992. Publicado em português pela Editora UnB/UFG, Brasília. 1997.

ROSAS, Allan. *So called rights of the third generation*. In: EIDE, A.; KRAUSE, C.; ROSAS, A. Economic, social, and cultural rights. Boston: Martinus Nijhoff Publishers; Londres: Dordrecht, 1995.

ROSSEN, Keith. texto disponível em <http://www.campus.fortunecity.com/clemson/493/jus/m10-002htm>. Acesso em: 10 mar. 2010.

RUARO, Regina Linden. O conteúdo essencial dos direitos fundamentais à intimidade e a vida privada na relação de emprego: o Monitoramento do Correio Eletrônico pelo Empregador. In: Direitos fundamentais, Informática e Comunicação. Algumas aproximações. SARLET, Ingo (Coord.). Porto Alegre: Livraria do Advogado, 2007.

SAGÜÉS, Nestor Pedro. Constitucionalidad y extensión del derecho de réplica. J.A. 1988 –IV.

SALGADO, Carmona. Concepción, delitos contra los derechos de la personalidad: honor, intimidad e imagen. Cuadernos de Política Criminal, n. 56, Madrid: Edersa, 1995.

SAMPAIO, José Adércio Leite. *Direito à intimidade e à vida privada*: uma visão jurídica da sexualidade, da família, da comunicação e das informações pessoais, da vida e da morte. Belo Horizonte: Del Rey, 1998.

SANCHIS, Luis Prieto Sanchos. *Estudios sobre derechos fundamentales*. Madrid: Debate, 1994.

SANTOS, Gustavo Ferreira. Direito fundamental à comunicação e princípio democrático. Disponível em: <http://www.conpedi.org/manaus/arquivos/Anais/Gustavo%20Ferreira%20Santos.pdf>. Acesso em: 29 mar 2010.

SARLET, Ingo Wolfgang. *A Eficácia dos Direitos Fundamentais*. 10. ed. Porto Alegre: Livraria do Advogado. 2009.

——. *A eficácia dos direitos fundamentais*. 8. ed. Porto Alegre: Livraria do Advogado, 2007.

——. *Constituição e proporcionalidade:* o direito penal e os direitos fundamentais entre proibição de excesso e de insuficiência. Disponível em: <http://www.mundojuridico.adv.br>. Acesso em: 28 jun. 2008.

——. *Constituição e proporcionalidade:* o direito penal e os direitos fundamentais entre a proibição de excesso e de insuficiência. *Revista da Ajuris.* n. 98, 2005.

——. *Dignidade da pessoa humana e direitos fundamentais:* 4. ed. Porto Alegre: Livraria do Advogado, 2006.

——. Valor de alçada e limitação do acesso ao duplo grau de jurisdição. *Revista da Aju*ris n. 66, 1996.

SARMENTO, Daniel. *Interesses públicos versus interesses privados:* desconstruindo o princípio de supremacia do interesse público. 2. Tiragem. Rio de Janeiro: Lumen Juris, 2007.

SCHMITT, Carl. *L'epoca delle neutralizzazioni e delle spoliticizzazioni.* Bologna: Società editrice il Mulino. 1972.

SCHOPENHAUER, Arthur. *A arte de ter razão.* 2. ed. São Paulo: Martins Fontes, 2005.

SCHREIBER, Simone. *A publicidade opressiva de julgamentos criminais.* Rio de Janeiro: Renovar, 2008.

SCHREIBER, Simone. O princípio da presunção de inocência. *Jus Navigandi,* Teresina, ano 9, n. 790, 1 set. 2005. Disponível em: <http://jus2.uol.com.br/doutrina/texto.asp?id=7198>. Acesso em: 06 ago. 2008.

SHEFF, Thomas J. Robert Fuller: *Uma voz nova na Sociologia.* Tradução de Mauro Guilherme Pinheiro Koury. *RBSE – Revista Brasileira de Sociologia da Emoção.* Vol. 7. n° 21. dezembro de 2008.

SHIFFRIN, Steven. H. CHOPER, Jesse H. *The first amendment. cases, comments, questions.* American Casebook Series and Other Coursebooks, 2001.

SICHES, Recasens. *Experiência jurídica, naturaleza de la cosa e lógica razonable.* México: Unam, 1971.

SIEGEL, Paul. *Communication law in America.* Boston: Allyn & Bacon, 2002.

SILVA, Edson Ferreira da. *Direito à intimidade.* São Paulo: Editora Oliveira Mendes, 1998.

SILVA, José Afonso da. *Aplicabilidade das normas constitucionais.* 6. ed. São Paulo: Malheiros, 2003.

——. *Curso de Direito Constitucional Positivo.* 25. ed. São Paulo: Malheiros, 2008.

SILVA, Ovídio Baptista da. *Curso de Processo Civil.* Vol. 1. 3. ed. Porto Alegre: Fabris, 1996.

SILVA JÚNIOR, Walter Nunes. *Controle Externo.* Disponível em <www.jfrn.jus.br/docs/doutrina107.doc>. Acesso em: 10 mar. 2010.

SIMÃO, Jorge Rodrigues. *Estudos de direito, economia, ciências sociais, história e União Européia.* Disponível em: <http://direitoeeconomia.blogdrive.com/>. Acesso em: 05 jul. 2008.

SORIA, Carlos. *La calidad ética como ventaja competitiva.* Barcelona: Nuestro Tiempo, 1989

SPINELLI, Miguel. *Questões fundamentais da filosofia grega.* São Paulo: Loyola, 2006.

SPITZER, Mathew L. The constitutionality of licensing broadcasters. New York University Law Review n. 990, 1989.

STEIBEL, Fabro. *Direito de resposta e judicialização da política na propaganda política brasileira.* Rastros – Revista do Núcleo de Estudos de Comunicação. Ano VIII – n. 52, outubro de 2007.

STEINMETZ, Wilson Antônio. *Colisão de direitos fundamentais e princípio da proporcionalidade.* Porto Alegre: Livraria do Advogado, 2001.

STRECK, Lenio Luiz; MORAIS, José Luis Bolzan de. *Ciência política & teoria do Estado.* 6. ed. Porto Alegre: Livraria do Advogado, 2008.

STREINZ, Rudolf. *Repercusiones de la jurisprudencia constitucional sobre la liberdad de prensa.* In: Anuario de Derecho Constitucional Latinoamericano. Buenos Aires: Konrad Adenauer Stiftung: CIEDLA, 1998.

SUNSTEIN, Cass. *Democracy and the problem of free Speech.* New York: The Free Press, 1988.

TEIXEIRA, José Horácio Meirelles. *Curso de Direito Constitucional.* Rio de Janeiro: Forense Universitária, 1991.

THOMPSON, E. P. *Zero option.* London: The Merlin Press,1982.

TONELLI, Maria. Luiza. Quaresma. *Hermenêutica jurídica.* Disponível em <http://www.jusnavigandi.com.br>. Acesso 8 ago. 2008.

TORRES, João Camilo. *A democracia coroada:* Teoria política do Império. Rio de Janeiro, s.ed.

TORRES, Ricardo Lobo. *Curso de Direito Financeiro e Tributário.* 7. ed. Rio de Janeiro: Forense, 2000.

TRIBE, Laurence. *American Constitucional Law.* 3. ed. Nova Iorque: Foundantion Press, 2000.

VASCONCELOS, José Carlos de. *Lei de Imprensa, liberdade de imprensa.* Lisboa. S.ed, 1972

VERDÚ, Pablo Lucas. *La lucha por el estado de derecho.* Bolonia: Publicaciones del Real Colegio de España, 1975.

VIGORITA, Vincenso Spagnuolo. L' iniziativa econômica privata nel Diritto Publico. Napoli: Jovene, 1959.

WEINGARTNER NETO, Jayme. *Honra, privacidade e liberdade de imprensa;* uma pauta de justificação penal. Porto Alegre: Livraria do Advogado, 2002.

ZAVASCKI, Teori Albino. *Comentários ao Código de Processo Civil.* Do processo de execução. v. l. 8. 2. ed. São Paulo: RT, 2003.